Manufacturing System and Process
Development for Vehicle Assembly

汽车装配制造系统与工艺开发

［美］汤和（He Tang） 著

侯 亮 王少杰 潘勇军 译

机械工业出版社

本书面向致力于开发新汽车装配系统和工艺的制造工程技术人员。本书的主要内容都是从实践中直接提取和总结的，可作为汽车制造系统执行和管理的实用手册。本书分为8章，系统地介绍了汽车的总体开发、汽车制造设计及汽车制造系统开发的主要要求、汽车装配的工艺工程、汽车制造自动化的主要组成部分、汽车制造系统中的主要辅助功能，以及汽车装配工装开发的管理问题等。

本书给出了大量汽车装配系统的实例，每章结尾都有复习问题和研究课题，部分章节还有可指导实践的问题分析。

本书适合从事汽车及相关工业零部件开发制造相关工作的技术人员阅读、参考，也可作为高等院校汽车相关专业的教材。

This title is published in China by China Machine Press with license from SAE International. This edition is authorized for sale in the Chinese mainland (excluding Hong Kong SAR, Macao SAR and Taiwan). Unauthorized export of this edition is a violation of the Copyright Act. Violation of this Law is subject to Civil and Criminal Penalties.

本书由 SAE International 授权机械工业出版社在中国大陆地区（不包括香港、澳门特别行政区以及台湾地区）出版与发行。未经许可之出口，视为违反著作权法，将受法律之制裁。

北京市版权局著作权合同登记　图字：01-2018-5561号。

图书在版编目（CIP）数据

汽车装配制造系统与工艺开发/（美）汤和（He Tang）著；侯亮，王少杰，潘勇军译 .—北京：机械工业出版社，2020.8（2025.1 重印）

书名原文：Manufacturing System and Process Development for Vehicle Assembly

ISBN 978-7-111-66187-0

Ⅰ.①汽…　Ⅱ.①汤…②侯…③王…④潘…　Ⅲ.①汽车-装配（机械）　Ⅳ.①U463

中国版本图书馆 CIP 数据核字（2020）第 135475 号

机械工业出版社（北京市百万庄大街22号　邮政编码100037）
策划编辑：赵海青　责任编辑：赵海青　赵　帅
责任校对：陈　越　封面设计：马精明
责任印制：邓　博
北京盛通数码印刷有限公司印刷
2025年1月第1版第2次印刷
184mm×260mm·16.5 印张·407 千字
标准书号：ISBN 978-7-111-66187-0
定价：99.00 元

电话服务　　　　　　　　网络服务
客服电话：010-88361066　　机　工　官　网：www.cmpbook.com
　　　　　010-88379833　　机　工　官　博：weibo.com/cmp1952
　　　　　010-68326294　　金　书　网：www.golden-book.com
封底无防伪标均为盗版　　　机工教育服务网：www.cmpedu.com

作者简介

汤和

邮箱
- htang369@yahoo.com

教育背景
- 博士,机械工程专业,密歇根大学(University of Michigan,2000 年)
- 工商管理硕士,工业管理专业,贝克学院(Baker College,2008 年)
- 硕士,机械制造及其自动化专业,天津大学(1986 年)
- 学士,机械制造及其自动化专业,天津大学(1982 年)

最近工作
- 2018— 东密歇根大学(Eastern Michigan University),副教授,硕士专业负责人
- 2015—2018 东密歇根大学,助理教授,硕士专业负责人

工作经历
- 制造工程专家组组长(Lead Manufacturing Engineering Specialist),工艺设备专家(Process Tooling Specialist)等,克莱斯勒公司(Chrysler),1999—2015,美国
- 调研员(Research Investigator),密歇根大学,1993—1999,美国
- 助教,讲师,天津大学,1982—1993

工业经验
- 全程投入和部分负责五种车型的全新生产系统和工艺流程的开发与新车型投产(五个车型是 2002 Jeep Liberty,2005 Jeep Grand Cherokee/2006 Jeep Commander,2007 Dodge Nitro/2008 Jeep Liberty,2011 Jeep Grand Cherokee/2012 Dodge Durango 和 2014 Jeep(Cherokee)
- 负责两个汽车主机厂新车型投产后的产能改进(两个主机和车型是 Sterling Heights Assembly Plant,2015 Chrysler 200 和 Windsor Assembly Plant,2016 Chrysler Pacifica)

学术成绩
- 发表三部专著和三十几篇论文
- 任十余个学术期刊的审稿人或副编辑
- 主持(或作为主要参与人)十余个研究项目
- 教授十几门课程

兼职教授
- 美国韦恩州立大学(Wayne State University)
- 美国贝克学院(Baker College,2009—2015)
- 天津大学(2003—2005,2011—2012,2015—2019)
- 厦门大学(2016—2018)
- 北京交通大学(2014—2015)
- 天津商业大学(2010—2012)
- 天津职业技术师范大学

前言

I.1 概述

汽车制造工程相对于纯技术而言更具艺术特色。制造系统和工艺的成功开发，不仅需要对原理与公式有深刻的理解，更需要积累知识与经验。本书旨在全面论述并讨论汽车制造从开发到应用之间的复杂原理和过程。

我热衷于汽车制造工程领域的研究。在18年的学术生涯和16年的汽车工业生涯中，我认识到学术研究和工业实践之间存在着巨大的差距。对汽车制造工程的理解和经验，促使我努力缩小这一差距。

本书的内容并非只针对一家汽车制造商或某项具体实践，而是涵盖了汽车装配制造开发的主要领域，并总结了开发过程的一般方法和步骤。

I.2 结构和内容

本书分为8章：

第1章：介绍车辆工程、变更管理、车身结构和车身材料。

第2章：从系统的角度讨论了汽车的总体开发和制造设计，并论述了系统开发的主要原理，如制造设计、精益制造和项目管理。

第3章：论述了制造系统开发的主要要求，如可靠性、柔性、周期时间、质量、产量和工程经济学。

第4章：此章是本书的核心章节，提出了一个分析汽车部件的层次模型和方案，并通过三个步骤建立了装配工艺流。同时，还讨论了汽车装配的各种影响因素，如工厂选择和系统布局。

第5章：重点介绍汽车装配的工艺工程，论述了工艺工程的主要任务、工艺规划中的考虑因素、作业时间研究、设计中的作业平衡、工艺故障模式与影响分析（FMEA）及装配工艺的鲁棒性和柔性。

第6章：论述了制造自动化的主要组成部分，如可编程逻辑控制器（PLC）、机器人和传感器。此外，还论述了大批量生产和高级自动化环境中人工作业的主要问题，如安全性和人体工程学。

第7章：讨论了制造系统中的主要辅助功能，包括缓冲区、入场物流、主要在制品运输和质量保证安排。

第8章：概述了装配工装开发的管理问题，论述了主要定位点（PLP）、"3-2-1"定位原则、功能设计、集成和质量认证。

众所周知，汽车制造是一个学科交叉且涉及广泛的领域。本书的一些内容对制造工程师而言可能是回顾，但对机械设计工程师而言可能是新内容，反之亦然。此外，从技术上讲每章都可以扩展独立成册。因此，本书力求简洁，假设读者已具备工程制造的基本知识。

前言

本书面向致力于开发新汽车装配系统和工艺的制造工程技术人员。本书的主要内容都是从实践中直接提取和总结的，可作为汽车制造系统执行和管理的实用手册。关于汽车制造的工艺和运营，读者可以参考 Automotive Vehicle Assembly Processes and Operations Management《汽车总装工艺及生产管理》。

本书的大部分内容适用于研究生，授课时间约为 40 课时。本书的大部分内容已经多次应用于韦恩州立大学研究生课程的教学。对于入门级的汽车制造工程师和各类非制造专业人员，本书也是一个很好的参考资料。

本书给出了大量汽车装配系统的实例，在每章结尾都有复习问题和研究课题。研究课题可用于深入的案例研究、文献综述和课程项目。部分章节还有实践性的问题分析。章末题目提供了进一步学习的机会，这些问题大部分是开放式的，不存在完全正确的答案。

致谢

汽车制造需要团队合作，本书的准备工作也不例外。首先，我非常感激我在天津大学（学习和工作了 16 年）、密歇根大学安娜堡分校（工作和学习了 6 年）和克莱斯勒公司（工作了 16 年以上）的导师们，他们深深地影响了我的专业发展，我从这三个单位的同事那里也学到了很多东西。还要感谢几所大学的学生，他们提供了反馈意见并协助本书的准备工作。本书的手稿编辑工作也得到了东密歇根大学的教员奖金支持。

特别感谢汽车工业界和学术界资深专业人士的批评和建议。本书的主要审稿人是 Ziv Barlach 博士（咨询师）、Wayne Cai 博士（通用汽车公司）和 Nasim Uddin 博士（全球汽车管理委员会）。此外，Harvey Bell 教授（密歇根大学）、David Haltom 先生（观致汽车公司）、Brian Sun 博士（FANUC 机器人公司）、David Tao 博士（密歇根大学）、Xin Wu 博士（韦恩州立大学）和 Alex Yeh 博士（Sealy 公司）对各章进行了审阅和修订。感谢在本书中授权使用资料的组织和作者，也要感谢 SAE 的编辑和出版团队的出色工作。最后，特别感谢我的妻子 Yun 和两个孩子，他们的支持对这本书的出版至关重要。

感谢读者对汽车制造工程原理和实践的关注与兴趣。在十年的准备和撰写过程中，我认识到：由于实践的多样性、技术的不断进步及资源的有限性，本书无法达到完美。因此，您对本书的意见和建议非常重要。请将您的意见和建议发送到 htang369@yahoo.com，我非常感谢并会仔细考虑在未来的版本中进行修改和更新。

汤和

于密歇根州安娜堡

2017 年 2 月

目 录

作者简介
前言
 I.1 概述
 I.2 结构和内容
致谢

第1章 汽车产品工程概论 1
1.1 车辆开发管理 2
 1.1.1 产品工程与开发 2
 1.1.2 工程变更管理 5
 1.1.3 开发中的生命周期分析 8
 1.1.4 产品生命周期管理原理和应用 10
1.2 乘用车结构 13
 1.2.1 乘用车概述 13
 1.2.2 车身结构 14
 1.2.3 钣金件 18
1.3 车身材料 19
 1.3.1 传统钢和新型钢 20
 1.3.2 有色金属 21
 1.3.3 非金属材料 23
 1.3.4 材料选择的考虑因素 24
1.4 练习 30
 1.4.1 复习问题 30
 1.4.2 研究课题 30
1.5 参考文献 31

第2章 装配系统开发方法论 34
2.1 系统开发流程 35
 2.1.1 制造系统开发 35
 2.1.2 开发标准化 39
2.2 主要开发方法 41
 2.2.1 开发中的系统工程 41
 2.2.2 面向制造的设计 44
 2.2.3 精益制造 48
2.3 面向开发的项目管理 50
 2.3.1 项目管理概述 50
 2.3.2 备选方案 53

目 录

  2.3.3 项目计划 55
  2.3.4 项目执行 57
 2.4 挑战与进步 58
  2.4.1 系统智能 59
  2.4.2 虚拟开发 59
  2.4.3 增材制造技术 60
 2.5 练习 62
  2.5.1 复习问题 62
  2.5.2 研究课题 62
 2.6 参考文献 62

第3章 新制造系统分析 65
 3.1 系统可靠性 66
  3.1.1 可靠性基础 66
  3.1.2 工位可靠性分析 68
  3.1.3 装配线可靠性分析 69
 3.2 制造柔性 73
  3.2.1 制造柔性概述 73
  3.2.2 制造柔性面临的挑战 74
  3.2.3 关于装配系统柔性的讨论 75
  3.2.4 面向制造柔性的设计 76
 3.3 装配系统的其他能力 77
  3.3.1 周期时间（CT） 77
  3.3.2 产品质量 79
  3.3.3 系统产量 81
 3.4 开发的经济性分析 83
  3.4.1 备选方案的经济性比较 83
  3.4.2 新制造系统的评估 86
 3.5 练习 90
  3.5.1 复习问题 90
  3.5.2 研究课题 90
  3.5.3 问题分析 90
 3.6 参考文献 92

第4章 汽车装配系统设计 94
 4.1 系统设计考虑因素 95
  4.1.1 制造系统的需求 95
  4.1.2 装配线的特性 100
 4.2 分级建模的应用 105
  4.2.1 产品装配架构 105
  4.2.2 总体开发过程 106
  4.2.3 第一步：设计系统流程 107
  4.2.4 第二步：装配线配置 110

		4.2.5 系统开发中的考虑因素	112
4.3	系统布局的开发		116
	4.3.1	汽车装配布局	117
	4.3.2	布局开发中的考虑因素	119
	4.3.3	装配系统的尺寸	122
4.4	练习		124
	4.4.1	复习问题	124
	4.4.2	研究课题	125
4.5	参考文献		125

第5章 汽车装配工艺规划 127

5.1	汽车装配工艺工程		128
	5.1.1	装配工艺规划概述	128
	5.1.2	工艺规划考虑因素	131
5.2	工位工艺规划		133
	5.2.1	工艺任务分配	133
	5.2.2	作业时间研究	136
	5.2.3	人力资源效率	139
5.3	工艺规划中的技术重点		142
	5.3.1	作业工序平衡	142
	5.3.2	工艺鲁棒性	145
	5.3.3	工艺柔性	147
5.4	基于故障模式与影响分析（FMEA）的主动规划		149
	5.4.1	FMEA 的原理	149
	5.4.2	P–FMEA 开发	151
	5.4.3	机器故障模式与影响分析（M–FMEA）的特点	154
5.5	练习		156
	5.5.1	复习问题	156
	5.5.2	研究课题	157
	5.5.3	问题分析	157
5.6	参考文献		158

第6章 自动和人工作业 160

6.1	制造自动化		161
	6.1.1	自动化概述	161
	6.1.2	作业的控制逻辑	164
	6.1.3	传感器的应用	166
6.2	机器人应用		170
	6.2.1	工业机器人概述	170
	6.2.2	汽车装配中的机器人	173
	6.2.3	机器人应用的安全考虑因素	175
	6.2.4	高级协作机器人	176
6.3	人工作业的考虑因素		178

6.3.1 人工作业的特征	178
6.3.2 工人安全保证	180
6.3.3 人体工程学考虑因素	181

6.4 练习
| 6.4.1 复习问题 | 186 |
| 6.4.2 研究课题 | 187 |

6.5 参考文献 187

第7章 辅助功能的设计与布局 189

7.1 系统缓冲区 190
7.1.1 制造系统中的缓冲区	190
7.1.2 缓冲区对产量的影响	190
7.1.3 缓冲区规划	192

7.2 入场物流 196
7.2.1 来料和零件输送	197
7.2.2 工装货架和运输	199
7.2.3 零件及在制品跟踪	200
7.2.4 设施功能	202

7.3 装配作业中零件和在制品运输 203
7.3.1 零件输送机	203
7.3.2 物料搬运机器人	204
7.3.3 大型输送系统	205

7.4 内置质量保证 211
7.4.1 质量保证规划	211
7.4.2 返工和抽取功能	212
7.4.3 质量保证的成本因素	215

7.5 练习 217
| 7.5.1 复习问题 | 217 |
| 7.5.2 研究课题 | 217 |

7.6 参考文献 218

第8章 工装开发管理 220

8.1 装配工装开发 221
8.1.1 装配工装功能	221
8.1.2 专用工装开发	222
8.1.3 工装柔性	224

8.2 PLP原理及应用 229
8.2.1 汽车装配的几何尺寸与公差（GD&T）	229
8.2.2 零件定位原则	230
8.2.3 定位非刚性零件的考虑因素	232

8.3 夹具功能设计 237
| 8.3.1 夹具部件和单元 | 237 |
| 8.3.2 夹具结构 | 239 |

8.4 夹具尺寸保证 ……………………………………………………………… 243
　　8.4.1 原则和步骤 ……………………………………………………… 243
　　8.4.2 尺寸准确度认证 ………………………………………………… 244
　　8.4.3 功能重复性认证 ………………………………………………… 246
8.5 练习 ……………………………………………………………………… 251
　　8.5.1 复习问题 ………………………………………………………… 251
　　8.5.2 研究课题 ………………………………………………………… 251
8.6 参考文献 ………………………………………………………………… 252

第 1 章

汽车产品工程概论

1.1 车辆开发管理

新车开发通常被称为车辆计划,它是一个庞大而复杂的项目,可能持续数年,投资约10亿美元,涉及成千上万的人。例如,2013年英菲尼迪JX35在开始生产前,用10个月的时间进行数字工程开发,并用19.5个月的时间进行制造工艺开发和试制[1-1]。因此,计划并执行一个车辆开发计划是一项涉及多学科知识的工程任务。

新车计划可以分为三种类型:①全新设计;②中期计划;③更新计划——基于工程和制造水平的变化。一个新的中期计划通常是对车辆功能和性能进行重大修改,如引入敞篷车型和新动力传动系统,而更新计划是根据客户和市场反馈来进行微小改动。

一个新的车辆计划可能有不同的目标,例如:
- 获取更大的市场份额。
- 从竞争对手中夺占市场。
- 为新产品开发核心技术。
- 减小对某些供应商的依赖。
- 符合政府规定。
- 提升品牌认知度。
- 支持当地社区(企业、公民)等。

从汽车装配制造的角度来看,全新设计的车辆需要对车身进行许多显著的改变以及在总装(GA)上有一些变化。对车辆的中期计划来说,装配线可能需要变化并添加一些新作业。对更新计划来说,制造变更通常发生在工位级别。

可以从不同角度和不同关注点来审视车辆开发。本书详细讨论了制造系统与工艺的发展以及与产品工程相关的因素。

1.1.1 产品工程与开发

1.1.1.1 开发的主要里程碑

新车开发有几个主要阶段(图1-1),每个阶段的名称因汽车制造商而异。然而,对于所有汽车制造商而言,车辆开发的整个过程是大致相同的,表1-1列出了每个阶段的主要任务。从时间上来看,从概念创意的形成到生产,总体的发展过程通常需要两年。

在车辆开发计划的前三个阶段[市场分析(阶段0)、概念生成(阶段1)和产品工程(阶段2)]中,通过对技术限制、制造能力、成本预算、时间安排和新技术可行性的评估来支持制造工程。

在最后三个阶段,即第3~5阶段,车辆计划的主要工作集中于制造工程,这也是本书的重点。制造系统和工艺的开发可以进一步细分为若干任务,如工艺流程创建、系统开发、工艺规划、工装设计和工艺参数的选择。

1.1.1.2 产品工程管理

产品设计工程由多个具有不同技术重点和专业的工作组成,它们包括车辆的设计发布、车辆集成、安全性、工效学、车辆动力学、噪声、振动和声振粗糙度(NVH)、结构、质量、成本和质量。这些专业团队或部门作为核心团队集中于汽车制造商的组织架构中,这些

第 1 章 汽车产品工程概论

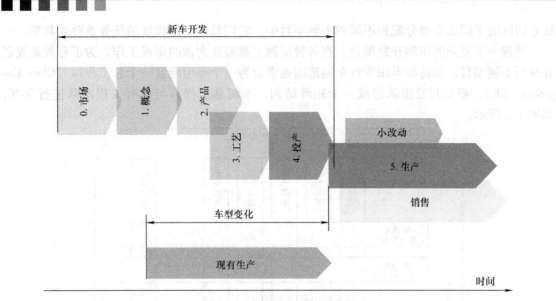

图 1-1 车辆开发的主要阶段

表 1-1 车辆开发阶段的主要任务

阶段	主要任务	持续时间
0. 市场分析	品牌分析 全球趋势研究 客户数据分析 专家技术审查 交叉授权审查	
1. 概念生成	竞争分析 主题选择 概念审批 主要尺寸确定 项目规划	约 10 个月
2. 产品工程	技术规范 系统级设计 详细设计 计算机辅助工程（CAE）模拟 产品设计发布 原型车辆验证	约 6 个月（不包括原型任务）
3. 工艺开发	制造系统设计 工艺规划 工装设计和制造 系统集成和试用	6~8 个月
4. 产品和工艺验证（投产）	试生产和试用 装配工艺验证 预生产车辆测试 生产投产（数量和质量）问题解决	4~6 个月
5. 正常（系列）生产	新车型产量增加 持续改进 产品变更响应	

核心团队的子团队会被分配到不同的车辆项目中,它们具有一定程度的任务重叠或共享。

管理一个复杂的车辆开发项目,在各种层面上都需要大量的集成工作。为了有效地规划并执行车辆项目,福特和丰田等汽车制造商通常会为一个车型配置一个总工程师(Chief Engineer,CE)。新车开发团队形成一个矩阵结构,车辆总工程师与所有工程团队进行交互,如图1-2所示。

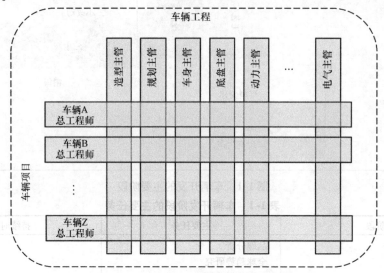

图1-2 总工程师与工程部门的交互关系

事实上,总工程师不再是一名工程师,而是一名负责项目规划、业务案例、项目预算并交付成果的项目主管。总工程师对项目执行和设计权衡负有重要责任,并负责特定的车辆项目从最初的概念形成到投放市场的全过程。对于重大和跨职能问题,总工程师作为车辆项目的负责人将做出最终决定。

另一方面,工程核心团队的主管负责工程开发,如零件设计和发布。如图1-3所示,一个典型的动力总成(PT)工程机构有多个部门专注于特定的产品模块。

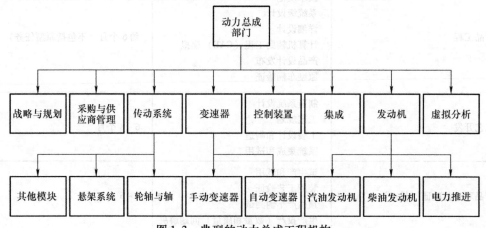

图1-3 典型的动力总成工程机构

同时,总工程师和部门主管需要与制造团队共同进行制造系统开发、工艺规划以及投产协调等工作。

第1章 汽车产品工程概论

车辆开发过程也可以通过其工艺流程来查看。车辆产品工程的总体流程如图1-4所示，在整个车辆的系统级开发之后，进行所有子装配体（模块）、部件和零件的设计。计算机辅助工程（CAE）执行计算机模拟以验证设计的功能、结构性能、包装和制造可行性。根据CAE的反馈结果，对产品设计进行修改和优化，随后可能需要再次使用CAE进行验证，设计修改和CAE可能会重复多次。重大的设计变化则需要再进行整车CAE分析。

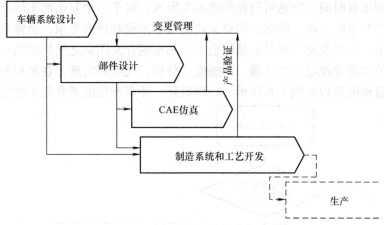

图1-4 车辆产品工程的总体流程

除产品工程外，车辆开发还有两个主要任务：①制造开发；②生产执行。随着新装配技术的不断出现，制造系统的柔性、质量要求、人机协作、环境要求和政府法规等不断发展，制造系统和工艺也随之进化发展。采用新开发的系统和工艺，可以生产具有高产量、高质量保证的新车型，并实现面向订单装配的生产控制。

车辆产品和零件、制造开发和生产执行之间相互作用关系密切，如果只将其视为独立个体，车辆的开发效率就会出现问题。在汽车行业中，车辆开发的实践经验是对车辆产品和零件、制造系统和工艺以及生产执行进行联合评审、管理和开发（图1-5）。开发协调的重点是它们之间的相互作用和相互影响关系，这种集成方法通过基于工程变更（EC）传播的产品、工艺流程和生产的协同进化以获得竞争优势[1-2]。有远见的开发管理不仅要关注自身领域，还要努力与其他两个领域协调以应对挑战。

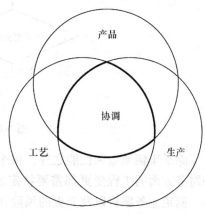

图1-5 车辆开发的三个领域以及协调

1.1.2 工程变更管理

在理想世界中，初始发布的产品工程版本是完美的。在这种情况下，设计发布后就不需要工程变更了，可以继续开展后面的制造过程。

但是，工程变更总是存在的，产品工程中有各种"好"和"坏"的理由导致了大多数工程变更。好的方面包括车辆功能的改进，公司在市场中的竞争地位以及客户满意度的提高。坏的方面可能包括缺乏经验的设计、不考虑面向制造的设计（DFM）、设计过程中人为错误或疏忽等。这些变化可能多种多样，如添加或删除零件、更改零件设计、更新几何尺寸与公差（GD&T）、连接点的重新定位以及更改密封胶和胶条的长度。除了产品驱动的变化之外，制造工艺还需要一些改变以获得更好的制造性能或降低成本。然而，由于制造和DFM实践中的技术成熟，制造驱动的变化往往并非如此。

1.1.2.1 工程变更过程

工程变更（EC）不仅是一种设计修改，还包括零件设计发布后的一系列业务流程和文件归档。考虑到项目时间、制造可行性和成本等因素，对于一个复杂的车辆产品来说，工程变更不再是一个简单的工作。因此，需要正式的业务流程和批准要求，通常将其称为工程变更管理。实际上，工程变更管理是包括制造在内的车辆开发团队之间协调的一个例子。

工程变更流程需要经过几个步骤，即提案、分析、批准和实施。在最初的工程版本发布后，工程变更管理的流程如图1-6所示，一些研究、评审和批准通常与工程变更流程相关。

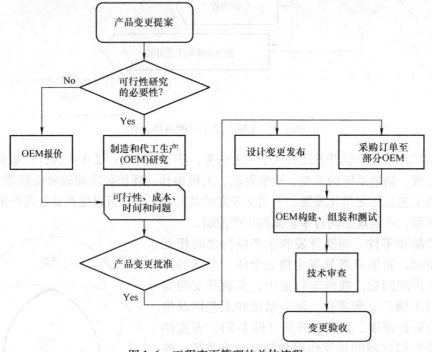

图1-6 工程变更管理的总体流程

除了车辆质量和性能之外，每个可能影响车辆开发（包括制造和项目时间安排）技术和财务方面的工程变更都需要特定的审批。批准管理者必须确定关键问题，如变更的必要性、制定业务案例以及变更的风险和顾虑。工程变更的最终批准是基于功能必要性、技术可行性和财务合理性来决定的。主要变更的最终审批通常需要车辆总工程师级别以上的管理者来确定。

工程变更还为技术指导和财务记录提供正式业务文档。如果零件由外部供应商设计或制造，工程变更文档还向供应商提供可以进行更改的官方授权。因此，工程变更文档是供应商与汽车制造商之间就采购订单（PO）协议进行变更的法律补充。

对于技术协调，负责工程变更的产品责任工程师处于工程变更协调的中心，推动着工程变更向前发展，并在预定时间内准备批准审查。针对每个工程变更，还可以组建一个团队来处理产品设计和发布、功能工程团队、外部供应商和车辆制造过程之间的依赖关系，如图

第1章 汽车产品工程概论

1-7所示。应根据工程变更的范围和复杂性选择团队成员，成员必须向工程变更责任工程师提供信息反馈，以便他们及时与领导团队达成共识。

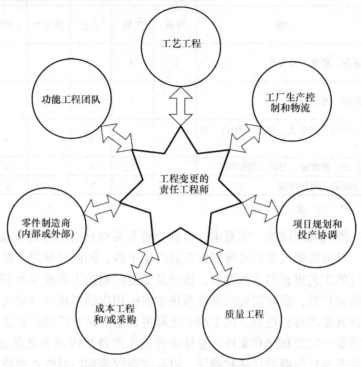

图 1-7 工程变更的团队组成

1.1.2.2 工程变更对制造的影响

工程变更，尤其是较晚的工程变更，可能对制造开发产生重大影响。众所周知，任何在原始设计之后的工程变更所带来的影响将是时间敏感且成本高昂的。一般而言，变更越早对制造的影响就越小。

因此，应尽早进行所有与工程变更有关的制造可行性和财务合理性的调查。制造部门的反馈在工程变更的决策中发挥着关键作用，图1-8所示为处理工程变更的总体流程。制造部门需要解决的因素包括设备、工装、工艺和人力分配的可行性、成本和时间安排。表1-2列出了一些常见的产品变更及其对制造的可能影响。

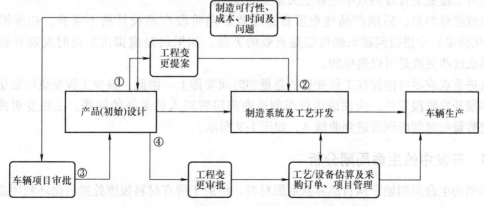

图 1-8 产品和制造工程之间的工程变更管理流程

7

表 1-2 产品变更及其对制造可能造成的影响

产品变更		制造区				成本（$）		
类型	内容	设备	工装	工艺	劳动力	<10000	10000~50000	>50000
增加（主要）	零件、要求、配置等	√	√	√	?		√	?
增加（次要）	焊接、密封胶等	?	?	√	√	?		
修改（主要）	几何尺寸与公差、形状、配合、材料等			√		√	?	
修改（次要）	焊接、密封胶、材料、转矩等		?	√		√		
删除	上面的大部分内容			√				

注："√"表示"是"，"?"表示"可能"。

例如，在测试期间发现试验车辆漏水，根据分析需要将现有的密封胶条延长 10mm。这种变更看似很小，然而机器人密封喷嘴与新夹具产生干涉，因此需要重新设计密封喷嘴的安装支架。通过相应的工艺审查和文档更新，该产品变更的制造工程成本为 5700 美元。

为确保制造的可行性，通常需要在制造系统中根据相应的工程变更修改试制一个临时零件，再经试制验证其生产可行性后，该工程变更即可确定。试制活动涉及多个团队的协调以及执行，并且还需要一定的程序和文件，包括在完成生产件批准流程之前运送零件的授权、对待定工程变更的非制造问题的评估和确认、以及制造管理部门对生产中使用工程变更零件的批准。

对于经批准的工程变更，可能需要对现有的制造工艺和设备进行修改（有时称为配套）或添加新的工艺和设备以适应工程变更。此外，汽车制造商需要为其原始设备制造商（OEM）支付设备和系统集成的额外费用，包括采购订单（PO）分发和项目管理（PM）。因此，后期的工程变更可能很昂贵。

由于技术较复杂且涉及多个功能团队，工程变更处理过程也很耗时。例如，在实践中往往不能获得所有相关方的及时回复。如何提高工程变更过程的有效性和效率是工程管理中的一个重点[1-3]。此外，如产品生命周期管理（PLM）和产品数据管理（PDM）等计算机信息系统对工程变更管理的效率起着至关重要的作用。

应该注意的是，后期产品变更通常意味着早期阶段产品设计的不完善。在虚拟模型（数字化构建）中进行问题识别可能是有效的方法。如果通过虚拟仿真及时发现并解决问题，那么这些更改是可以避免的。

改进重点应尽可能放在工程变更的总量和时间安排上。因此，减少工程变更的数量并使其在早期开发阶段发生，应该成为汽车制造商高层管理人员关注的问题。工程变更曲线 B 的变更数量和时间应该改进到曲线 A，如图 1-9 所示。

1.1.3 开发中的生命周期分析

车辆的生命周期始于从自然界获取原材料，结束于所有材料报废处置后循环利用或回归自然界，如图 1-10 所示。

第1章 汽车产品工程概论

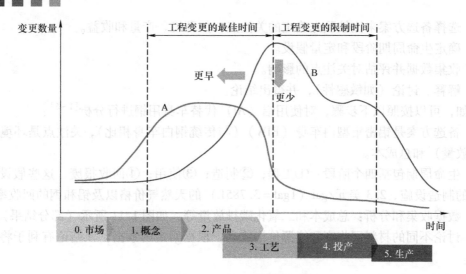

图1-9 工程变更的数量和时间

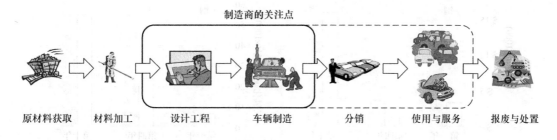

图1-10 车辆生命周期的各个阶段和乘用车生命周期分析（LCA）的重点阶段

对于车辆的整个生命周期来说，汽车制造商可能不会对所有阶段都感兴趣。例如，对汽车行业来说，原材料生产对环境的影响往往不如原材料价格重要。然而，由于政府法规或成本问题，汽车制造商需要解决汽车制造运营和服务过程中的废弃物排放问题。

生命周期分析（LCA）作为系统工程应用的一个组成部分，是一种用于解决包含众多考虑因素的长期目标的研究方法。生命周期分析研究产品"从摇篮到坟墓"的所有生命周期阶段。通常，生命周期分析用于评估产品的环境影响时，它们可能会评估二氧化碳排放、能源消耗以及资源消耗。例如，欧洲一项研究表明，使用铅酸电池的混合动力汽车在其使用寿命期间可以减少700～1600kg的二氧化碳排放量[1-4]。

产品工程对整体环境的影响，特别是对车辆的燃油效率和尾气排放起着决定性作用。此外，在车辆制造中使用的有害物质和原材料在设计阶段也已确定。因此，生命周期分析应在车辆设计和工艺规划的早期阶段进行。

生命周期分析可应用于小的研究对象，如特殊机械，主要分析其运行、停机和维护成本等，这样的生命周期分析可以帮助选择成本合适的设备。当生命周期分析研究经济性时，如解决制造成本、利润和保修成本时，有时会被称为生命周期成本分析。

生命周期分析可以分四步进行：

1）选择备选方案来比较预先确定的关注点，如环境、产量和收益。
2）确定生命周期阶段和定量假设。
3）收集数据并评估对关注点的影响。
4）解释、讨论（如敏感性），并得出结论。

例如，可以按照以下步骤，对使用铝（Al）代替车身用钢进行分析[1-5]：

1）备选方案是铝密集型白车身（BIW）（与传统钢白车身相比），关注点是环境（二氧化碳排放量）和总成本。

2）生命周期包括四个阶段：①工程；②制造；③使用；④回收报废。这些假设包括使用现有的制造设施、2.3美元/gal（1gal=3.785L）的天然气价格以及铝和钢的回收率。

3）数据收集和分析：总成本和二氧化碳排放量等，如图1-11所示（部分结果）。

4）讨论不同的材料回收率和能源价格波动，根据给定的数据，该结论有利于将铝应用于车身。

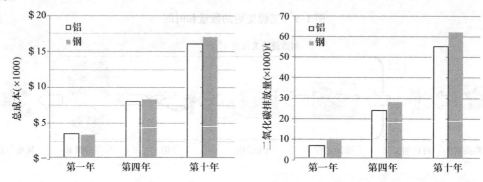

图1-11 生命周期分析的案例

以车辆涂装作业为例，在生命周期分析研究中比较了三种涂装方案对环境的影响，见表1-3。该研究表明，第三种方案使用粉末型底漆和清漆对环境的危害明显较小，其中能耗、用水量和污泥产生量分别降低了22%、34%和27%[1-6]。这些信息对于材料和工艺选择非常有用。

表1-3 三种涂装方案的比较

方案	底漆	色漆	清漆
1	溶剂型底漆	水性色漆	溶剂型清漆
2	粉末型底漆	水性色漆	溶剂型清漆
3	粉末型底漆	水性色漆	粉末型清漆

1.1.4 产品生命周期管理原理和应用

与上述生命周期分析针对个体研究不同的是，产品生命周期管理（Product Lifecycle Management，PLM）是一种用于整个车辆生命周期产品管理的业务流程及计算机系统。事实上，产品生命周期管理应被视为以产品为中心的信息管理战略方法。从功能上讲，产品生命周期管理可促进知识积累，并有助于整个产品生命周期和产品系列中的知识复用。

从广义上讲，产品生命周期管理通过工程设计、制造、分销以及服务和维护来考虑产品管理的过程。因此，产品生命周期管理专注于产品的工程方面，从管理产品的描述和属性到其所有开发阶段。

产品生命周期管理使汽车制造商或其供应商能够在所有业务运营中管理其产品，并允许各业务功能（如财务和工程）之间进行良好的协作。因此，产品生命周期管理应该集成所有与产品相关的业务元素（如数据、工艺和人员等）以及其他工程和业务的计算机系统，如图 1-12 所示。产品生命周期管理是作为一套工具和一个计算机系统（有时称为平台）来执行的。

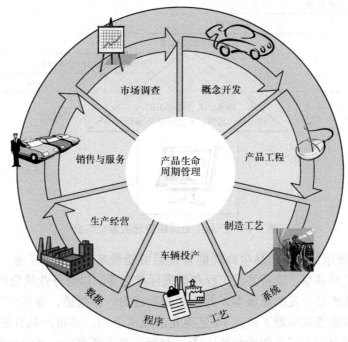

图 1-12　车辆开发的产品生命周期管理

在车辆开发过程中，计算机系统不断改进以处理不同的功能。典型的计算机系统包括专注于设计、分析和模拟的计算机辅助设计（CAD），进行信息处理管理的产品数据管理（PDM）、管理各种制造资源的企业资源规划（ERP）、处理物流的供应链管理、管理客户反馈的客户关系管理以及其他企业 IT 系统。这些应用程序通常独立运行，彼此之间可能不兼容。相对新颖的是，产品生命周期管理的功能有时与个别系统的功能重叠，如 ERP 系统。

产品生命周期管理的目标之一是在车辆开发的所有阶段整合这些系统。因此，产品生命周期管理是管理产品信息的中心框架和沟通渠道。产品生命周期管理应该集成各种计算机系统，如图 1-13 所示。一项研究表明，产品生命周期管理与其他计算机数据库系统集成得越好，其应用就越有效[1-7]。

商业产品生命周期管理软件包的提供商包括达索（Dassault）公司和西门子（Siemens）公司。产品生命周期管理的实施昂贵且耗时，部分原因是它要与现有计算机系统和各种业务过程进行集成。由于前期预算限制，产品生命周期管理的实现通常从几个功能模块开始，然后扩展到更全面的解决方案。

产品生命周期管理应用程序，通过有效的产品管理可以加快产品开发速度，缩短产品上

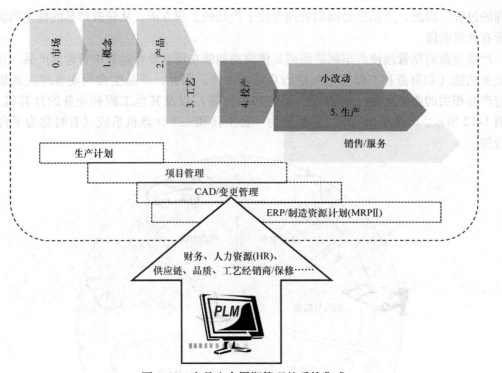

图 1-13 产品生命周期管理的系统集成

市时间，图 1-14 所示为实施产品生命周期管理后可能带来的改善。实施产品生命周期管理的其他好处包括资源共享、支持并行工程和促进标准化等。以财务业绩为例，实施产品生命周期管理可以降低产品开发的总成本，并提高盈利能力。据报道，通用汽车（GM）公司通过实施产品生命周期管理实现了高达 10 亿美元的成本节约，并将产品开发时间从六年缩短到一年。其他公司也报告了类似的收益[1-8]。然而，并非所有的经济收益都能轻易衡量。

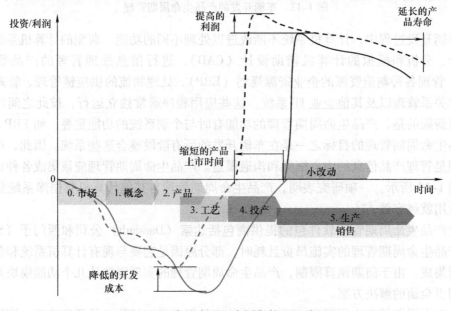

图 1-14 实施产品生命周期管理的收益

1.2 乘用车结构

1.2.1 乘用车概述

1.2.1.1 车辆分类

乘用车可以分为四门轿车/双门轿车、越野车、小型货车和轻型货车等类型，也可以按其他标准分类，如客运量和行李舱体积以及轴距等。常用的分类标准包括欧洲新车评估计划（Euro NCAP）和美国国家环境保护局制定的分类标准[1-9]。表1-4列出了乘用车的一些数据。

表1-4 乘用车类别

类别	体积/m^3 (ft^3)	轴距/m (in)
微型车	< 2.4 (85)	< 2.54 (100)
小型车	2.4 ~ 2.8 (85 ~ 99)	< 2.54 (100)
紧凑型车	> 2.8 ~ 3.1 (100 ~ 109)	2.54 ~ 2.67 (100 ~ 105)
中型车	> 3.1 ~ 3.4 (110 ~ 120)	> 2.68 ~ 2.79 (105 ~ 110)
大型车	> 3.4 (120)	> 2.79 (110)

表1-5列出了欧盟委员会用于车辆分类的字母段。

表1-5 欧洲NCAP对于乘用车的分类

分类	描述	举例
A	微型车，经常出现在欧洲	戴姆勒的Smart Fortwo、菲亚特500
B	小型或超小型车	福特嘉年华、丰田雅力士
C	美国的小型车或紧凑型车/欧洲的中型车	福特福克斯和大众高尔夫
D	欧洲的大型车/美国的中型车	奥迪A4、宝马3系和道奇复仇者
E	美国的行政车、中型或全尺寸车	沃尔沃S80、凯迪拉克CTS和克莱斯勒300
F	豪华、全尺寸车	奥迪A8和梅赛德斯-奔驰S级

由于标准不同，一辆汽车可能被归入多个不同类别或不完全满足任何一个类别的分类要求。其他几种类型的乘用车，如小型货车（在欧洲称为多用途车辆）和SUV（运动型多用途汽车）以及跨界车，可能不能简单地按轴距或客运量进行分类。对于轻便客货两用车（皮卡），将根据其最大载质量或车辆总质量进行分类。

1.2.1.2 车辆组成部分

乘用车虽然分为不同类型和组别，但其主要子装配体非常相似，如车身、发动机、变速器、悬架、排气系统、电子/控制元件、内饰和外饰模块。

纯电动汽车（BEV）和混合动力汽车（HEV）目前正处于增长阶段。事实上，纯电动汽车和混合动力汽车的独特之处在于其驱动系统，图1-15所示为一个案例[1-10]。与普通内燃机（IC）汽车相比，纯电动汽车的驱动力来自电池和电动机。因此，纯电动汽车具有电池组、电动机、变速器、车载充电器和电力电子设备，而不是内燃机、变速器、排气系统和油箱。对于混合动力汽车,其驱动系统包括电池组、混合动力变速器、电动机和内燃机。通常,纯电动汽车或混合动力汽车可以作为一个具有不同动力传动系统的车型系列中的特殊版本。

纯电动汽车和混合动力汽车研究的最新技术重点,集中在面向大规模市场的电池以及充电基础设施的经济和技术的可行性。显然,动力驱动源的变化会影响车辆的设计。例如,纯电动乘用车的前部与普通发动机车的前部不同且小于后者。此外,用于纯电动汽车和混合动力汽车的车身底板(UB)的设计必须留有电池安装空间,然而,从汽车装配制造的角度来看,电池组、电动机等的安装过程与内燃机动力总成车辆的安装过程相似。因此,电动汽车装配制造的独特性可能并不显著。

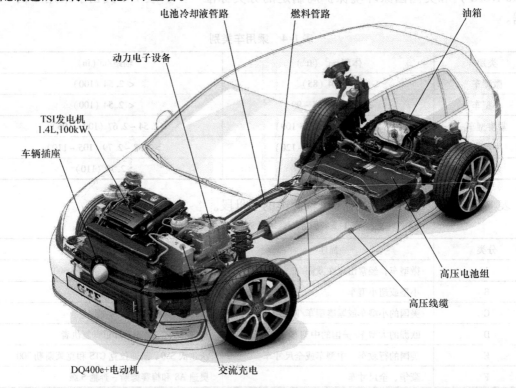

图 1-15 纯电动汽车和混合动力汽车案例(大众汽车公司提供)[1-10]

1.2.2 车身结构

没有涂装的车身称为白车身,或简称为 BIW。白车身单元实际上是由钣金件和结构部件组成并连接起来以支撑其他车辆部件和乘员的车架。从工程的角度来看,有承载式、非承载式和半承载式三种类型的白车身架构。

1.2.2.1 承载式车身

承载式车身结构中,车辆框架和面板在设计和制造中被合并到一个单元,所有面板都连接在一起,有助于车身整体结构的完整性。大多数乘用车都使用承载式架构,其中包括一些 SUV。

承载式车身通常具有四个主要子装配体,包括车身底板、车身侧围(左侧和右侧)和车顶，如图1-16所示。

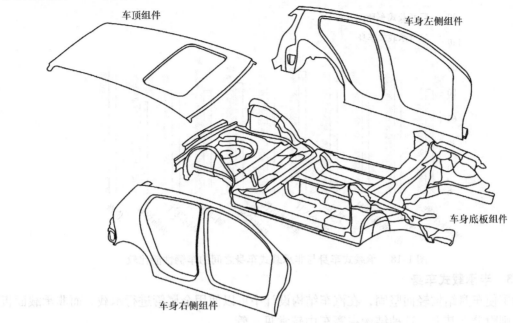

图1-16 承载式白车身的主要子装配体

1.2.2.2 非承载式车身

非承载式车身是另一种车身结构。其中，独立的车身上部结构作为一个整体连接到一个单独的车身底板底盘（阶梯状）框架上。图1-17所示为在装配作业中连接其上部车身和车身底板的案例。在20世纪初期，所有类型的车辆都采用非承载式车身结构。现在这种结构在货车、公共汽车和商用车中仍然很常见，一些SUV也采用这种类型的结构。

非承载式车身结构在零件设计、制造过程和维修方面相对简单，体型和尺寸的设计变化也很容易。性能方面，非承载式车身结构的车辆具有出色的牵引能力，但通常比承载式车身更重、更昂贵。与承载式车身结构相比，车身的扭转刚度稍小，这意味着车辆动力学和NVH性能可能不达标。

然而，福特最畅销的车型之一探险者，在2011年将早期设计中采用的非承载式车身结构改为承载式车身结构。根据福特的评估[1-11]，具有承载式车身结构的新款探险者几乎在所有车辆性能方面得到了显著改进（图1-18）。对SUV消费者来说，改进的NVH、乘坐舒适性和燃油经济性可能比牵引能力和价

图1-17 制造中的非承载式车身车辆（FCA提供）

格（因为复杂的设计和构造）等其他因素更具吸引力。

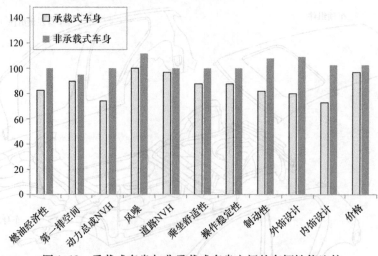

图1-18 承载式车身与非承载式车身之间的车辆性能比较

1.2.2.3 半承载式车身

为了使车身结构轻而坚固，在汽车结构设计中可以使用金属管进行承载，而非承载面板和部件则附着在其上，这种结构在赛车中较常见。管状结构看起来像一个空间框架结构。与使用各种钣金件进行承载的非承载车身相比，作为承载式车身的一种拓展和特例，半承载式车身结构具有管状空间框架。液压成形钢管广泛应用于乘用车结构中。图1-19所示为一个车身前围结构（FS）的案例。

对于车辆生产，半承载式结构设计更适用于铝合金车身结构，该结构使用了许多铝合金的管材、挤压件和铸造件。由于铝合金的物理性能不同，在铝合金半承载式车身的装配制造中，自冲铆接（SPR）、粘接、电弧焊和激光焊接得到了广泛应用[1-12]。

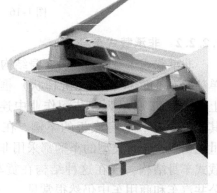

图1-19 管状设计的案例
（源自 iStock Image 595739284, iStock.com/CheskyW）

1.2.2.4 白车身结构的讨论

三种车身结构各有其独特的特点。为给新车选择合适的车身结构类型，汽车制造商需要研究车辆性能、质量、制造可行性、产量和成本。表1-6给出了两款具有不同结构的类似轿车之间的对比研究[1-13]。

表1-6 承载式车身和半承载式车身之间的比较

车型	菲亚特（FIAT）Marea	菲亚特（FIAT）Multipla
结构	承载式车身	半承载式车身
白车身质量/kg	330	253
车身覆盖件质量/kg	100	102
车身子装配体	52	70
车身零件	仅有钣金件	钣金件+挤压件
工装成本（英镑，£）	2亿	1亿
年度盈亏平衡单位	100~200k	40~50k

车辆的单位成本与产量直接相关。产量低时，半承载式车身结构具有成本优势，因此，铝制的半承载式车身主要应用于低产量的豪华车，如奥迪 A8。

随着产量增加，单位成本差距会缩小，如图 1-20 所示。对于大批量生产，如每年超过 10 万辆，承载式车身结构会比半承载式车身结构更经济。此外，当产量高于 12 万辆时，承载式车身的制造成本不再显著下降[1-14]。

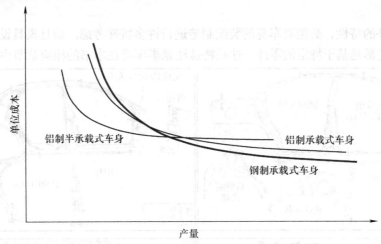

图 1-20　制造成本与产量的关系

另一方面，如果制造系统最初是为某一种结构设计的，那么很难采用另一种不同的结构。由于半承载式车身结构可以通过连接挤压或预制构件来组装，其组装过程与基于钣金件的承载式车身结构的组装过程明显不同。因此，为了采用新型车辆结构而更新制造系统的成本非常高。

在最新的车辆设计中，利用了承载式车身和半承载式车身的优点，采用了混合结构。例如，半承载式车身的管状结构可用于承载式车身结构中的承载和局部结构加固，如图 1-21 所示[1-15]。为了改善车辆耐撞性能并避免现有制造系统的显著变化，混合结构可能是一个更好的备选方案。

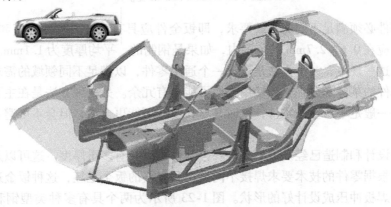

图 1-21　管状结构的应用（J and N Group 提供）[1-15]

1.2.3 钣金件

车身中的许多零件由钣金制成。在车身设计中，钣金件几乎具有无限的形状和相互关系。从工程和制造的角度来看，每个钣金件都是独一无二的。由于需要更多地依赖于专业经验和创造力，它的设计和制造更像是一门艺术，而非技术。图1-22所示为乘用车车身侧围的四种设计[1-16]。

由于钣金件的特性，必须对车身的装配制造进行许多特殊考虑。而且模具设计、尺寸质量控制和连接工艺都是基于特定的零件。这些特殊注意事项将在本书的相应章节中进行讨论。

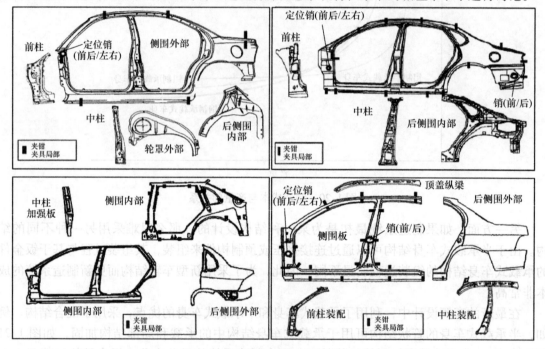

图1-22　车身侧围的零件及配置
(Steel Market Development Institute 提供)[1-16]

车身零部件必须满足不同的承载要求，即钣金件应具有符合要求的强度和刚度。因此，钣金件的厚度应在0.6~2.7mm的范围内，如果是钢制的，平均厚度为1.1mm。有两种常规方法可以满足这些规范，一种方法是设计一个通用零件，以满足不同领域的需求。在这种情况下，这种零件的某些部分在材料使用方面可能会有冗余。另一种方法是在主要零件上添加局部增强物，一般是小一些的零件，这时其材料使用可能更合适，但会不可避免地产生额外的装配过程。

钣金件的设计和制造已经发展到允许一个零件可以具有多重厚度。这可以通过两种方式实现，一种是根据零件的技术要求焊接不同类型和规格的钣金毛坯，这种钣金通常称为拼焊板，然后将拼焊板冲压成设计好的形状。图1-23所示为两个具有多种类型钢和厚度的零件案例[1-17]（图中，0.7mm、1.3mm等为板厚，210MPa、280MPa等为抗拉强度，BH260/370、DP700/1000中，BH、DP分别表示烘烤硬化钢和双相钢260、700为屈服强度，370、1000为抗拉强度，单位为MPa）。

第1章 汽车产品工程概论

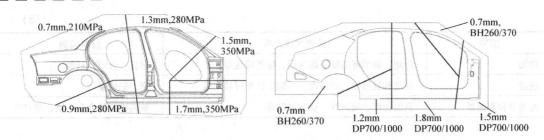

图 1-23 车身侧面及其拼焊（激光焊）板
(Steel Market Development Institute 提供)[1-17]

另一种获得不同厚度的方法是将钣金件加工成不同厚度的毛坯，称为冷轧差厚板（连续变截面辊轧板）(Tailor – Rolled Blanks, TRB)。通过对辊缝的精确控制，可以改变毛坯的厚度。例如，福特福克斯的 B 柱有 8 个厚度，从 2.7mm 到 1.35mm[1-18]。因此，车身部件满足了不同区域的承载要求。据报道，福特福克斯 B 柱的质量仅为 7.0kg（15.4lb），与传统设计相比减少了 1.3kg（2.9lb）。

钣金件及其子装配体的尺寸质量对车身尺寸质量起着至关重要的作用。它们的尺寸、形状和特征是根据车辆尺寸质量要求进行设计和制造的，具有特定的几何公差。表 1-7 列出了冲压件及其子装配体的通用公差要求。在表中，有些特征被认为是关键的，因为它们在装配作业期间与另一零件的位置或所需间隙有关。

表 1-7 冲压件及其子装配体的典型要求

特征	公差
定位孔、槽、基准面	± 0.25mm
所有关键区域和配对法兰	± 0.50mm
所有关键特征（定位）	± 0.50mm
所有非关键特征（定位）	± 1.0mm
量规孔和槽（尺寸、控制方向）	± 0.05mm
量具槽（尺寸、非控制方向）	± 0.50mm
间隙孔和槽	± 0.50mm
非关键区域和修剪边缘的默认值	± 1.5mm

1.3 车身材料

表 1-8 列出了车辆主要子装配体所用材料的一般信息。由于必须考虑包括制造工艺在内的所有因素，因此在车辆设计中选择材料可能会很复杂。在成本、时间和质量方面，车辆制造都会受到零部件材料的显著影响。

表 1-8 车辆材料的总体信息

组装	关键性能要求	材料类别
白车身	屈服强度、弹性模量、延展性、密度、焊接性等	钢、铝合金、镁等
车身覆盖件	可制造性、密度等	钢、铝合金、镁、塑料等

（续）

组装	关键性能要求	材料类别
内饰	外观、触感舒适度、耐用、吸能特性等	塑料、合成材料等
底盘	强度和延展性、耐蚀性、可加工性和焊接性等	钢、铝合金等
发动机和变速器	高温强度、耐磨性、疲劳强度等	灰铸铁、铝合金、镁、塑料等

1.3.1 传统钢和新型钢

汽车中钢的质量约占60%，平均质量为1860kg（4100lb）[1-19]。车辆制造中大量采用钢材，其优点在于成本低且工艺成熟。

汽车车身用钢材包括几种常见类型，分别是低碳（传统）钢、烘烤硬化钢（BH）、高强度低合金钢（HSLA）、各向同性钢（IS）、无间隙原子钢（IF）和碳锰钢（CMn）等。

不同等级和类型的钢具有其独特的物理性质。钢通常通过其抗拉强度（MPa）和伸长率（%）来识别。如果抗拉强度小于270MPa，则认为钢的强度低，如果抗拉强度大于700MPa，则是超高强度钢（UHSS）。随着新型钢材技术的不断开发，有时强度高于1000MPa的钢才被认为是超高强度钢。

低碳钢（Mild Steel）的特点是强度低。根据合金的添加量和生产工艺的不同，它们的成形性从良好到优秀不等。烘烤硬化钢（BH）被认为是屈服强度为180~400MPa的传统钢，它们具有良好的强度和成形性，并且成本低。烘烤硬化钢（BH）性能独特，其屈服强度随涂料固化过程的温度和时间而增加。高强度低合金钢（HSLA）的屈服强度为300~700MPa，它的各项力学性能都比较平衡，如抗拉强度、屈服强度和伸长率。冲压的高强度低合金钢（HSLA）的成形性适中，并且车身连接部位的焊接性非常好。碳锰钢（CMn）含有1.2%~1.8%（质量分数）的锰，这有助于提高其硬度和强度。图1-24所示为车身中使用钢材的一般比较。

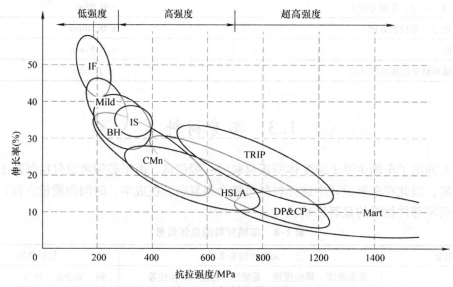

图1-24 钢材性能比较

第1章 汽车产品工程概论

常用的超高强度钢（UHSS）包括双相钢（DP）（抗拉强度为500～1100MPa）、相变诱导塑性钢（TRIP）（抗拉强度为600～1100MPa）、复相钢（CP）（抗拉强度为800～1000MPa）、马氏体钢（Mart）（抗拉强度为大于1000MPa）等。超高强度钢（UHSS）在减轻车辆质量方面发挥着越来越大的作用，在车身结构中的应用比例也在不断增加，如图1-25所示。

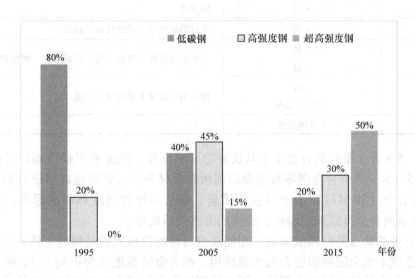

图1-25 车身钢材应用的总体趋势

超高强度钢（UHSS）也具有一些不利的特性，如零件冲压的伸长率较低。双相钢（DP）和马氏体钢（Mart）与传统的低碳钢具有相似的成形特性。然而，新型含硼钢材需要热冲压，这意味着金属板首先需要被加热，然后再进行冲压和冷却。在钢铁行业，一些双相钢（DP）和复相钢（CP）仍处于发展阶段。

受车辆类型和汽车制造商偏好等因素的影响，各车型的钢材应用具有相当大的差异。由于成本原因，超高强度钢（UHSS）通常用于车辆结构部件，其典型应用包括前端结构、底盘部件和导轨。尽管已经用于新车设计和制造，这些新型钢材料的使用仍然处于探索阶段。

1.3.2 有色金属

铝合金是用量仅次于钢的汽车材料，使用铝合金的主要原因是其密度小。铝的密度为$2.7g/cm^3$，约为钢的1/3。因此，使用铝合金可显著减轻车辆质量。例如，雪佛兰Malibu Maxx的举升门的质量从使用钢的17.8kg（39lb）减小到使用铝合金的9.1kg（20lb）。据报道，轻量化设计有助于提高客户满意度。福特重新设计了畅销的皮卡F150作为其2015款车型，它将原来的钢制车身改为几乎全铝制车身，车辆的质量减轻了317kg（700lb）。此外，2013款路虎揽胜的车身通过改用铝合金而使质量变为原来的42%，从之前的498kg（1098lb）减轻到210kg（463lb）。

事实上，铝合金是一个很大的材料系列，具有独特的材料特性和可制造性。主要的铝合金组别及其特性简要列于表1-9中。

表1-9 铝合金概述

组别	主要合金元素	特性
1×××	纯铝（99%）	耐腐蚀、高导电性和导热性、良好的可加工性和极低的强度
2×××	+铜	高强度质量比、耐蚀性差
3×××	+锰	良好的可加工性和适中的强度
4×××	+硅	熔点低
5×××	+镁	良好的耐蚀性、焊接性和高强度
6×××	+镁 +硅	良好的焊接性、可加工性、可成形性、耐蚀性和中等强度
7×××	+锌 +镁和/或铜	极高的强度和多样的焊接性能
8×××	+其他元素	

特别地，5×××系列铝合金由于其良好的可成形性、强度和焊接性而广泛应用于结构件中。采用5×××系列合金的零件主要以薄板和板材为主，有时也以挤压成形为主。类似地，6×××合金（如6111）由于其表面质量、成品部件的强度和可成形性，常用于覆盖件。6×××系列合金可以采用轻松、经济的方式挤压成形。

使用铝合金的缺点是材料成本高，相同质量材料的价格大约是钢的4倍。此外，车辆结构要求和制造成本也会限制铝合金的大量使用。铝合金的强度仅为钢的1/3，刚度约为钢的70%。因此，与全部使用铝合金相比，同时使用铝合金和钢来获取其特定优势并优化成本可能是合适的方法。例如，梅赛德斯S级的车身就混合使用了铝合金和钢材料，其中铝合金用量超过一半，它们用于整个外板和覆盖件，而与乘客安全相关的车辆结构件则由高强度钢制成。对于非车身部件，超过50%的发动机气缸体由铝合金制成[1-20]。

铝合金零件的设计和相应的制造工艺与钢制零件相比有很大的不同。例如，铝合金零件比钢制件更厚，这就是铝合金的密度只有钢的1/3，但铝合金车身或零件的质量却不是钢制车身或零件的质量的1/3的原因。在上述雪佛兰Malibu Maxx的提升式门案例中，质量减轻为原来的不到50%，而不是2/3。

镁是汽车材料的后起之秀，因为它比铝的密度小（约小35%）。表1-10列出了镁、铝和铁的主要材料特性以供比较。与铝相比，镁具有更低的极限抗拉强度、疲劳强度和蠕变强度。由于纯镁机械强度低，故不使用纯镁，而使用添加了其他元素（如铝、锰和锌）的镁合金，它们具有更好的力学性能。

表1-10 镁、铝和铁的物理性质比较

材料性能	镁	铝	铁
20℃时的密度/(g/cm^3)	~1.74	~2.7	~7.9
热膨胀系数/(10^{-6}/℃)	~27	~23	~12
电阻率/(10^{-8} Ω·m)	~4.5	~2.7	~9.7
导热系数/(W/m·℃)	~95	~121	~16
弹性模量/GPa	~43	~74	~195
熔点/℃	~650	~660	~1536

因为镁合金在薄壁压铸件中具有良好的应用，现有的镁合金应用在曲轴箱、油底壳、变速器壳体和车轮。对一些车身部件，如支柱、发动机舱盖、行李舱盖和内门框等都是很好的选择。例如，林肯 MKT 的镁合金提升式门内板质量减轻了10kg（22lb）[1-21]。

另一方面，镁合金的成本高，相同质量的材料的价格约为钢的6~8倍，正在开发的一些制造技术也限制了镁合金的应用。一项研究表明，汽车行业的目标是到2020年平均每辆车使用159kg的镁合金部件[1-22]。然而，世界镁年产量约为600万吨，其中75%来自中国[1-23]，有限的产量可能会限制镁合金在汽车工业中的广泛使用。

除了高成本和有限的供应之外，使用镁合金还存在其他问题，如其耐蚀性不适合传统的磷化处理和电泳工艺，锻造部件的热成形成本高，缺乏设计经验以及高能耗材料生产等。在采用镁合金制造汽车零件之前应综合考虑这些因素。

1.3.3 非金属材料

塑料和复合材料包括热固性材料、热塑性材料和碳纤维增强复合材料（CFRP），其质量占车辆总质量的15%。使用塑料的主要原因之一是其密度小，然而由于它们强度低，主要用于车辆内外饰部件。例如，前端面板、仪表板和底板通常由复合材料制成。如集成式复合材料车门作为单独模块在6个1997年通用车型上首次推出，该模块将部件和紧固件减少了75%，极大地减少了车门装配的操作时间，提高了工效和质量。据报道，该模块已为全球超过6000万辆汽车生产了超过2.5亿个部件[1-24]。

纤维增强复合材料的特定拉伸强度或拉伸强度-质量比明显高于钢。这种复合材料可用于乘用车车身。一项研究表明[1-25]，由加强的复合材料制成的车身的质量仅为原始钢制车身的40%，并且具有相同甚至更好的结构弯曲（5.2kN/mm）和扭转 [8.5kN·m/(°)] 性能。

最重要的汽车车身用纤维增强复合材料应该是碳纤维增强复合材料（CFRP），它长期用于赛车和飞机。例如，雷克萨斯 LFA 车型将该材料用于其主要乘客舱、传动轴通道、底板模块、车顶、发动机舱盖、C柱和后载荷底板。在通用 Corvette 车型上，碳纤维-玻璃纤维混合的复合材料也用于多个车身部位[1-26]。

玻璃纤维填充材料也可用于替代车体中的结构部件，使用玻璃纤维填充材料（如宝马 M3 的前保险杠梁）可使质量减轻40%。同样，奥迪 A8（D4）将这些材料用于多种部件，质量减轻了30%[1-27]。

碳纤维和玻璃纤维在许多方面都相似，如拉伸强度。玻璃纤维的价格较低，约为碳纤维的1/3，但刚度也较低。纤维的高成本、复杂的加工技术、较长周期时间和连接技术是材料应用的挑战。例如，在大规模生产的情况下，一个 CFRP 发动机舱盖的成本约为1000美元，而钢材为10美元，铝合金为30美元[1-28]。目前 CFRP 的成本对于大批量车辆而言似乎过高，但如预期的那样，其也在持续下降[1-29]。车辆塑料部件的传统成形过程是劳动密集型的，周期时间长，大约为90min。树脂传递模塑作为一种新开发的工艺可将周期时间缩短至不到10min。对于生产周期时间约1min的大规模车辆制造来说，碳纤维增强复合材料零件的制造需要多个并联的设备及工艺。

显然，塑料需要与金属不同的制造工艺和设备。在工装成本方面，使用碳纤维增强复合材料是有利的，因为复合成形部件可以代替多个钣金组件。就单件成本来看，其在设备上的投资比用于小批量车型的冲压模具上的投资低。然而，对于大批量生产，复合材料在工装成本方面失去了优势，原因之一可能是复合材料［除了将片状模塑料（SMC）用于车身面板之外］仅对当前的高端、低产量汽车生产更具经济性。

1.3.4 材料选择的考虑因素

车辆生产很复杂，其材料选择也很复杂。零件设计和制造中的材料选择优化需要考虑多种因素。由于在车辆零件需求上有不同的关注点，材料的选择也可能不同。表 1-11 列出了影响材料选择的一般因素。

表 1-11 材料选择的因素

一般考虑	耐蚀性能 质量/密度 经济性 可回收性	用于冲压工艺	成形性/拉深质量 弹性 淬透性 回弹严重程度
结构性能	刚度/强度 抗疲劳性 抗断裂性 撕裂强度 耐磨性	用于整体制造	工艺时间 生产量 工装成本 尺寸公差 近净成形能力
用于表面零件	抗凹陷性 抗冲击性 可漆性 表面光洁程度 质地	其他因素	零件整合能力 NVH 表现 吸湿性 耐温性

1.3.4.1 轻量化需求

公司平均燃料经济性（CAFE）标准要求，到 2025 年美国汽车和轻型货车的燃料经济性提高到 54.5mpg（1mpg = 0.425km/L），这促使汽车制造商寻求各种方法来降低油耗，而主要的方法是减轻车辆质量。因此，引入了新的轻质材料用于轻量化。例如，2012 丰田凯美瑞比上一代车型轻了 68kg（150lb）。

减小质量可以改善车辆性能。有研究表明，车辆质量减小 10% 可以将燃油经济性提高 6%~8%[1-30]。另一项研究（图 1-26）表明，当车辆质量减小 10% 时，车辆性能可能会有所改善[1-31]。此外，电动汽车的质量对其电池电量需求极为重要，车辆质量减小 10% 可使电池尺寸减小近 10%[1-32]。

中型车辆质量约为 1542kg（3400lb），表 1-12 列出了一些 2013 款中型车辆的质量。许多工业领域的专家认为到 2025 年，减小 204kg（450lb）的质量是必要的。优化车身结构通常被认为是减小车辆质量的主要目标，可减小质量 30%，预计动力装置也将减小 25%。其他部分，如底盘、内饰、覆盖件和玻璃窗，可分别减小 20%、14%、8% 和 3%。

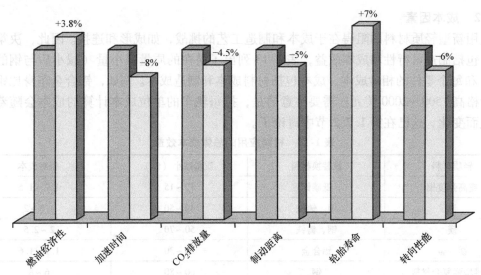

图 1-26 车辆质量减小 10% 的影响

表 1-12 车辆（中型车辆）的质量

部位	福特 Fusion	本田雅阁	通用 Malibu	丰田凯美瑞	日产 Altima
车辆/kg（lb）	1581（3486）	1611（3552）	1640（3616）	1448（3192）	1426（3144）
白车身/kg（lb）	330（728）	348（767）	376（829）	300（661）	296（653）

以往超过 80% 的车辆的材料都是钢铁。在引入了新材料并发明新制造工艺后，车辆中的钢材比例已降至近 40%[1-33]（图 1-27），特别是传统低碳钢的比例已经显著降低。

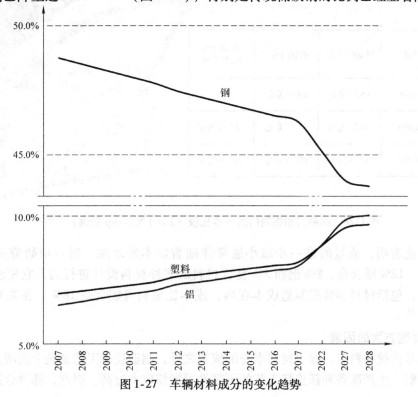

图 1-27 车辆材料成分的变化趋势

1.3.4.2 成本因素

使用新型轻质材料的阻碍在于成本和制造工艺的挑战,如成形和连接。因此,决策的关键因素包括制造可行性和成本效益,表1-13列出了潜在的质量减小量(减小后与钢的刚度相等)和每个零件的相对成本,成本包括材料成本和制造成本。例如,铝合金车身比钢制车身的价格高1500~2000美元。需要注意的是,按每辆车的单位成本计算的成本会随着产量的变化而变化,这已在第1.2.2节中讨论了。

表1-13 材料应用的总体成本效益

轻质材料	被替换材料	质量减小(%)	相对成本
超高强度钢	低碳钢	10~15	1.2~1.5
铝	钢、铸铁	40~50	1.3~2
镁	钢、铸铁	50~70	2~2.5
镁合金	铝合金	20~30	1.3~1.6
纤维增强复合材料	钢	60~80	6~8
钛	合金钢	30~50	5~10+

例如,乘用车车门可以用铝合金进行设计和制造,与原有的钢制车门相比,铝合金车门的质量从22.72kg减小到了10.43kg。在年产10万辆汽车的情况下,铝合金车门的成本增加了20.53美元,包括材料和制造(图1-28)[1-34]。由于质量减小了54%,铝合金车门的开关力度显著降低。但是客户是否愿意为四扇铝合金车门支付额外的82.12美元或更多费用仍是一个值得思考的问题。

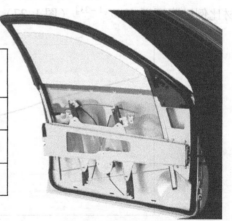

产量	钢制门成本	铝制门成本	四扇门的成本差异
50000	68.66美元	86.50美元	71.36美元
100000	55.22美元	75.75美元	82.12美元
250000	48.70美元	69.19美元	81.96美元

图1-28 钢制门和铝制门的成本比较(J and N Group 提供)[1-34]

上述讨论表明,质量的进一步减小通常伴随着成本的增加。另一项研究是针对包含75%铝合金、12%镁合金、8%钢和5%复合材料的多种材料设计进行的,它使质量减小了37%。然而,包括材料和装配制造成本在内,成本比最初可能会高18%,在未来三年可能会高8%[1-35]。

1.3.4.3 制造方面的因素

当考虑非传统材料时,除了材料本身的成本之外,制造连接工艺也是个挑战。新材料引入的初始投资、生产准备和新连接工艺的可靠性可能使成本过高。因此,选择合适的连接技

第1章 汽车产品工程概论

术通常是新材料应用的关键。对于不同的材料连接，表1-14列出了通常认为可行的连接工艺，如电阻点焊（RSW）、激光焊（LBW）、搅拌摩擦焊（FSW）、表面等离子共振（SPR）和粘接。但是，它们通常具有局限性，如零件厚度的影响。对于不同等级和材料成分的应用，一些工艺仍在开发或生产评估中。

表1-14 可行的连接工艺

材料	电阻点焊	激光焊	搅拌摩擦焊	自冲铆接	胶连接
钢+钢	√	√			√
铝+铝	√	√	√	√	√
铝+钢			√		√
钢+碳纤维增强复合材料				√	√
铝+碳纤维增强复合材料				√	√
碳纤维增强复合材料+碳纤维增强复合材料				√	√

注："√"表示工艺可行。

现有制造系统工艺及其能力是材料选择的重要因素。在这方面，新型钢比有色金属材料具有显著的优势，因为新型钢不需要对现有工艺、设备、供应链和回收基础设施进行重大改变。同样，引入铝合金比复合材料更容易。车身覆盖件，如车门、发动机舱盖和行李舱盖等，先在小的子装配体区域中制造，再连接到车身上。因此，覆盖件的制造过程对主要车辆组装过程的影响较小。所以这些部件可以使用有色金属材料甚至塑料材料替代。此外，钢与铝合金之间的制造相似性使得使用铝合金比使用复合材料更易于实现。如果质量存在重大问题，可以使用钢来替代铝，但难以用复合材料替代铝。

与覆盖件相比，车身结构的制造过程（包括零件制造和装配）是不同的。例如，不同于钢制零件，铝制车身零件需要独特的设计以满足结构要求。许多铝制结构零件以挤压和铸造的形式进行设计和制造，即使对于相同的冲压工艺，铝制零件的冲压模具也可能比钢制零件的冲压模具更昂贵。表1-15列出了使用不同材料时，车辆结构和相应连接工艺的比较。使用相同的结构，如承载式车身+半承载式车身，车身可以有不同的设计[1-36]。

表1-15 材料应用和制造工艺的比较

材料	钢	铝	铝（1）	铝（2）	铝（3）
结构	承载式车身		承载式车身+半承载式车身		
质量减小	基线	45%	43%	42%	42%
冲压件	100%	100%	89%	79%	71%
铸造件	0	0	2%	8%	13%
挤压件	0	0	9%	13%	16%
连接（电阻点焊）	3028	0	0	0	0
连接（凸焊）	100	100	95	86	77
连接（自冲铆接）	0	1510	1430	920	741
连接（熔化极惰性气体保护焊，每一焊点的长度为20mm）	0	243	217	322	370
连接（等离子激光焊/m）	0	54.6	54.6	61.2	68.8
连接（粘接/m）	23.4	23.4	23.4	23.4	26.7

车辆使用的材料必须满足各种要求，包括车辆性能以及技术可行性和经济合理性。由于车辆类型不同，减小质量可能有不同的优先级，并且由于成本（定价）的限制，入门级汽车不适合使用轻型和昂贵的材料。

因此，昂贵的超高强度钢应该用于受弯曲和扭转的部件，如前纵梁，而轻的铝合金可以用于车辆发动机舱盖和行李舱盖，这样可以在材料和制造成本有限的情况下提高客户的满意度。例如，对于许多以钢为主的车身，铝制发动机舱盖已经很常见。铝合金应用的下一个领域将是车门。

材料的选择和使用是一项基于技术、财务和资源信息的重大商业决策。材料选择的其他因素包括子装配体的要求、各种材料特性、可回收性和供应链等。因此，最佳选择应基于对所有要求和因素的综合考虑。考虑到上述因素，使用多种材料的组合可能是生产性能良好且价格合理的车辆的最佳方式。例如，2015款凯迪拉克CT6在其结构和车身上使用了64%的铝合金和13种不同类型的金属和合金，与使用钢制材料相比，其质量减小了89.8kg（198lb）[1-36]。图1-29所示为铝合金和碳纤维增强复合材料在奥迪R8上的应用[1-37]。

图1-29 多材料应用案例（奥迪提供）

1.3.4.4 环境问题

材料选择中经常考虑环境问题（CO_2排放量和材料回收）。燃料燃烧产生的CO_2排放量可通过以下公式计算：

$$CO_2 = \frac{Gas \times 0.87 \times 44}{12} = 3.19 \times Gas$$

式中，CO_2排放和燃烧的气体质量为0.39kg（0.87lb），因为碳和氢分别占汽油质量的87%和13%，CO_2的相对分子质量为44，碳的相对分子质量为12。Gas为汽油质量。1gal汽油的质量约为2.86kg（6.3lb）。因此，1gal汽油在燃烧时可产生约9.07kg（20lb）的CO_2[1-38]。

如果越过汽车工程再向前看，应该考虑到材料生产时的天然气消耗和温室气体（Greenhouse gas，GHG）排放量。因此，应该执行前面讨论的生命周期分析（LCA）来进行材料选择（图1-30）。在这类研究中，其重点是更多地关注材料。许多汽车制造商收集并公布了产品生命周期的排放性能。

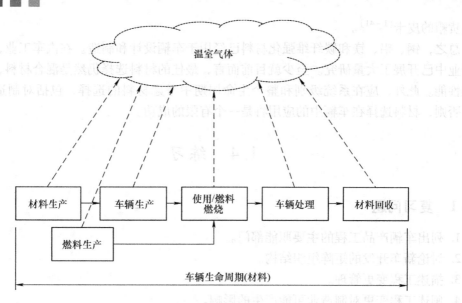

图1-30 车辆材料的生命周期分析

但是,如果生命周期分析包括材料生产,则以 CO_2 排放量为参考的分析结果可能不利于某些材料。根据世界钢铁协会的数据,钢材生产在单位材料质量方面产生的温室气体要少得多[1-39]。表1-16列出了材料生产中的一些温室气体数据。如上所述,使用有色金属材料可以减小车辆质量。考虑到可能的质量减小率(如果使用铝合金则高达50%),钢铁生产产生的温室气体排放量仍然低于其他类型的材料生产。

表1-16 来自材料生产产生的温室气体

材料	温室气体/(kg CO_2e/kg)
钢	2.0~2.5
铝合金	11.2~12.6
镁合金	18~45
碳纤维	21~23

此外,材料选择中还应考虑车辆处理和材料回收。关于报废车辆(End of life vehicle,ELV)的问题越来越多,欧盟(EU)每年估计有800万~900万吨废物[1-40]。欧盟ELV指令自2002年以来已经在欧盟成员国内转换为国内法,规定车辆的重要部分应该被重复使用或回收。日本制定了2002年的报废车辆回收法,根据法律,日本消费者需要为购买新车支付一笔费用。韩国2007年的电气电子产品及汽车资源回收法案规定了材料的可回收性和报废车辆的收集等问题。

然而新材料的成功使用也会受到其他因素的影响。20世纪90年代末,通用公司成功地设计并制造了一种由复合材料制成的货车货箱,货箱大约22.7kg(50lb),比钢制货箱轻。复合材料相比于钢的优点不仅是不生锈,而且还具有抗损伤性。钢制货箱如果使用塑料作为底垫,也不会积水和引起内部生锈。复合材料货箱的价格为850美元,被认为是物超所值,并增加了转售价值。但复合材料货箱只有两年的使用寿命,而且只生产了投资的小部分。这一失败似乎是由于经销商更愿意安装售后货箱垫,以获得更高的利润,而不是订购带有复合材料货箱的皮卡[1-41]。

总之，钢、铝、镁和碳纤维强化材料已经用于车辆设计和制造。在汽车工业，铝和钢铁等产业中已开展了大量研究。至少就目前而言，最佳的材料选择仍然是混合材料，以利用其最佳性能。此外，应在系统级别和整个生命周期中考虑材料的选择，包括对制造过程的影响。否则，材料选择在车辆中的应用将是一个有限的成功。

1.4 练习

1.4.1 复习问题

1. 列出车辆产品工程的主要职能部门。
2. 讨论新车开发的矩阵组织结构。
3. 描述工程变更管理。
4. 阐述工程变更对制造业可能产生的影响。
5. 解释车辆生命周期与车辆开发生命周期之间的差异。
6. 讨论产品生命周期管理在车辆制造中的好处。
7. 阐述车辆分类。
8. 解释电动汽车的独特性。
9. 描述承载式、非承载式和半承载式的白车身结构。
10. 描述采用拼焊板的钣金件。
11. 阐述传统钢和高强度钢在白车身上的整体应用。
12. 阐述铝合金在白车身上的整体应用。
13. 讨论镁合金在车身部件上的应用。
14. 描述聚合物及其在汽车上的应用。
15. 阐述材料选择的基本概念。
16. 描述用于车辆材料选择的生命周期分析。

1.4.2 研究课题

1. 总工程师结构在车辆开发中的应用。
2. 工程变更的必要性和存在的问题。
3. 工程变更管理的改进流程。
4. 汽车制造商产品生命周期管理系统的实施。
5. 车辆子装配体的生命周期分析。
6. 选择车身结构的决策因素。
7. 与承载式、非承载式、半承载式车身相关的产量和成本问题。
8. 钢和铝合金的材料特性比较与它们对白车身装配制造的影响。
9. 轻质材料在汽车（车身零件或动力子装配体）上的应用趋势。
10. 车辆材料选择对环境的影响。
11. 汽车零部件增材制造中的材料考虑。

1.5　参考文献

1-1.　Coakley, D., and Latimer, J. "2013 Infiniti JX35," Great Designs in Steel Seminar 2012, American Iron and Steel Institute, Livonia, MI, USA, 2012.

1-2.　Tolio, T., et al. "SPECIES—Co-evolution of Products, Processes and Production Systems," CIRP Annals—Manufacturing Technology. 59(2): 672–693, 2010.

1-3.　Mahlamäki, K., et al. "Lean Product Development Point of View to Current Challenges of Engineering Change Management in Traditional Manufacturing Industries," ICE Conference Proceedings, Leiden, the Netherlands, June 22–24, 2009, p. 8.

1-4.　Usbeck, V.C., et al. "Life Cycle Assessment of Lead-based Batteries for Vehicles," PE International AG. Available from: www.eurobat.org/sites/default/files/lca_of_pb-based_batteries_for_vehicles_-_executive_summary_10_04_2014.pdf. Accessed April 2014.

1-5.　Ungureanu, C.A., et al. "Life-Cycle Cost Analysis: Aluminum Versus Steel in Passenger Cars," Proceedings of the Minerals, Metals & Materials Society Conference, Orlando, FL, USA, 2007, pp. 11–24.

1-6.　Papasavva, S., et al. "Life Cycle Environmental Assessment of Paint Processes," Journal of Coatings Technology. 74(925):65–76, 2002.

1-7.　IBM, "PLM in the Automotive Industry: A Cup Half-Full", IBM Global Business Services, 2008. Available from: www.ibm.com/automotive. Accessed June 2009.

1-8.　Johnson, C., et al. "Quick and Below Budget," InTech. 50(5):51–54, 2003.

1-9.　Office of Energy Efficiency and Renewable Energy, "How are vehicle size classes defined?" U.S. Department of Energy. Available from: http://www.eere.energy.gov. Accessed February 8, 2011.

1-10.　Birch, S. "2015 VW Golf GTE Plug-In Hybrid Is a Smooth Operator," 2014. Available from: http://articles.sae.org/13535. Accessed October 2014.

1-11.　Morgans, S. "2011 Ford Explorer," Great Designs in Steel Seminar 2011, American Iron and Steel Institute. Livonia, MI, USA, 2011.

1-12.　Koganti, R., and Weishaar, J. "Aluminum Vehicle Body Construction and Enabling Manufacturing Technologies," SAE International Journal of Materials and Manufacturing. 1(1): 491–502, 2009.

1-13.　Howard, M., et al. "Spaceframes-A Study of An Emerging Body Construction Technology," Ver.2.2 University of Bath. Available from: www.mickeyhoward.co.uk. Accessed June 18, 2011.

1-14.　Johnson, K.C., et al. "New Materials Technologies in the Automotive Industry: A Review of Successes and Failures," SAE Paper No.2002-01-2038. 2002, Warrendale, PA: SAE International.

1-15.　"Convertible Body Structure Design Solution for Bending, Torsion,

Crashworthiness and Occupant Packaging Efficiency," International Automotive Body Congress, Ann Arbor, MI, USA, 2005.

1-16. Auto/Steel Partnership, "Automotive Sheet Steel Stamping Process Variation." Paper No. A/SP-9030-3. 2000. Available from: http://www.a-sp.org. Accessed June 25, 2001.

1-17. Schurter, P. "ULSAB-Advanced Vehicle Concepts—Manufacturing and Processes," SAE Paper No.2002-01-0039. SAE International, Warrendale, PA, USA, 2002.

1-18. Weissler, P. "Focus B-pillar 'Tailor Rolled' To 8 Different Thicknesses," 2010. Available from: http://articles.sae.org/7695/. Accessed March 2010.

1-19. Schnatterly, J. "Trends in Steel Content of N. American Auto", Great Designs in Steel Seminar 2012, American Iron and Steel Institute. Livonia, MI, USA, 2012.

1-20. Center for Automotive Research, "Automotive Technology: Greener Products, Changing Skills," 2011. Available from: www.drivingworkforcechange.org. Accessed August 8, 2014.

1-21. Ashley, S. "Shedding Pounds on a Magnesium Diet," *Automotive Engineering International*. pp. 34–36, 2010.

1-22. Shuldiner, H. "Lower Cost Key to Magnesium's Lightweighting Uses," 2013. Available from: http://wardsauto.com/vehicles-amp-technology/lower-cost-key-magnesium-s-lightweighting-uses. Assessed March 2015.

1-23. Bray, L. "Mineral Commodity Summaries—Magnesium Compounds," 2014. U.S. Geological Survey. Available from: www.usgs.gov. Accessed May 2015.

1-24. Winter, B. "SPE Award Honor Innovation—After 40-plus Years, Polymers Still Great for Solving Problems, Cutting Weight," 2011. Ward's Auto World, pp. 22–26, December 2011.

1-25. Boeman, R.G., et al. "Development of A Cost Competitive, Composite Intensive, Body-In-White." SAE Paper No.2002-01-1905. SAE International, Warrendale, PA, USA, 2002.

1-26. Canning, T. "Vehicle Lightweighting—Manufacturing Impact," CAR Management Briefing Seminars 2013. Traverse City, MI, USA, 2013.

1-27. Brennan, J.M. "Intelligent Simulation Technology Delivering Weight Efficient Vehicles," CAR Management Briefing Seminars 2011, Traverse City, MI, USA, 2011.

1-28. Brooke, L. "Creating the 54.5 mpg Car," SAE Automotive Engineering International. pp. 32–36, 2012.

1-29. Bachfischer, K., et al. "Lightweight Materials Extranet Survey," 2011. McKinsey & Company Automotive & Assembly. Available from: http://autoassembly.mckinsey.com. Accessed July 12, 2012.

1-30. Vehicle Technologies Office. "Lightweight Materials for Cars and Trucks," Available from: http://energy.gov/eere/vehicles/vehicle-technologies-office-lightweight-materials-cars-and-trucks, Assessed March 2015.

1-31. Kobuki, S. "Reduction of Vehicle Mass," 2002. Toyota Technical Review. 52(1):

132–135.

1-32. Smock, D. "More Composites for Cars?" 2010. Design News. November 16, 2010, pp. 132–135.

1-33. QUBE, "Global Light Vehicle Materials Market 2008 to 2028," 2014. Available from: http://www.just-auto.com/QUBE. Accessed February 2015.

1-34. "A Cost Effective Solution for Automotive Doors—Alcoa's Thin Door Technology," International Automotive Body Congress, Proceedings of Automotive Materials: Interior/Exterior & Safety Systems, Ann Arbor, MI, 3:38–53, September 2005.

1-35. Peterson, G. "An Analysis of Impact Performance and Cost Considerations for a Low Mass Multi-Material Body Structure," NHTSA Mass/Size/Safety Workshop, NHTSA Mass/Size/Safety Workshop, Robert S. Marx Media Center, Washington, DC, USA, May 13, 2013.

1-36. Holmes, L. "Cadillac CT6 Aluminum Construction Saves 198 Pounds Compared to Steel," 2015. Automobile Magazine. Available from: http://www.automobilemag.com. Accessed February 2016.

1-37. Birch, S. "New-generation Audi R8: the Race Driver's View," 2015. Available from: http://articles.sae.org/14469. Accessed December 2015.

1-38. US Department of Energy (DOE). "Physical and Chemical Properties of Gasoline," Alternative Fuels Data Center (AFDC). Available from: https://www.fueleconomy.gov/feg/contentIncludes/co2_inc.htm. Accessed February 17, 2016.

1-39. ArcelorMittal. Driving Advanced Automotive Steel Solutions. 2014. ArcelorMittal: North America, Chicago, IL, p. 10.

1-40. US Environmental Protection Agency (EPA). "Recycling and Reuse: End-of Life-Vehicles and Extended Producer Responsibility: European Union Directive," 2008. Available from: http://www.epa.gov/oswer/international/factsheets/200811_elv_directive.htm. Accessed August 16, 2014.

1-41. Winter, D. "Ford's Material Strategy Risky," 2013. Ward's Auto World, pp. 6–7. Available from: http://wardsauto.com/blog/ford-s-material-strategy-risky. Accessed February 2013.

第 2 章

装配系统开发方法论

第 2 章　装配系统开发方法论

制造系统开发是新车项目的重要组成部分，遵循一定的原则和流程是其成功的基础。制造系统的设计原则很多，如 *Factory Physics*（《工厂物理学》）[2-1]论述了制造科学的结构和依据系统行为解决问题的综合方法；*Lean Thinking: Banish Waste and Create Wealth in Your Corporation*（《精益思想：消除浪费，创造财富》）[2-2]一书则提倡面向系统开发的精益制造原则。这些研究工作提供了通用且广泛的制造基础知识，而本书中对制造系统原理及流程的述评和讨论则侧重于汽车装配系统的开发。

2.1　系统开发流程

2.1.1　制造系统开发

汽车制造系统开发的主要任务包括系统设计、工艺规划、设备及工装的设计和制造、系统集成、调试和试制。本书后面的章节中将对以上内容详细讨论。

2.1.1.1　系统开发流程

制造系统的整体开发流程开始于了解当前市场趋势和客户需求，以及如何实施高层战略。然后，开发活动从系统整体分解到子系统、子子系统和工位，最后细化到每一个工人或机器人作业。

新车的制造要求是根据车辆设计和市场需求，以竞争对手的对标产品及政府法规来制定（图 2-1）。一般来说，制造系统开发需要考虑的主要要求包括周期时间、产量、质量、生产率、成本和柔性。

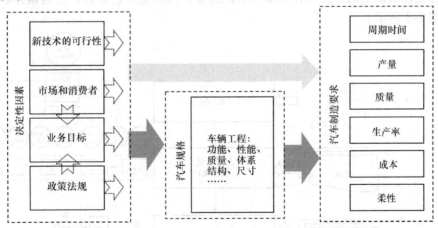

图 2-1　汽车制造的主要影响因素和要求

制造系统的开发可以分为三个关键步骤/阶段：①系统开发；②工艺规划；③投产到量产，如图 2-2 所示。换言之，制造开发是连接产品工程和生产运营之间的桥梁。基于并行工程（Concurrent Engineering，CE）原则，以上步骤在时间和团队合作方面有重叠。很多任务，如工位级应用装配技术，都应该在系统开发和工艺规划阶段同时处理。

首先，由于制造系统开发处于车辆产品工程和工艺规划之间的过渡阶段，因此系统开发要设置整体框架，并将产品需求转化为制造系统各个方面的总体流程和需求。系统开发的工

汽车装配
制造系统与工艺开发

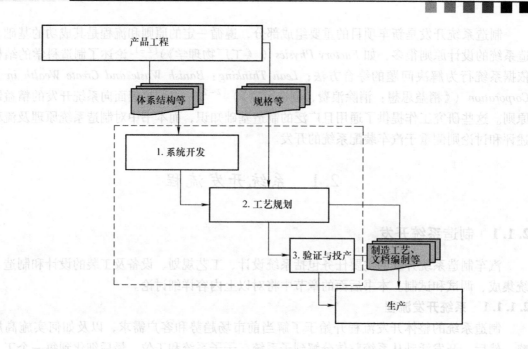

图 2-2　制造开发流程

作重点是系统功能、子系统及其功能、系统布局以及不同工艺间的交互。然后，开发工作转向子系统设计。相对而言，系统开发侧重于制造全局，而子系统开发则侧重于单个装配线和输送机。在工位层面上的开发工作主要是装配作业，然后是工艺参数、工装设计和自动化控制等，如图 2-3 所示。

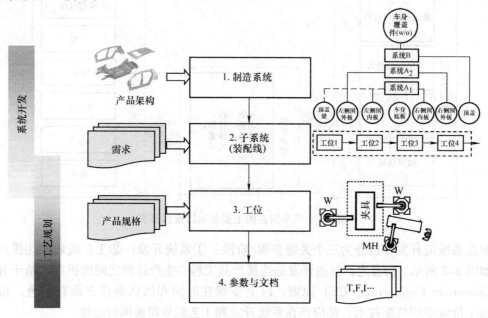

图 2-3　系统开发和工艺规划的工作重点

2.1.1.2 系统开发功能视图

从高处着眼，制造开发可以基于其功能和流程来看待。功能视图可以用某些技术方法或数学模型来表示，这些方法或模型可用于新系统的设计和对现有系统的改进。为了开发新的制造系统，通常使用图形来描述系统的功能和需求，并帮助理解系统的复杂性。这些图形模型可以定性或定量地表达一系列由明确系统输入和输出关系组织的事件和活动。

功能视图建模的两个典型应用是制造系统的产量和产品质量。前者用于分析和预测制造系统的产量，通常基于计算机离散事件仿真。例如，给定工艺流程、单个设备的可靠性和周期时间等信息，就可以构建产量模型，仿真模拟工艺流程，进而计算出制造系统的产量。后者用于现有系统的质量改进，通常通过研究质量指标和工艺变量之间的未知关系，从根本上分析提升产品质量的方法。

集成计算机辅助制造定义［Integrated Computer-Aided Manufacturing (ICAM) Definition, IDEF］是一种建模方法。这项技术最初被美国空军和波音公司用于帮助制造飞机、物流系统及其他技术系统。该方法可用于文档编制、理解、设计、分析和规划等。IDEF实际上是一个建模方法族，针对不同的建模目的，由IDEF0~IDEF5这6套方法组成。在IDEF建模方法中，常用的是IDEF0和IDEF3。

IDEF0是一种常见的建模方法，主要应用于商业和工程活动中。在IDEF0模型中，使用方框来描述某个功能或活动，如图2-4所示。方框上的箭头有4种类型：输入、输出、控制和机制。

IDEF0建模方法可以用来描述新系统开发的需求和功能。对现有制造系统，IDEF0用于分析现有系统的执行功能。因此，IDEF0是系统功能、活动或工艺的结构化表示，本书中的许多流程图都是基于IDEF0模型绘制的。

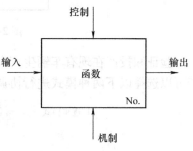

图2-4 IDEF0基本方框

此外，IDEF3是一种针对工艺过程的建模方法。作为一个场景驱动的系统工艺流程的描述方法，IDEF3通过一种简单机制来捕获工艺过程信息。在IDEF3图中，包含的连接有：①次序连接；②关系连接；③对象流连接。此外，还存在多种逻辑交汇点：①与（&）；②或（O）；③异或（X）。每个主要活动也有详细的图表，显示了开发流程和子活动之间的关系。例如，整体制造系统模型可以按图2-5所示构建。

如上所述，IDEF建模技术使用描述性和图形化的表达，易于使用和理解。然而，IDEF面临一些局限。例如，由于借用图形表达，IDEF不适用于系统或过程的定量描述。此外，IDEF模型可能被误解为表示一系列与时序无关的活动。

2.1.1.3 验证和投产

该阶段包含两个主要相关工程活动：一个是产品和工艺验证，另一个是新车型的投产到量产。在验证活动中，需要使用现有或临时的生产工装和工艺来制造数百辆车，这些车辆仅用于测试，属于非卖品。测试包括物理测试和道路测试，以验证设计和仿真分析结果。在验证过程中，很可能需要进行必要的工程变更并确认方案。使用生产工装和工艺制造车辆也可以验证新制造系统和工艺的功能与性能。正常情况下，许多工艺、工装、质量等问题在验证阶段都会呈现出来并得到解决。

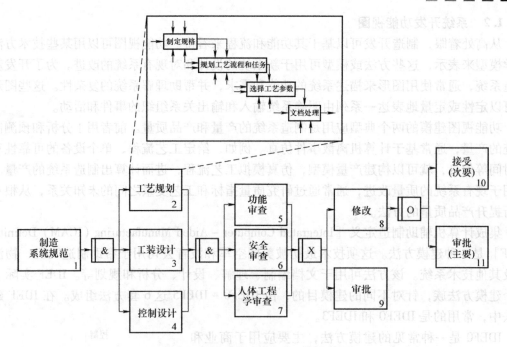

图 2-5 制造系统开发 IDEF 模型案例

验证和投产在现有车辆生产车间进行。考虑到工厂现有的生产情况，新车型的验证和投产可以选择以下两种模式进行协调，如图 2-6 所示。

图 2-6 现有生产条件下新车型投产的两种模式

如果新车型投产使用跳跃模式，需要短暂关闭现有生产，进行设备和自动化更改以及系统设置，该过程通常称为重组。凭借出色的规划和执行能力，使得新制造系统准备时间大大减少，目前可以在两周时间内完成系统准备工作。

要实现新车型的全面量产可能需要几周时间。投产加速度是投产成功的核心指标，可以根据规定时间内生产新车型的数量来计算，其曲线称为投产曲线，如图 2-7 所示。需要指出的是，投产曲线是设定的生产目标，而不是实际生产的结果。具有近乎垂直投产曲线的投产可以使新车型的产量最大化。显然，在一个全新的工厂或现有工厂的新厂房上投产新车型会比较容易，这样可以在技术和时间上减少对现有生产的干扰。

除了时间，成本是投产成功的另一个重要指标。除了投产的总投资之外，投产成本可以按投产年里的单件工时（HPU）来衡量。投产 HPU 应包括新车生产消耗的所有工时，包含直接和间接装配工作以及相关的管理和辅助作业所耗费的时间。投产 HPU 的数值可以为 2~20。一项调查表明，汽车的种类和工厂的选址对投产 HPU 的影响不大，但汽车制造商的投

第2章 装配系统开发方法论

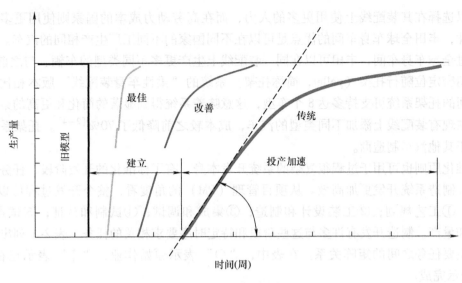

图 2-7 新车型投产曲线

产理念对 HPU 的影响较大[2-3]。

2.1.2 开发标准化

对于汽车工业来说，标准化工作早在一百多年前就开始了，并且一直在持续改进。此外，对于如何实现工程标准化与针对临时、非标准的流程进行持续改进的最佳实践的融合，还在进一步研讨之中。

系统标准化是高效制造系统开发的推动因素之一。这里的系统层面是指整个公司或汽车制造商的所有工厂。每个汽车制造商都根据自身情况开发自己的生产模式。这种标准化的系统通常被称为×××生产系统，如丰田生产系统（TPS）、梅赛德斯-奔驰生产系统（MPS）、福特生产系统（FPS）［现称为 One Manufacturing（一个制造）］和现代生产系统（HPS）等。

系统标准化的一个重要工作是构造通用车辆架构，它包括车辆产品和制造工艺。有时候，这种做法被称为平台战略。平台没有通用的定义，它可以理解为基于通用的产品架构的专业团队的业务系统。平台提供了一个工作环境，在其中工程师团队利用通用的子装配体和相应制造工艺生产旗下各种车型。

基于通用的车辆架构，所有车型的各种部件设计及装配过程中零部件拼接都可以标准化。然后，任何其他型号或衍生车型都应纳入标准化的零件设计和制造过程中。作为一个良好的实践应用，各车型的大多数子装配体都应进行通用化设计。例如，本田各车型车门的设计都相同，唯一的区别在于它们的造型和尺寸。在车门加工中，车门内板采用单件冲压，车门外板下本体采用单件冲压，上本体采用独立的外框结构（两者焊接形成车门外板）。

在制造方面，系统标准化是高质量、低成本、全球化和有效供应链管理的基础。例如，丰田投入数十亿美元，耗时6年建造了对全球所有车身子装配体实施标准化的"全球车身车间"。新的标准化全球车身车间拥有相同的设备，但工人和机器人的混合安排有所不同。因此，可以依据不同国家的成本结构，对制造系统进行快速修改。在低劳动力成本的国家，丰田可以选择在其装配线上使用更多的人力，而在高劳动力成本的国家则使用更多的机器人。因此，丰田全球车身车间的优点是可以在不同国家的不同工厂生产相同的汽车。

通过全球车身车间，丰田可以在同一装配线上生产更多不同类型的车辆。与之前的带3个工装精密定位随行托架（pallet，简称托架）系统的"柔性车身装配线"版本相比，全球车身车间的托架系统可支持多达8个车型，这意味着系统得到显著的简化和更高的柔性。据报道，在现有装配线上添加不同类型的汽车，成本较之前降低了70%[2-4]。托架系统已广泛使用于其他汽车制造商。

标准化原则也可用于过程很复杂的系统开发本身。有了标准化的开发阶段、任务和可交付成果，制造系统开发更加高效。从项目管理（PM）的角度看，整个开发过程可以分为6个阶段：①工艺规划；②工装设计和制造；③集成和调试；④试制和认证；⑤试点生产；⑥投产和量产。制造开发有许多与这些阶段和特定时序要求相关的任务，表2-1列出了开发阶段和主要任务之间的矩阵关系。在表中，"○"表示原始作业，"↑"表示正在更新，"√"表示完成。

表 2-1 工艺开发的标准化阶段和任务

序号	任务	工艺规划	工装设计与制造	集成和调试	试制和认证	试点生产	投产和量产
1	工艺流程	√	—	—	—	—	—
2	装配线布局	○	√	—	—	—	—
3	产量仿真分析	√	—	—	—	—	—
4	机器人与设备选择	√	—	—	—	—	—
5	机器人仿真	○	√	—	—	—	—
6	过程控制开发	○	↑	↑	↑	√	—
7	安全审批	—	—	↑	√	—	—
8	人体工程学设计/审查	○	↑	—	√	—	—
9	工业工程分析/设计	○	—	—	√	—	—
10	过程和机械失效模式影响分析	—	○	↑	↑	√	—
11	质量测量计划	—	○	—	√	—	—
12	工艺文件	—	○	—	↑	√	—
13	夹具设计批准	—	√	—	—	—	—
14	专用工装批准	—	√	—	—	—	—
15	二级部件批准	—	√	—	—	—	—
16	问题跟踪列表	—	○	↑	↑	↑	√
17	总维护系统文件	—	—	○	↑	√	—
18	备件清单	—	—	○	√	—	—
19	系统功能检查	—	—	○	↑	√	—
20	培训（维护和生产）	—	—	—	○	—	√
21	环境审查	—	—	○	√	—	—
22	工装尺寸认证	—	—	√	—	—	—

（续）

序号	任务	工艺规划	工装设计与制造	集成和调试	试制和认证	试点生产	投产和量产
23	工装重复性测试	—	—	—	√	—	—
24	焊接（连接）认证	—	—	—	√	—	—
25	密封认证	—	—	—	√	—	—
26	产品尺寸认证	—	—	—	○	√	—
27	周期时间认证	—	—	○	√	—	—
28	系统试运行测试	—	—	—	○	√	—
29	操作说明	—	—	○	√	—	—
30	最终批准	—	—	—	—	—	√

开发标准化的好处包括减少重复工作和提高产品开发效率及质量。因此，标准化能显著节省时间和投资。

2.2 主要开发方法

2.2.1 开发中的系统工程

系统工程（SE）是一种跨学科方法和技术管理工具，适用于复杂系统的整个生命周期。换言之，系统工程是开发有效系统的艺术和科学。系统工程应用的重点是在系统层面上，或者着眼于"大局"，解决复杂工程项目的规划和管理。实际上，系统工程思想应该应用于各个层级，包括子系统、详细的产品设计和工艺规划。

2.2.1.1 系统工程的开发阶段

系统工程将其系统开发原则分为多个阶段。依据系统开发所处阶段，系统工程的划分情况见表2-2。

表2-2 系统开发过程中系统工程应用各组成阶段

阶段	描述	主要任务
1	概念设计	可行性、可替代性、分析、仿真以及技术和财务评估
2	项目形成	工作范围、要求、财务批准、团队以及总体计划/时间、技术
3	详细设计	子装配体和子系统级别的系统结构和工程
4	集成设计	系统级工程
5	制造和集成	制造、安装/集成和调试
6	验证	系统级别的物理验证、测试、试用和投产
7	运营	系统运营和生产
8	结束	系统退役和处置

系统开发阶段有3个关键点。首先，每个阶段从开始到结束需要多次评审、评估和批准。其次，根据系统性质，如装配系统或供应链，这些阶段的描述和工作范围可能不同。第

三，各阶段的时间跨度也取决于系统。对于汽车制造系统，验证（阶段6）可能只需几周，而运营（阶段7）可能持续数年。第3章将讨论制造系统开发的案例。在系统的整个生命周期中，系统工程在任务方面与项目管理有一些重叠。图2-8所示为系统工程和项目管理在内容和关注点方面的关系[2-5]。

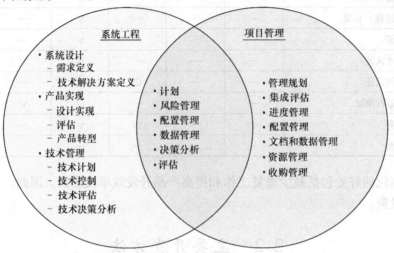

图2-8　系统工程与项目管理的对比[2-5]

经济性作为主要竞争点，也是系统工程的组成部分。结合财务投资，系统开发的成本效益可以通过给定的投资额来衡量。这种成本效益是系统开发成功的重要指标，可以与工业基准进行比较。

生命周期集成是系统工程的另一个主要关注点，它解决了系统开发整个生命周期中的长期问题。制造系统生命周期的4个基本阶段是：①规划；②开发；③运营；④退役。生命周期分析（LCA）是用于车辆开发的重要工具，在第1章中已经讨论。对汽车制造系统开发，生命周期分析也遵循相同的规则。

总的来说，系统工程是一种跨学科的方法。系统工程中的许多方法在其他工程学科中进行了研究，相比而言，系统工程更强调大规模问题及其解决方案的整体格局。

2.2.1.2　V形方法

通常，车辆开发中的许多工程任务的概念实现遵循V形方法（图2-9a）。作为系统工程的一种输入方法，V形模型被认为是系统开发的实际标准。福特产品开发系统的车辆开发路线[2-6]应用了V形方法，如图2-9b所示。

V形模型的左翼包含工程开发活动。系统级需求向下传播到子系统，再到子装配体。右翼包括与开发活动相对应的质量保证活动。子装配体和子系统的设计及性能应在V形右翼零部件集成时进行验证。V形模型上的每个活动都有自己的目标、输入、过程和输出。

此外，作为一项重要的支持职能，汽车项目管理部门负责与所有职能部门协调所有开发活动，确保项目在预算内按时交付。项目管理负责监控和控制整个项目的财务和时间安排，处于V形顶端。

与直线形活动相比，V形模型强调两翼之间的连接。换言之，右翼的活动用于验证左翼的结果，从而确保左翼活动满足一定的要求和规范。例如，制造系统应该在新车投产前进行

第 2 章 装配系统开发方法论

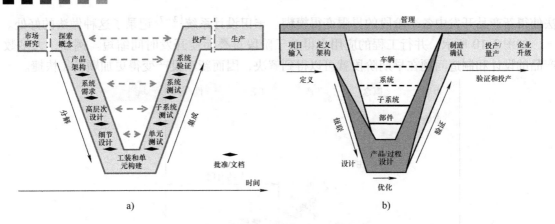

图 2-9 系统工程模型的 V 形方法

验证。系统验证的目的是确认产品能够实现其预期的性能，且制造系统功能完善。相应地，V 形模型中验证的特性见表 2-3。

表 2-3 系统验证的特性

项目	描述
目标	确认系统满足预先设定的需求，并有效地满足预期目的
输入	产品信息
	工艺信息
	验证与运营系统
	系统验证计划
活动	根据需要更新验证计划以验证系统
	验证系统
	记录验证数据和结果
输出	系统验证数据和结果
	验证结论
	建议或纠正措施

在制造开发中，系统工程的使用有助于需求、开发工作和验证之间的有效协调，帮助产品工程和制造开发团队减少昂贵的变更。在现有的制造作业中，系统工程的运用还可以优化系统性能并降低总成本。例如，系统工程方法的实施可以提高产品质量和产量，实现更好的跨职能团队合作等。

2.2.1.3 并行工程

并行工程（Concurrent Engineering，CE）遵循和系统工程一样的原则。为进行制造工程开发，并行工程引入了多学科团队来解决各式各样的潜在制造问题。这些团队包括产品设计、制造工艺、质量保证、运营管理和其他功能组。并行工程的执行过程不同于传统的串行产品开发，后者首先由产品工程团队完成一个新的设计，然后由制造工程团队进行系统开发和工艺设计。

例如，一些产品设计决策可以与制造专业人员一起评审和决策。在评审中，设计工程和制造工程团队一起评审产品设计和相应的制造工艺，以便尽早发现和预防潜在问题。这种做

43

法使得新产品开发中各个阶段的界限变得模糊。丰田设计系统[2-7]记录了这种做法的好处。

如图 2-10 所示，并行工程的应用也得益于阶段重叠而使开发时间缩短。例如，大多数产品的设计和制造问题在早期阶段就可以得到解决，因而新车投产变得更加顺畅、快捷。

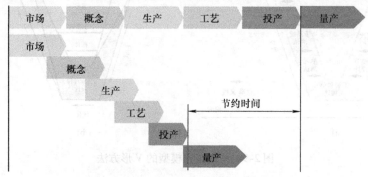

图 2-10 车辆开发的传统方法与并行工程方法的对比

事实上，大部分制造成本是在产品设计阶段确定的。对于第 1 章中讨论的后期工程变更（EC）问题，由于并行工程的应用，后期工程变更减少，有利于改善整个开发过程的财务状况。

成功实施并行工程的两个关键因素是具有良好交互功能的计算机环境和实施跨职能团队合作，如图 2-11 所示。前者为改善设计团队与制造团队之间的沟通提供了技术保证；后者更为重要，是并行工程实施的商业保证。跨职能团队合作与公司的业务流程和文化息息相关，其实施难度较大。

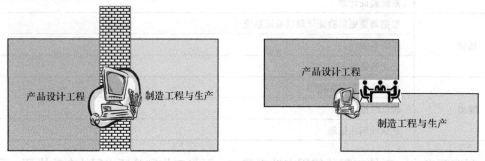

图 2-11 并行工程实施的关键因素

2.2.2 面向制造的设计

2.2.2.1 面向制造的设计原理

制造可行性是优秀产品设计的关键之一，面向制造的设计（Design for Manufacturability，DFM）可视为产品工程的原则和指南。在早期阶段应用 DFM，产品工程需要考虑制造过程能力、总体性价比和约束条件。

因此，DFM 的目标是设计最符合现有制造能力或技术、经济合理的新系统的产品零件。实施 DFM 的主要动机和优点包括开发周期短、制造开发成本低。对于不同的设计内容，使用 DFM 遵循的原则相同但重点不同，其目标也不同，如面向装配的设计、面向质量的设计、面向可维护性的设计和面向回收的设计。

第 2 章 装配系统开发方法论

在产品工程中使用 DFM 的基本流程如图 2-12 所示。制造专业人员的参与和支持对于 DFM 的成功执行至关重要。

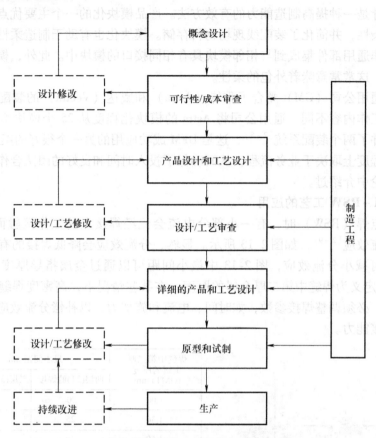

图 2-12 面向制造的设计和并行工程的应用流程图

产品工程团队应始终与制造专业人员协商,以审查设计意图和初步工艺要求。产品团队与制造工程团队合作,不但可以从工程的角度,而且可以从制造的可行性和成本的角度出发,制定出最佳的设计方案。DFM 的一个简单案例是零件规格的设计,如尺寸公差,产品工程设计应避免因对公差设计要求过高而带来的高制造成本。许多设计意图可以根据制造情况进行方案调整和优化。如果高标准的设计要求是必要的,那么制造工程团队及早参与设计,将使得其有足够的时间升级与优化相关设备和工艺流程。

丰田公司取得成功的重要因素之一是基于工艺驱动的设计,它一直称其是一家"制造企业"。在丰田公司,制造标准(也称工艺流程)是产品工程和设计的指南,遵循这些准则,在对现有制造工艺产生最小影响的情况下,实现车辆造型、产品工程和新制造技术的有效结合。

DFM 应用的另一个实例是本田挡泥板零部件设计。挡泥板的造型因车型而异,冲压系统对 4 个工位(模具)进行了标准化,因此所有挡泥板可在该系统中冲压而无须添加新设备。换言之,零件设计必须将已知的工艺参数简化到 4 个冲压工位中。形状复杂的部件,如灯罩,会导致使用更多的模具或增加模具的复杂性。产品设计分离了这些复杂的产品特征,因此它们的 DFM 应用有利于缩短冲压系统的制造和试制时间,并且降低投资成本。然而,简化的冲压系统可能导致更小的零部件和更多的下游组装作业。总的来说，需要对整个汽车制造过程而非单个制造过程进行成本和灵活性优化。

模块化设计是一种提高制造能力的有效方法。产品模块化的一个主要优点是降低了汽车装配系统的复杂性，并简化了装配线现场物料存储。模块化也有助于制造柔性，对于不同的车型，可以将非通用部件集成到与相邻模块具有相同接口的模块中。此外，模块化子装配体可以离线加工，这常常意味着外包的柔性。

据报道，通用公司（GM）整合了雅特（Astra）和威达（Vectra）的装配系统，它们没有通用部件，工作内容不同。通用公司将 Astra 的模块化程度从 25 个模块增加到 115 个模块，并成功合并了两个装配系统[2-8]，这是 DFM 成功应用的另一个很好的案例。DFM 的成功应用在很大程度上取决于业务流程，从而确保了投入时间和良好的团队合作环境。这也在并行工程的讨论中介绍过。

2.2.2.2　DFM – RSW 工艺的应用

进行电阻点焊（RSW）时，有一小部分电流会流经焊接点的工作接触面或邻近区域，该现象称为分流效应[2-9]，如图 2-13 所示。显然，分流效应会降低焊接的有效电能。设置最小焊接间距可减小分流效应，图 2-13 中最小间距可以通过金属指导厚度（GMT）来确定，而 GMT 被定义为焊缝中第二厚金属的厚度。在某些情况下，高密度焊缝是必要的，在小间距情况下，必须调整焊接参数，如时间、电流和施加力，以补偿分流效应，这要求提高焊接设备的焊接能力。

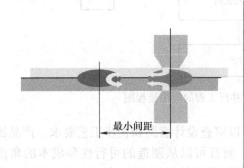

焊缝中第二厚金属的厚度（GMT）/mm	最小间距/mm	
	两层(2T)的焊接	三层(3T)的焊接
1.00	20	28
1.30	25	31
1.50	28	34
1.75	32	37
2.00	36	44
2.50	42	50
3.00	46	54

图 2-13　最小焊接间距要求

电阻点焊工艺需要在钣金件上增加凸缘，如图 2-14 所示。然而，凸缘不仅没有为最终客户增加任何价值，反而增加了材料成本和质量。因此，设计时应尽量减小焊接凸缘。

凸缘的大小由几个因素决定。一种是电极尺寸，通常为 15.9mm（5/8in）或 19.0mm（3/4in），具体取决于待焊接的金属厚度。对于 15.9mm（5/8in）和 19.0mm（3/4in）的电极，推荐的最小重叠量（图 2-14 中的 L）分别为 13mm 和 15mm。显然，装配作业中零件的定位精度也至关重要。因此，电极与零件的设计间隙（图 2-14 中的 d）应至少为 3mm。

电阻点焊的连接点通常使用两层（2T）和三层（3T）的钣金件。由于四层（4T）的钣金件的焊接可靠性低，应尽量避免。根据工业实践，两层焊接各层的厚度比应为 3∶1 或更小。例如，将一个厚度为 0.7mm 的零件焊接到厚度为 2.2mm 的零件上是很困难的。即使在 3∶1 的比例限制下，制造环境中也很难始终保持良好的焊接质量。对于三层焊接，如果最薄

第 2 章 装配系统开发方法论

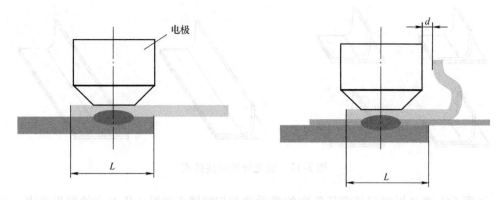

图 2-14 最小凸缘要求

层不在中间，3∶1 原则也适用，如图 2-15 所示。因此，装配设计应符合比例要求，以防止车辆生产中出现与厚度比相关的焊接质量问题。

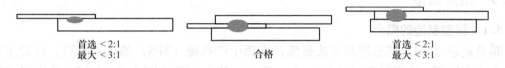

图 2-15 设计中考虑钣金件厚度比

2.2.2.3 DFM – LBW 工艺的应用

激光焊（LBW）的产品和焊接接头设计与电阻点焊不同。激光焊接头设计可以有多种选择方案，如图 2-16 所示。

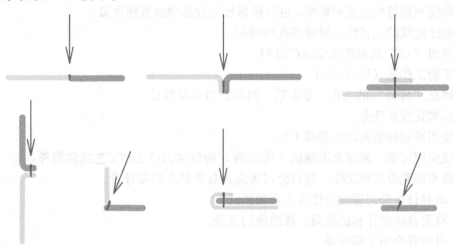

图 2-16 激光焊的基本接头设计

焊接接头也可以设计成不同形状、不同间距和连续的缝线，如图 2-17 所示。接头强度与激光焊的长度或激光焊所环绕区域的大小成正比。因此，采用具有长周长和长缝线的圆形或椭圆形，可以提高零件的接合强度。

对于某些应用，由于激光焊具有优异的焊接和移动速度，在制造中会倾向选择"远程"

47

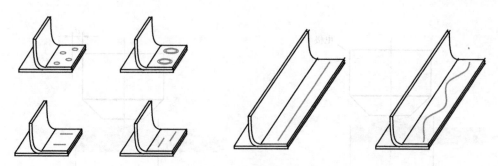

图 2-17 激光焊的焊接样式

方案。远程 CO_2 激光焊使用具有长焦距的光学镜和扫描镜来操纵工件上方的聚焦光束。因此,在零件和装配夹具的设计过程中必须确保激光束的可达性。此外,远程激光焊的入射激光束和工件表面之间的夹角需要小于20°,在部件设计和工艺规划期间也应该考虑这一限制。

2.2.3 精益制造

2.2.3.1 精益制造的概念

精益制造(LM)的原理和方法提炼自丰田生产系统(TPS)的成功实践,后者主要遵循两个主要原则:①准时生产(Just – in – Time,JIT);②"Jidoka"。Jidoka 是指在出现设备故障和质量问题等相关情况时,由工人和/或机器停止装配线的能力。

精益制造有很多描述,其核心原则可以理解为通过持续改进和授权员工来减少/消除浪费(TPS 中的 MUDA),这是最终客户所关注的焦点。Liker 教授[2-10]在其 *Toyota Production System*(《丰田生产系统》)一书中总结了代表精益制造的 14 个关键原则:

1)即使短期目标会受到影响,也要根据长期理念做出管理决策。
2)创建连续的工艺流,暴露潜在的问题。
3)使用"拉"式系统避免生产过剩。
4)平衡工作量(Heijunka)。
5)建立"停修"的文化,争取第一时间获得品质保证。
6)标准化作业任务。
7)使用可视控制实现无隐藏进程。
8)仅使用可靠、经过全面测试(非尖端)的技术为员工和工艺提供服务。
9)培养能充分理解工作、履行公司理念并教导他人的领导者。
10)培养符合公司理念的优秀人才和团队。
11)尊重合作伙伴和供应商,帮助他们进步。
12)自省并全面了解时局。
13)全面考虑,谨慎做出决定;迅速执行决定。
14)不断反思、不断改进。

对制造系统开发,上述原则1)、3)、4)、6)和8)与之最相关。其他的,如原则5)和14),可以直接应用于现有系统的运营管理。

2.2.3.2 精益制造的实施

精益制造(LM)通常被认为是提高竞争力的途径。许多汽车制造商采用了丰田生产系统（TPS）原则。福特生产系统（FPS）也是精益制造的一个很好的案例。福特生产系统的重点衡量指标包括工作小组的效率、首检合格率、生产效率（DTD，进料至交货时间）、计划完成率（BTS），系统整体设备效率（OEE）和总成本。显然，福特生产系统和丰田生产系统并不完全一样。

20世纪90年代末，现代汽车公司开始开发自己的生产模型，称为现代生产系统（HPS），其目的是建立全球制造网络。值得注意的是，现代生产系统偏离了丰田生产系统的一些核心原则，如拉式生产系统和工人参与。尽管如此，现代汽车公司目前在生产力和质量方面依然与丰田公司持平。

所有商业活动，包括制造业，都应该是增值和以客户为中心的。脱离这个中心，会引起客户对产品质量和性能的担忧。由于多数车型都存在意外加速风险，且雷克萨斯SUV存在高翻车风险，丰田公司在2009年和2010年由于安全性问题召回数百万辆车。这些问题说明它们偏离了丰田生产系统的原始价值，更注重运营扩张和盈利。为此，丰田公司在花费了11亿美元用于解决一些丰田和雷克萨斯车型"意外加速"的诉讼[2-11]。

许多文献阐述了精益制造的工具，如整理、整顿、清洁、标准化和保持（即5S方法）。这些工具能为精益制造的顺利实施保驾护航，但它们也仅是实施精益制造的手段和指南。若精益制造商业文化适当，则5S有效并得以维持。例如，本田也实施5S，尽管其不明确说明。本田生产人员需穿着白色制服，如果制服不是白色（如变脏），则意味着有问题要解决。

使用精益技术是为了取得生产模式的成功，而不是为了商业展示，如花哨的海报和图表，不应将两者混淆。这种混淆本身会导致额外的浪费，既不会提高与最终客户的正相关性，也不能为最终客户增加价值。如果精益制造被误认为是解决低层次问题的工具，那么取得的成功也是有限的。

近30年来，几乎所有非日本公司都试图实施精益制造原则，并取得了不同的成功。现在，人们认识到精益制造/丰田生产系统是一种与商业文化相关的路线和投入，精益制造应用的成功取决于合作文化和商业实践，而丰田生产系统成功应用的重要因素在于企业的基础设施和丰田的非西方管理结构[2-12]。此外，丰田的成功经验，如全球车身车间，可能不适合所有制造商，这些制造商的企业战略和产量与丰田有很大不同。如何成功实施精益制造原则仍然是工业实践中有待深入研究的课题。

2.2.3.3 浪费识别和减少

对于客户，产品应具有价值，这些价值是由工程和制造活动提供的。换言之，产品应该按客户的需求开发，且客户愿意买单。价值增值可以定性和定量体现。对于公司而言，其产品的价值可以简单地定义为一段时间内输入和输出之间的差值，而输出应基于客户和市场观点来衡量。

对于特定的制造工艺，它是否为产品增值，可以从最终客户的角度来评判。如果取消某项作业后，从产品到客户的收益降低，则该过程是增值的。但是，有时为客户产生的增值效益不容易量化。

任何不为客户增值的制造活动都可视为浪费，在制造环境中最初确定的7种类型的浪费是：

1）生产过剩（生产比需求过多、过早或过快）。

2）库存。

3）运输（移动物料和在制品）。

4）额外的加工或处理。

5）等待（工人和设备）。

6）产品缺陷。

7）动作（工人不必要的身体运动）。

以上7种类型浪费的特征值得讨论。有些浪费可以直观感受，如质量缺陷和维修（上述中的第6项）；未充分利用的人员和资源，等待（第5项）；其他类型的浪费与产能过剩有关，如生产过剩（第1项）、库存（第2项），以及无用的产品功能。

此外，在最终客户看来，一些制造活动，如运输（第3项）和质量检查（第4项的一部分）不会增加价值。但是这些活动是支持增值活动的作业需求和有效性所必需的。对于汽车装配作业，所有零件必须运输到装配线旁并送到工位。例如，安装车轮为客户创造价值，因而车轮安装是增值作业。将车轮从其制造商运输到车辆装配厂，然后运输到安装工位的装配线旁也是必需的。但是运输本身对于客户而言不具备价值。因此，这些活动可以称为业务增值或辅助活动。

制造过程的质量检查也可以作为一个很好的案例来讨论。在理想状态下，如果所有车辆都能在每一个操作步骤中始终以最高质量制造，则不需进行质量检查。然而，质量检查通常被认为是必要和重要的，以确保制造出优质车辆或确保下游制造过程的某些产品和工艺特征。因此，质量检查的目的实际上是为了保证作业，而不是直接服务于客户。因此，质量检查对客户没有任何增值。

非增值活动是否是业务增值通常是有争议的。在这种情况下，可以从运营管理的角度提出一个简单的问题来分析。如果该活动/作业被取消了会如何？例如，生产可以在无零件运输的情况下运行吗？如果没有质量检查，如漏水测试，结果会如何？

因而，所有制造活动可分为3类：①增值；②业务增值；③非增值。相应地，应分析制造业务的流程，以识别非增值活动和瓶颈，这是持续改进制造工艺的基础。由于非增殖的活动没有为最终客户增加任何价值，因此如果无法删除，则应将其最小化。

2.3　面向开发的项目管理

2.3.1　项目管理概述

2.3.1.1　项目目标和有效期

工程项目由一系列相互关联的活动组成，活动中的人们为实现相同的目标共同努力。总的来说，一个项目的目标是实现其预定义的未来状态，即按时和按预算完成可交付成果，如图2-18所示。

项目的生命周期通常用于描述要完成的一组任务。不同项目的生命周期不尽相同，但典型项目的生命周期包括概念、选择、规划、调度、执行、监视、控制、评估及结束项目。对于制造系统的开发，主要任务是规划、设计和制造、安装、调试、试验及总结。它们的时间经常相互重叠，如图2-19所示。

第 2 章　装配系统开发方法论

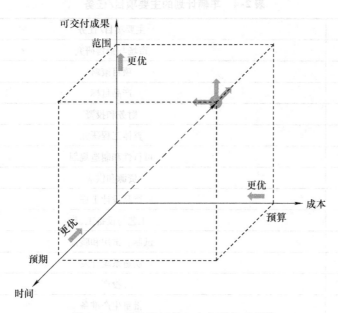

图 2-18　项目目标的 3 个主要组成部分

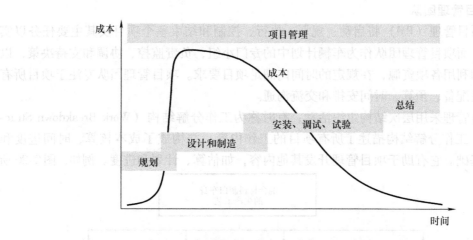

图 2-19　制造系统开发中的时间、成本和项目管理

项目管理的另一个重要因素是成本问题。对于车辆开发项目，其费用主要用于开发初期。使用经过验证的方法（如精益制造原则）进行适当规划，可以有效控制开发成本。

为了便于讨论，一个车辆计划可按照表 2-4 所列的 13 个主要项目进行考虑。它们依次执行，但在时间轴上有相当大的重叠。制造开发是项目 6、9、10、11、12 和 13 的主要组成部分。这些独立的项目都遵循整体计划的时间安排，但也有自己的可交付成果、时间安排和预算。通常，当整个计划时间没有重大问题或不影响其他主要任务时，项目是独立管理的。然而，项目的许多活动相互影响，因此如果时间要素是整体计划实施的瓶颈，则必须在整个车辆计划管理的最高层面上评审和调整各项目。这将在后面的章节中讨论。

表 2-4　车辆计划的主要项目/任务

序号	主要项目/任务
1	市场与销售研究
2	项目策略
3	产品目标
4	财务和投资
5	整体工程研究
6	可行性和制造规划
7	资源和供应
8	产品设计工程
9	工艺与设备工程
10	试制、试用和验证
11	制造系统开发
12	投产
13	批量生产准备

2.3.1.2　项目管理团队

通常,项目管理(PM)将启动、规划、执行、控制和结束整个项目及其主要任务以实现预定目标。而项目管理团队作为车辆计划中的专门小组,负责监控、协调和支持决策,以分配、跟踪和利用各项资源,在规定的时间内满足项目要求。项目管理团队专注于项目所有阶段内的人员配备、预算、时间安排和交流沟通。

车辆项目管理采用层次结构组织活动,有时称为工作分解结构(Work Breakdown Structure, WBS)。工作分解结构描述了所有项目的工作内容,并构成了成本核算、时间进度和工作职责的基础。它有助于项目管理开发其他内容,如估算、计划和进度。例如,图 2-20 所

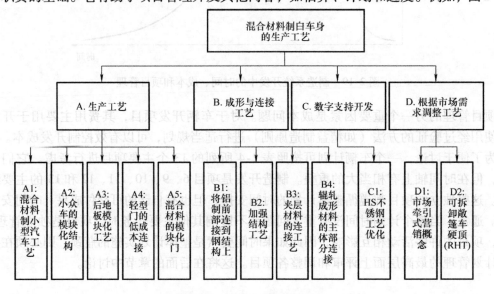

图 2-20　工作分解结构案例

第 2 章 装配系统开发方法论

示的工作分解结构案例是基于通用欧洲汽车公司[2-14]实施的利用不同混合材料对白车身进行轻量化设计的装配工艺开发。该项目有 4 个子项目,每个子项目都有各自的任务。预期成果包括基于知识库的轻量化材料开发和生产工艺规划、提高生产柔性以及基于此类材料的新车快速投产。显然,功能项目和任务之间经常存在交互,这些交互未在工作分解结构中体现。

此外,项目中每个团队和子团队的职责可以采用矩阵形式描述,有时采用负责、批准、咨询和通知(RACI)的格式。这样的矩阵表明了团队之间管理协调的交互水平。表 2-5 为一个案例图表。责任是为了完成当前任务需要做的工作,而负责则是授权。事实上,责任和负责有时在矩阵中可以互换使用。

表 2-5 RACI 矩阵

项目	任务	项目办公室						
		市场	设计与规范	工程与开发	车辆测试	制造工程	生产	……
……								
2. 项目策略	2.1	C	R					
	2.2		A	C	I	C	I	
	2.3	C	R	I				
……								
6. 可行性和制造计划	6.1		I	C		A		
	6.2			I		R	C	
	6.3	I	I	C	I	R	C	
……								
8. 产品设计工程	8.1			R				
	8.2		R	I	C			
	8.3		C	A	C	C	I	
9. 工艺与设备工程	9.1	I		I		A	C	
	9.2			C	I	R	C	
	9.3		I	C	C	R	C	
……								

注:表中,R 表示负责,A 表示批准,C 表示咨询,I 表示通知。

2.3.2 备选方案

2.3.2.1 影响备选方案的因素

在项目的早期阶段,方案选择是项目管理的一个关键组成部分。备选方案的评估标准包括财务合理性、技术可行性和时间可行性(三重约束)。通过事先判断拟提议项目成功的可能性并选择最佳备选方案,可以获得最高的项目成功概率。

在财务上,备选方案评估是基于项目的经济性分析,这部分内容将在第 3 章中讨论。在许多情况下,初始成本是决策的关键因素,非财务因素以及目标对项目的选择和批准也同样重要。

综合以上因素，项目备选方案的选择过程复杂，应综合评估进行决策。这种评估通常使用评分矩阵来进行。简单评分系统只采用是/否或 0/1 进行评分，更高级的评分系统则使用 1~5 或 1~10 这样的等级评分制。同时，可以设置权重来反映评分矩阵里各因素的相对重要性。表 2-6 给出了一个具有 3 个备选提案的案例[2-15]。该表使用了多个评估准则和对应权重系数。根据预先确定的准则和权重，可以清楚地显示最佳提案。当然，使用不同的权重系数，评估结果也不同。

表 2-6 项目评估案例

评估准则	权重（%）	提案 A 等级	提案 A 分数	提案 B 等级	提案 B 分数	提案 C 等级	提案 C 分数
A. 技术需求	25						
1. 性能	6	4	24	5	30	5	30
2. 有效性	4	3	12	4	16	3	12
3. 设计方法	3	2	6	3	9	1	3
4. 文档	4	3	12	4	16	2	8
5. 测试方法	2	2	4	1	2	2	4
6. 产品支持	4	2	8	3	12	2	8
7. 其他	2	2	4	1	2	2	4
B. 生产能力	20						
1. 布局	8	5	40	6	48	6	48
2. 工艺	5	2	10	3	15	4	20
3. 质量保证	7	5	35	6	42	4	28
C. 管理	20						
1. 规划	6	4	24	5	30	4	24
2. 组织	4	4	16	3	12	4	16
3. 人力资源	5	3	15	3	20	3	15
4. 控制	5	3	15	3	20	4	20
D. 总成本	25						
1. 采购	10	7	70	5	50	6	60
2. 生命周期成本	15	9	135	10	150	8	120
E. 额外因素	10						
1. 过往经验	4	4	16	3	12	3	12
2. 过往表现	6	5	30	5	30	3	18
总计	100		476		516		450

2.3.2.2 基于时间选择

项目时间对于选择备选方案至关重要。考虑到未来的不确定性，项目可基于 3 种可能性进行时间设计，即乐观时间 a、最可能时间 m 和悲观时间 b。乐观时间是基于最好预期假设的时间，即假设事情的一切进展比预期的要好；悲观时间是完成任务所需的最长时间，即假设大多数事情都出错(不包括发生灾难事件的情况)。显然这些时间满足:$a < m < b$。

利用正态分布,每项活动的预计时间按下式计算:

$$t = \frac{a + 4m + b}{6} \tag{2-1}$$

式(2-1)考虑了这样的事实:事情并不总是正常进行,有时更糟,有时比正常情况更好。

图 2-21 所示为一个案例,给出了每个活动的 3 个可能时间,即 a、m 和 b。相应地,可估算出所有任务的耗时 t。需要指出,整个方案必须考虑各个任务及其关键路径之间的关系,这将在下一节中讨论。

活动	描述	a—乐观时间	m—最可能时间	b—悲观时间	$t=(a+4m+b)/6$
1	市场与销售调查	1	2	4	2.2
2	程序策略	1	2	3	2.0
3	产品性能目标	1	2	3	2.0
4	财务与投资	3	4	6	4.2
5	产品总体工程研究	2	3	4	3.0
6	可行性与生产计划	4	6	8	6.0
7	采购与供应	2	3	6	3.3
8	产品详细设计	9	10	12	10.2
9	工艺与设备工程	5	6	10	6.5
10	新产品试用与验证	3	4	6	4.2
11	制造系统构建与试用	5	6	8	6.2
12	生产投产	2	3	5	3.2
13	批量生产	1	2	4	2.2

图 2-21 项目完成时间的可能性案例

2.3.3 项目计划

2.3.3.1 甘特图

甘特图是一种条形图,用来说明任务的时间信息。所有项目元素的开始日期、完成日期以及与其他元素的关系都可在甘特图中反映。图 2-22 所示为使用 MS Project 生成的甘特图案例。

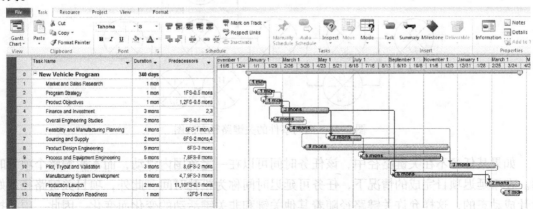

图 2-22 甘特图应用案例

对于车辆开发这样的大型项目，许多任务之间相互依赖。例如，战略开发为车辆产品目标提供指示。因此，在建立车辆产品目标之前就应该完成战略制定。甘特图以图形方式显示任务之间的依赖（如优先网络）。

对比项目甘特图中的计划，可以很容易看出任务是否按计划进行、各任务状态和成果。通过经常检查甘特图（如每周一次），项目经理可以监控项目的执行、更新进度状态，并做出必要的调整。

2.3.3.2 关键路径识别

在规划过程中，项目管理经常使用关键路径方法（CPM）来确定项目的时间瓶颈。关键路径定义为任务网络中允许完成所有项目活动的最长路径（持续时间）。换言之，关键路径是整个项目可以完成的最短预期时间。很明显，关键路径中任务的任何延迟都会推迟整个项目的完成。图 2-23 和图 2-24 分别给出了面向活动和面向事件的关键路径，并显示出关键路径。在上述甘特图（图 2-22）和时间分析（图 2-21）中，关键路径中的任务以红色突出显示。可以看出，关键路径方法分析提供信息，以确定项目成功的关键活动的优先级。

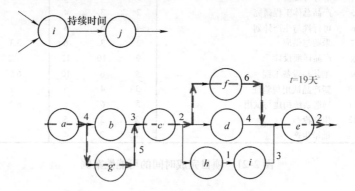

图 2-23　面向活动的关键路径方法图

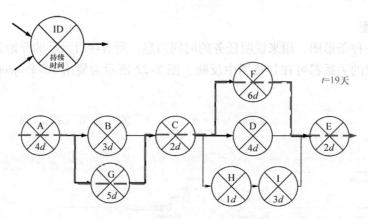

图 2-24　面向事件的关键路径方法图

如果某任务不在关键路径中，该任务时间可以在一定范围内浮动，而不影响整个项目时间。在不延迟项目完成的情况下，任务可延迟时间称为松弛时间。此外，项目关键路径最好设计成动态的，这样允许关键路径随着其他关键和非关键活动的变化而变化。因此，项目执

第 2 章 装配系统开发方法论

行期间应经常更新关键路径。

2.3.4 项目执行

2.3.4.1 项目进度监控和调整

项目前期规划是一回事,以最佳方式执行是另一回事。影响项目成功的关键因素很多,其中执行过程中的监控是关键。在项目执行的重要阶段,如新车开发的投产阶段,通常需要每日召开例会。会议的目的是报告最新进展和未解决的重大问题。除了甘特图之外,还可以使用其他详细工具和文档进行项目监控,如准备清单和跟踪图。

无论项目计划得多好,总会有一些考虑不周的问题。基于项目执行监控,通常需要进行调整以使项目回到正轨。当然也可以不做调整,接受不好的现状,但意味着将降低(或不符合)一些项目要求。

项目执行期间的调整可以保护一个方面,同时可能牺牲另一个方面。例如,安排更多的资源可以节省项目时间,但会增加支出。事实上,在调整时,项目管理会改变不同准则对整体绩效的相对重要性。这种调整在实践中常是基于时间和成本间的关系,也可能是调整交付成果和成本间的关系。

2.3.4.2 成本和时间的折中

工期成本分析(Cost Duration Analysis, CDA)是研究项目时间与成本之间关系的一种方法。工期成本分析的基本思想是用额外的支出来压缩(或赶上)关键任务时间表,如图 2-25 所示。通过额外支出以减少时间的应急解决方案应该有利于整体项目绩效。时间 - 成本权衡的一个重要假设是所需资源可用。

可以用一个简单的例子说明工期成本分析的应用,如图 2-26 所示。正常情况下,图 2-26 中关键路径是 $A + B = 2 + 3 = 5$(周),总成本为 $A + B + C = 1 + 2 + 2 = 5$

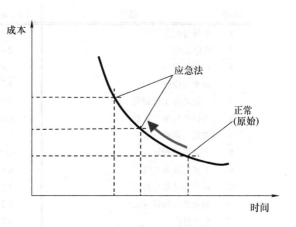

图 2-25 时间 - 成本曲线

(×1000 美元)。为了提前完成项目或赶上进度,一个应急建议方法是额外支出 1000 美元,将活动(任务)B 缩短为两周。然后,关键路径上的新时间是 $A + B = 2 + 2 = 4$(周),而更新后的总成本是 $1 + 3 + 2 = 6$(×1000 美元)。缩短任务的成本代价公式为

$$\frac{应急成本 - 正常成本}{正常时间 - 应急时间} = \frac{6-5}{5-4} = 1(\times 1000\ 美元/周)$$

在图 2-27 所示的汽车项目中,如果需要在 24 个月内完成以缩短产品上市时间,则需要额外投资。在分析缩短项目完工时间和成本代价时,应当重点、关键路径上的活动。

总之,项目管理与所有职能部门和任务团队合作,一起综合考虑各种影响因素。由于项目管理的成功在很大程度上依赖于经验,所以它不是一门纯粹的科学,而更像是一门艺术。

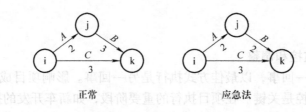

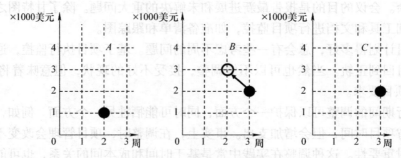

图 2-26 工期成本分析案例

活动	描述	原始时间	原始成本	减少的时间	增加的成本
1	市场与销售调查	2.2	$ 0.50	1.00	$ 0.70
2	程序策略	2.0	$ 0.30	1.00	$ 0.40
3	产品性能目标	2.0	$ 0.20	1.00	$ 0.30
4	财务与投资	4.2	$ 0.30	3.00	$ 0.30
5	产品总体工程研究	3.0	$ 2.00	2.00	$ 2.50
6	可行性与生产计划	6.0	$ 2.00	4.00	$ 2.50
7	采购与供应	3.3	$ 1.00	2.00	$ 1.00
8	产品详细设计	10.2	$ 25.00	9.00	$ 30.00
9	工艺与设备工程	6.5	$ 50.00	5.00	$ 70.00
10	新产品试用与验证	4.2	$ 40.00	3.00	$ 60.00
11	制造系统构建与试用	6.2	$ 100.00	5.00	$ 150.00
12	生产投产	3.2	$ 5.00	2.00	$ 12.00
13	批量生产	2.2	$ 0.50	1.00	$ 7.00
		项目时间	总成本	项目时间	总成本
		34.8	$ 236.30	24.00	$ 336.70

图 2-27 提前完工的可能性和成本分析案例

2.4 挑战与进步

随着市场需求和产品变化，汽车制造业不断发展。由于需要满足市场需求的 4 个关键要求：上市时间、价格、质量和品种，因而实现新工艺、机器、人员和信息的实时无缝集成是一项持久的挑战。

实现汽车制造的良好集成和持续改进有 3 个关键促成因素：系统智能、虚拟开发和柔性，每个都与市场需求的 4 个关键要求密切相关。制造柔性将在第 3 章讨论。

第 2 章 装配系统开发方法论

2.4.1 系统智能

信息密集型的现代汽车制造系统具有前所未有的自动化水平。这种信息技术提高了汽车制造系统的能力。例如,在大批量生产模式下,按订单装配(ATO)比十年前得到更广泛地应用。按订单装配的执行依赖于信息技术对制造系统的有效管理,如果没有复杂的计算机系统,很难想象在整个供应链、制造业务和经销商网络中如何实时无误地处理数以千计的车辆配置。

计算机网络能够实时共享制造系统信息。信息共享不仅在单个工厂内实施,而且还扩展到企业范围和复杂的供应链内。信息共享显著提高了运营管理和交流沟通的效率。例如,有效的生产生命周期管理都是基于计算机网络技术,因此信息和知识处理是制造系统开发的重要部分。

人机协作是制造过程和人工作业的另一个重要特征。在制造系统中,人工和自动设备在共享的环境中协同工作。自动化和人工作业有效集成,以响应系统中的突发状况。显然,对于人机协作而言,安全性和人体工程学是关键。本书将在第 6 章对协作机器人进行介绍。

制造自动化的用户友好性是人机协作成功的重要组成部分。为了更好地与高度自动化系统协作,包括装配线工人和维护技术人员在内的员工需要进行全面的多学科技能培训。工业实践表明,停机后生产恢复缓慢在很大程度上是由员工缺乏培训造成的。全面防错在良好的人机协作流程规划里不可或缺,这将在第 5 章中讨论。

此外,智能制造系统可以监控自身的健康状况并进行自我诊断,这对运营管理非常重要。目前,许多自动化机械设备都具有监测与自诊断功能。例如,在进行激光焊时,可以有效监控光电二极管和等离子体电子温度的变化[2-16]。

基于自我诊断的故障恢复决策支持有助于提高制造系统的产量。大多数系统操作应该能够在最少人为干预情况下实现自行恢复。例如,拉弧螺柱焊在某些作业中并不是十分可靠。在制造开发中,螺柱焊接作业可以设计成双机模式,当某台焊接设备发生故障时,系统可以自动使用另一台相同的设备,这种内置功能使螺柱焊更加可靠。自我诊断和恢复功能可确保制造系统的平稳运行。

德国政府最初于 2011 年推出的工业 4.0,是一项高科技战略,其核心价值是"智能工厂",它专注于制造业的运营自动化和数据交换。工业 4.0 的一个设计原则是互操作性,它的目的是通过物联网或人联网实现机器和人的相互通信。随着新 IT 和大数据技术的发展,制造智能不仅将发展更高水平的运营自动化,还将拓展到系统自我管理。

2.4.2 虚拟开发

制造系统的虚拟开发是应对挑战的另一个关键推动因素。虚拟开发是一个模拟和验证工艺开发的三维(3D)环境。计算机虚拟化已越来越多地应用在新制造系统的开发中,其中机器人离线编程是计算机虚拟开发最成功的应用之一。

虚拟环境尽管不能完美地反映制造工厂的实际情况,但它可以非常接近。例如,机器人操作可以在离线计算机虚拟环境中开发,有效性超过 90%。这意味着在实际生产作业之前,只需要在生产车间进行少量编程交互。显然,计算机虚拟化显著减少了新制造开发的成本和时间。

在制造系统开发中，需要考虑许多变量和因素。由于汽车装配制造系统的复杂性，计算机辅助开发通常集中于某些特定任务，如机器人编程、人体工程学设计和工艺流程。除此之外，计算机虚拟开发正在向整个制造系统或虚拟工厂拓展，致力于集成制造的所有领域和功能。

名为虚拟工厂框架（Virtual Factory Framework，VFF）的项目致力于这个领域的应用开发，该项目获得欧盟委员会资助，在新概念框架基础上开展模型和理念的基础研究与应用[2-17]。虚拟工厂框架由4大支柱组成：①参考模型；②虚拟工厂管理器；③功能模块；④知识集成。

在虚拟工厂框架中，第一个支柱参考模型是标准化、可扩展的数据模型，用于工厂对象的通用表示；第二个支柱虚拟工厂管理器是虚拟工厂框架系统的核心；第三个支柱功能模块是基于标准化数据与所有模块通信；第四个支柱知识集成是虚拟工厂框架的"引擎"，支持更广泛的复杂系统建模，并提供对建模对象更好的解释。虚拟工厂框架采用模块化设计，由各模块构成，如控制、关键性能指标、工厂布局和离散事件仿真模块。

基于这4个支柱，虚拟工厂框架解决了以下关键问题：
- 与产品、工艺和生产系统相关的通用标准数据库模型。
- 共享数据存储，可以通过不同的数字工厂工具访问。
- 提供软件环境，用于访问共享数据并正确解释和使用数据。

由于汽车制造的范围广且复杂程度高，虚拟开发的主要挑战在于如何集成所有单个领域，如机器人编程和人体工程学仿真。在未来数十年中，制造业的虚拟开发仍然是学术界和工业界的主要联合研究课题。

2.4.3 增材制造技术

增材制造（AM）或3D打印已不再是一项新技术。它基于连续"打印"薄层原理，从数字CAD模型构建物理3D部件。AM工艺包括立体光刻（SLA）、熔融沉积成型（FDM）、层压实体制造（LOM）、选择性激光烧结（SLS）、选择性激光熔化（SLM）、直接金属沉积（DMD）、激光金属沉积（LMD）和喷墨打印[2-18]。AM打印头通过聚焦激光（SLS和SLA）、沉积材料（FDM）、固化粉末或喷射液体粘合喷墨打印颗粒[2-19]。

增材制造技术已用于小批量生产、新产品试制和工装模具单元等。据报道，瑞典汽车制造商Koenigsegg用钛代替铝按1:1的比例3D打印其超级轿车的尾气排放零部件，打印了少于十个单元的零部件，总耗时3天[2-20]。

美国Local Motors公司一直在开发适用于打印整个车身的大型增材制造工艺，图2-28所示为3D打印中的汽车结构[2-21]，所用材料是碳纤维增强的ABS工程塑料。3D打印完成第一个车身结构（Strati）的主要部件总耗时44h，有212层，重726kg（1600lb）[2-22]。未来预计打印时间最终会降至10h。打印后的下一道工序是CNC（计算机数字控制）机床精加工，需耗时几个小时。接下来的作业是与电机、传动系和电气部件、轮胎等一起进行涂装和总装。

增材制造技术一直是热门研究课题，全世界目前开发了超过20个概念、原型和功能的3D打印汽车。个别企业曾计划最早在2017年生产3D打印汽车[2-23]。

增材制造可能更适合试制零部件。例如，可以在工程设计和客户评估审查之后打印修改后的手柄。设计者借助于3D打印功能，可以在几小时内快速得到新手柄，而不是需要几天时间从供应商处获得。因此，增材制造可以更快地实现快速原型设计。

此外，增材制造技术可用于工装单元，加速快速产品原型制造。快速制造的检测夹具对于产品试制至关重要。如果产品处于早期试制阶段，则检测夹具很可能不是最终的，产品定型后需要根据产品设计修改。在这种情况下，3D打印检测夹具比传统的临时检测夹具更有效且更具成本效益。此外，3D打印也可以制造永久性的工装单元。图2-29所示为某制造夹具的3D打印部分，它在德国雷根斯堡的宝马工厂用于安装车身后部的铭牌[2-24]。

图2-28 3D打印的汽车结构
（Local Motors公司提供）[2-21]

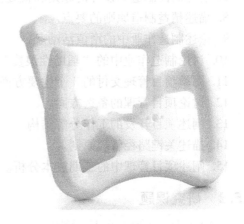

图2-29 3D打印夹具零件
（Stratasys有限公司提供）[2-24]

如果将增材制造用于制造主要独特部件，则汽车从设计到交付的总时间可以减少几个月。对于小批量生产，一些零件如线束，可以通过装配工位现场3D打印来生产。这样做可以避免各种线束的物流运输。

增材制造技术依然存在很多挑战，除了低打印速度的限制之外，阻碍3D打印更广泛地应用于工业领域的是其尺寸精度和表面粗糙度。目前，3D打印部件通常需要额外加工处理。换言之，3D打印的部件在设计时要稍微加大尺寸，打印完成后再进行机械加工，以满足尺寸精度和表面粗糙度的要求，这增加了制造成本和制造周期。

适用于增材制造的材料也有限，增加可打印材料种类是拓宽增材制造应用领域的关键。据报道，可打印的新材料有钴铬、镍合金718、铁铬铝合金、17-4不锈钢、316不锈钢和碳化钨[2-25]。由于材料和相应的增材制造打印设备的应用非常有限，这些材料和3D打印工艺仍然很昂贵。

2.5 练习

2.5.1 复习问题

1. 阐述汽车开发的主要阶段。
2. 论述制造开发流程。
3. 阐述系统开发和工艺规划之间的区别。
4. 定义车辆投产模式和曲线。
5. 阐述用于制造开发的集成计算机辅助制造模型。
6. 描述用于制造开发的 V 形系统工程。
7. 解释面向制造的设计的原则和益处。
8. 描述精益制造原则的要点。
9. 论述制造作业中的增值活动。
10. 讨论制造作业中的"辅助性浪费"或"业务增值"。
11. 列举项目管理交付的 3 个主要方面。
12. 讨论项目管理的备选方案。
13. 阐述项目开发的工作分解结构。
14. 描述关键路径管理原则。
15. 阐述项目管理中的工期成本分析。

2.5.2 研究课题

1. 对比两家汽车制造商之间的车辆开发阶段。
2. 新车投产效率（曲线）。
3. 集成计算机辅助制造在制造开发中的应用。
4. 系统工程 V 形模型方法在车辆开发中的应用。
5. 并行工程/面向制造的设计在车辆（部件）开发中的应用。
6. 识别制造过程中的浪费。
7. 增材制造技术的应用。
8. 系统工程和项目管理之间的基本差异。

2.6 参考文献

2-1. Hopp, W. J., and Spearman, M. L. *Factory Physics*, 3rd ed. Waveland Press: Long Grove, IL. 2011.

2-2. Womack, J.P., and Jones, D. T. 2003. *Lean Thinking: Banish Waste and Create Wealth in Your Corporation*, 2nd ed. Productivity Press: London.

2-3. Reiner, J. "Boosting Efficiency in New Car Launches," 2015. Available from: http://www.oliverwyman.com/content/dam/oliver-wyman/global/en/2015/jul/

Oliver-Wyman-30-33-Automotive-Manager-2015-New-car-launches.pdf. Accessed April 2015.

2-4. Brown, S.F. 2004. "Toyota's Global Body Shop the Japanese Automaker Is Putting the Final Touches on A New Strategy: Being Able to Build Almost Anything, Anywhere," FORTUNE Magazine: New York, NY.

2-5. U.S. National Aeronautics and Space Administration. 2007. "NASA Systems Engineering Handbook," NASA/SP-2007-6105 Rev1.

2-6. Lubraico, M. et al. 2003. "Vehicle Program Management Concept," SAE Paper No.2003-01-3644, SAE International:Warrendale, PA.

2-7. Ward, A. et al. "The Second Toyota Paradox: How Delaying Decisions Can Make Better Cars Faster," *Sloan Management Review* 36(3):43–61, 1995.

2-8. Kochan, A. "GM creates flexible assembly line at its Ellesmere Plant in the UK," *Assembly Automation* 23(1):32–35, 2003.

2-9. Zhang, H. "Can Shunting Be Avoided?" *Welding Journal* 94(10):48–53, 2015.

2-10. Liker, L.F. 2004. *The Toyota Way: Fourteen Management Secrets from the World's Greatest Manufacturer.* McGraw-Hill: New York, NY.

2-11. Woodyard, C. "Toyota to Pay $1.1B in 'Unintended Acceleration' Cases," USA Today. Available from: http://www.usatoday.com/story/money/cars/2012/12/26/toyota-unintended-acceleration-runaway-cars/1792477. Accessed December 26, 2012.

2-12. Glionna, J. M. "Toyota Workers Raised Safety Concerns with Bosses in 2006 Memo," Online Edition. L.A. Times. 2010. Available from: http://articles.latimes.com/2010/mar/08/business/la-fi-toyota-canaries8-2010mar08. Accessed December, 2014.

2-13. Eisele, J. "Inside Toyota's Epic Breakdown," Special Report. Online Edition. Reuters. 2010. Available from: http://www.reuters.com/article/us-toyota-specialreport-idUSTRE61851220100209. Accessed May 2010.

2-14. Vinnova, "Production Processes for Body in White (BIW) of Mixed Lightweight Materials," the MERA Program, 2008. Available from: www.vinnova.se/upload/EPiStorePDF/vi-08-21.pdf. Accessed July 2014.

2-15. Defense Acquisition University Press. 2001. "Systems Engineering Fundamentals," Supplementary Text. Defense Acquisition University Press: Fort Belvoir, VA, p. 200.

2-16. Saludes, S. et al. "Laser Welding Defects Detection in Automotive industry Based on Radiation and Spectroscopical Measurements," *The International Journal of Advanced Manufacturing Technology* 49(1–4):133–145, 2010.

2-17. Kádár B., et al. "Semantic Virtual Factory Supporting Interoperable Modelling and Evaluation of Production Systems," *CIRP Annals–Manufacturing Technology* 62(1):443–446, 2013.

2-18. Donmez, A. et al. "Additive Manufacturing: Current State, Future Potential, Gaps and Needs, and Recommendations," *Journal of Manufacturing Science and Engineering* 137(1):014001:1–014001:10, 2015. doi: 10.1115/1.4028725.

2-19. Kim, W. et al. "Manufacturability Feedback and Model Correction for Additive Manufacturing," *Journal of Manufacturing Science and Engineering* 137(2):021015, 2015. doi: 10.1115/1.4029374.

2-20. Davies, A. "A Swedish Automaker Is Using 3D Printing to Make the World's Fastest Car," 2014. Business Insider. Available from: http://www.businessinsider.com. Accessed February 2015.

2-21. Local Motors, "SEMA-2015-3d-Printed-Car-Press-Kit." Available from: https://localmotors.com. Accessed May 2016.

2-22. Local Motors. Available from: https://localmotors.com. Accessed January 2015.

2-23. Benedict, "25 Incredible 3D Printed Cars & Automotive Projects From around the World," 2016. Available from: http://www.3ders.org/articles/20160908-25-incredible-3d-printed-cars-automotive-projects-in-the-world.html. Accessed September 8, 2016.

2-24. Stratasys Ltd. "Jigs and Fixtures: More Profitable Production," 2014. SSYS-WP-Jigs-Fixtures-10-14. Available from: www.stratasys.com. Accessed March 2015.

2-25. Koenig, B. "xOne Expects to Hasten New Materials for 3D Printing." 2015. Available from: http://www.sme.org/MEMagazine. Accessed March 2, 2015.

第 3 章

新制造系统分析

第2章讨论了制造系统和工艺开发的原理、方法和程序。此外，开发成功的关键因素是满足已开发系统和工艺的要求，包括可靠性、周期时间的生产能力、工艺柔性、产品质量、财务合理性等。在系统开发之前和开发期间就必须考虑这些要求和生产能力，以便将它们构建到系统中，并在开发结束时对其进行验证。本章将讨论制造系统的生产能力，并将在后面的章节中进一步研究。

3.1 系统可靠性

3.1.1 可靠性基础

通常，可靠性被视为产品（或设备、过程等）在规定时间内及规定条件下执行所需功能的能力。因此，可靠性是设计、生产和维护的产品（如机器人）随着时间的推移执行其所需任务的能力。

3.1.1.1 系统可靠性的概念

制造系统的可靠性是指系统在指定的时间间隔内连续无故障运行的概率。制造系统由各种类型的零部件组成，每个零部件具有不同的寿命特性和故障率，它们都会影响整个系统的可靠性。

单个设备或零部件的可靠性随着时间的推移以不同速率降低。传统的"浴缸"可靠性曲线（图3-1）显示了零部件可靠性随时间变化的趋势。故障率（λ）是一个设备在单位时间内出现的故障数。

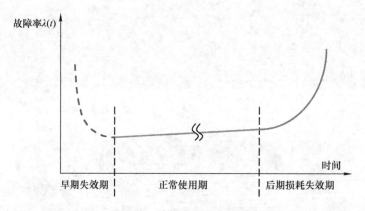

图3-1 传统的可靠性曲线

"浴缸"曲线基于危险函数（瞬时故障率）建立。在一台设备或零部件的使用寿命中有三个阶段，即早期失效期、正常使用期和后期损耗失效期，三个阶段的失效行为明显不同。在第一阶段，故障率很高并且迅速下降；之后，在多种因素的作用下，故障率稳定或略有增加；当子装配体接近其寿命终点时，故障率将急剧增加。应注意，并非每个子装配体都遵循"浴缸"曲线函数，曲线还可以是不同的形状。因此，"浴缸"形状只是简单概念性地表示三个可能的阶段。由于大多数设备包括各式各样的机械和电气零部件，设备的真实可靠性曲线十分复杂。

对于详细的可靠性分析,威布尔分布通常用于第一阶段;而对于正常使用期,可以使用指数分布或威布尔分布来分析和描述;正态分布或威布尔分布可以用于研究磨损阶段。因此,一般来说,威布尔分布是可靠性分析的最佳方法。

实际上,大型或小型制造系统的组成都十分复杂,其组成单元的可靠性直接影响系统的可靠性。因此,可靠性分析可以从设备和工位等系统组成单元开始。

制造系统的可靠性可以基于概率理论进行估计。以一个最简单的制造系统为例,它只包含两个串联的工位 A 和 B。A、B 是独立的,这意味着它们在操作可靠性方面不会相互影响。当工位 A 和 B 都运行时,系统才运行。如果工位 A 和 B 正常工作的概率分别为 $P(A)$ 和 $P(B)$,则系统正常工作的概率 $P(A\&B)$ 为

$$P(A\&B) = P(A) \times P(B) \tag{3-1}$$

但如果两个工位并联设置,则工位 A 和 B 只要有一个工作,系统就能工作。在这种情况下,用"不可靠性"来计算一个并联项目的可靠性会更加容易。不可靠性与可靠性是相对的,其值为 1 减去可靠性,即 $1-P$。所以,并联设置中的系统运行可靠性为

$$P(A\&B) = 1 - [1 - P(A)] \times [1 - P(B)] \tag{3-2}$$

计算串联和并联设置可靠性的原则可以应用于具有更多工位的系统。这里讨论的要点是系统可靠性不仅与单个子装配体有关,而且与系统结构有关。此外,串联系统可靠性低于各个子装配体的可靠性。对于并联设置系统,其可靠性优于系统中最优部件的可靠性。复杂的制造系统可能由数百个工位和各种结构组成,其可靠性分析虽然很复杂,但仍然基于相同的原理。

3.1.1.2 MTTF 和 MTTR

一台设备的可靠性可以通过其无故障运行时间测量,或称为一定时间内的平均无故障时间(MTTF)。此外,多久可以修复故障是另一个重要的指标,称为平均修复时间(MTTR),可以将其视为可维护性的度量。另一个经常使用的指标是平均故障间隔时间(MTBF)。它们的关系如图 3-2 所示。在实践中,如果一个设备无法修复,则使用平均无故障时间;如果一个设备可以修复,则使用平均故障间隔时间:

$$\text{MTBF} = \text{MTTF} + \text{MTTR} \approx \text{MTTF}(因 \text{MTTF} \gg \text{MTTR}) \tag{3-3}$$

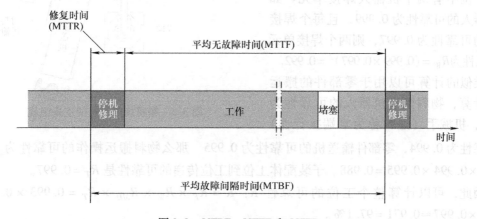

图 3-2 MTBF、MTTF 和 MTTR

λ 和 MTBF 之间的关系为

$$\text{MTBF} = \frac{1}{\lambda} \tag{3-4}$$

设备的可靠性 $R(t)$ 可以根据故障率（λ）或 MTBF 计算：

$$R(t) = e^{-\lambda t} = e^{-\frac{t}{\text{MTBF}}} \tag{3-5}$$

例如，某机器人的 MTBF 为 20000h，那么该机器人 8h 工作的可靠性如何？这里，$\lambda = \frac{1}{20000} = 0.00005$。计算得 $R(8) = e^{-0.00005 \times 8} = e^{-0.0004} = 99.96\%$。这表明，机器人无故障运行 8h 的可能性非常高。

如果已知 MTBF 和 MTTR，则可以计算设备、工位或装配系统的可用性（A）：

$$A = \frac{\text{MTBF}}{\text{MTBF} + \text{MTTR}} \tag{3-6}$$

例如，装配夹具的 MTBF 为 4800min，并且需要 2min 来修复常见问题，则夹具的可用性为 99.958%。可用性（A）是设备综合效率（OEE）中的三个因素之一，其余两个因素是性能和质量。

3.1.2 工位可靠性分析

基于相同的原理，可以计算工位的可靠性。车辆装配工位由各种类型和数量的设备组成，如夹具和机器人。因此，工位可靠性计算需要考虑所有子装配体。

举一个简单的例子，车身装配工位有一个固定夹具，一个零部件输送机，两个焊接机器人，一个物料搬运（MH）机器人，以及用于工位到工位之间转移的设备，如图 3-3 所示。

夹具设计用于定位和固定子装配体和待装配零部件。夹具单元的已知可靠性是 $R_F = 0.993$。

工位中有两个机器人焊接单元。如果机器人的可靠性为 0.999，且每个焊接设备的可靠性为 0.997，则两个焊接单元的可靠性为 $R_W = (0.999 \times 0.997)^2 = 0.992$。

类似的计算可以用于零部件的搬运功能计算，物料搬运机器人的可靠性为 0.999，机械手（通常称为末端执行器）

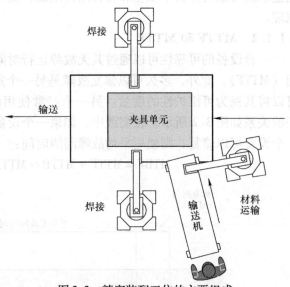

图 3-3　精密装配工位的主要组成

的可靠性为 0.994，零部件输送机的可靠性为 0.995。那么物料搬运操作的可靠性为 $R_{MH} = 0.999 \times 0.994 \times 0.995 = 0.988$。子装配体工位到工位传递的可靠性是 $R_T = 0.997$。

因此，可以计算整个工位的可靠性 R：$R = R_F \times R_W \times R_{MH} \times R_T = 0.993 \times 0.992 \times 0.988 \times 0.997 \approx 0.971 = 97.1\%$。

可以采用相同的方式计算增补焊工位的可靠性，假设它有四个焊接机器人和用于子装配体的输入和输出设备，如图 3-4 所示，那么有两个功能单元：焊接和输送。

第3章 新制造系统分析

对于焊接操作可靠性，$R_W = (0.999 \times 0.997)^4 = 0.984$，工位到工位输送的可靠性是 $R_T = 0.997$，增补焊工位的可靠性是 $R = R_W \times R_T = 0.984 \times 0.997 \approx 0.981 = 98.1\%$。

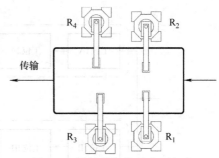

图 3-4 增补焊工位的主要组成

从上述简单分析可以得出两个主要结论：一个是工位的可靠性取决于其子装配体，因此采用更可靠的子装配体是首选；另一个是工位越简单（子装配体越少），可靠性越高。从上面两个例子可以看出，增补焊工位比装配工位更可靠，因为前者具有更少的子装配体。以下部分将更多地讨论系统中子装配体数量对可靠性的影响。

表3-1 列出了不同装配工位的主要子装配体和相对可靠性供参考。一个装配工位准确的可靠性必须由组成部件的实际可靠性数据来计算。

表3-1 车身装配工位的组成和可靠性

工位	工位可靠性	机器人	夹具	工位间输送	末端执行器	密封系统	零部件输送机
精密工位	中	2~4	√	√	1~2		1~2
增补焊工位	高	4~6		√			
密封工位	中	2~4		√	0~2	1~3	
装载/卸载工位	高	1~3		√	1~3		1~2
在线检验站	高	2~4	√	√			

注："√"表示含有此组成。

3.1.3 装配线可靠性分析

由于装配线由一组工位组成，因此其可靠性可以用同样的方式来分析。需要额外注意的是装配线的组成结构。如果已知每个工位的可靠性，则可以计算出装配线的可靠性。

3.1.3.1 装配线的结构

装配线可以用不同的方式配置，有串联和并联两种基本结构，分别如图3-5和图3-6所示。在串联结构中，工位通常执行不同的操作。在并联工艺中，相应的工位通常是相同的。装配线的结构特征不同，可靠性分析结果也不同。

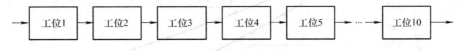

图 3-5 装配线的串联结构

此外，大型制造系统可同时包含串联和并联结构。图3-7所示为一个真实的案例。

3.1.3.2 串联装配线的可靠性

与工位的分析类似，串联装配线的可靠性（R_L）可通过以下公式计算：

$$R_L = \prod_{i=1}^{n} R_i \tag{3-7}$$

其中，R_i 为装配线 n 个工位中第 i 个工位的可靠性。

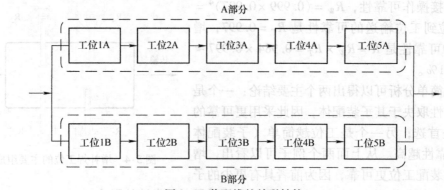

图 3-6 装配线的并联结构

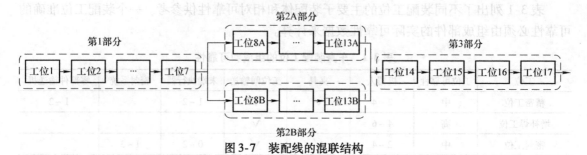

图 3-7 装配线的混联结构

例如，如果串联装配线中十个工位中有六个工位的可靠性为 0.975，而其他四个工位的可靠性为 0.985，那么该装配线的可靠性为 $0.975^6 \times 0.985^4 = 0.809$。显然，串联装配线的可靠性低于装配线中任何工位的可靠性。

此外，装配线的可靠性与工位的数量成反比。为简单起见，假设工位的可靠性为 0.97 或 0.98，工位数量和装配线可靠性之间的关系如图 3-8 所示。实际上，工位的可靠性十分依赖于工位子装配体的可靠性及其复杂性。但是，前述结论仍然是正确的，即串联装配线所包含的工位越多，装配线的可靠性就越低，这是一条长装配线与其之间的缓冲区应该解耦的主要原因。

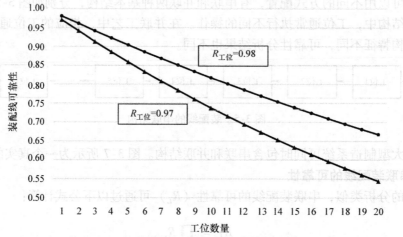

图 3-8 装配线可靠性与工位数量的关系

3.1.3.3 并联装配线的可靠性

在并联设置中,系统通常由两个或多个相同的部分组成。在图 3-7 中,有两个平行的部分 A 和 B,每个部分有六个工位。两个部分的可靠性分别称为 R_A 和 R_B,各个部分采用与串联装配线相同的方式分别计算。作为一个整体系统,其可靠性分析考虑了运行状态方面的四种可能情况,见表 3-2。

表 3-2 具有两个并联部分的系统的四种可能情况

序号	A 部分(可能性)	B 部分(可能性)	A 和 B 部分(可能性)
1	工作(R_A)	工作(R_B)	全部工作($R_A \times R_B$)
2	工作(R_A)	失效($1-R_B$)	部分工作[$R_A \times (1-R_B)$]
3	失效($1-R_A$)	工作(R_B)	部分工作[$(1-R_A) \times R_B$]
4	失效($1-R_A$)	失效($1-R_B$)	失效[$(1-R_A) \times (1-R_B)$]

第一种情况是两个部分都在运行,这意味着整个系统都在全设计产能运行。在这种情况下,并联系统的可靠性(R_{full})为

$$R_{\text{full}} = \prod_{j=1}^{N} R_j \tag{3-8}$$

其中,R_j 是具有 N 个并联部分的系统中第 j 部分的可靠性。一种简单的情况,若 $N=2$,则 $R_{\text{full}} = R_A \times R_B$。为简单起见,令 $R_A = R_B = 0.975$,则 $R_{\text{full}} = R_A \times R_B = 0.975 \times 0.975 = 95.0625\%$。

最差的情况为表 3-2 第 4 种,即每一个部分都失效而不工作,其可能性为

$$R_{\text{failed}} = \prod_{j=1}^{N} (1 - R_j) \tag{3-9}$$

同样,对于两个($N=2$)并联部分,同时失效的可能性是 $R_{\text{failed}} = (1-R_A) \times (1-R_B) = 0.025 \times 0.025 = 0.0625\%$。

对于这个讨论案例,表 3-2 中还有另外两种可能的情况,如序号 2 和序号 3 的情况。在这种情况下,系统仍然有部分运行能力。可以计算系统在这种情况下运行的概率 R_{partial}。即 $R_{\text{partial}} = (1-R_A) \times R_B + R_A \times (1-R_B) = 0.025 \times 0.975 + 0.975 \times 0.025 = 4.875\%$ 或 $R_{\text{partial}} = 1 - (1-R_A) \times (1-R_B) - R_A \times R_B = 1 - 0.975 \times 0.975 - 0.025 \times 0.025 = 4.875\%$。通常,并联系统部分处于工作状态的概率为

$$R_{\text{partial}} = 1 - \prod_{j=1}^{N} (1 - R_j) - \prod_{j=1}^{N} R_j \tag{3-10}$$

并联系统比串联系统更可靠,因为所有部分同时出现故障的概率非常低。对于该案例,全设计产能与部分设计产能情况下运行的组合可靠性为 $1 - 0.0625\% = 99.9375\%$。但是,如果考虑全设计产能运行,可靠性分析时必须基于全设计产能。有意思的是,串联结构的可靠性和全设计产能并联结构的可靠性是相同的。

3.1.3.4 混联装配线的可靠性

混联系统的可靠性分析也是基于上面讨论的原理,可分析下面的简单案例。

如图 3-7 所示,如果子装配部分 2A 和 2B 相同,可靠性各为 97%,第 1 部分和第 3 部分为 98%,那么整个系统完全运行的可靠性为 $R_{\text{full}} = R_1 \times R_{2A} \times R_{2B} \times R_3 = 0.98 \times 0.97 \times$

$0.97 \times 0.98 = 90.36\%$。

当第2A部分和第2B部分中的一个发生故障时,系统仍然可以生产零部件。换言之,$S_1 \times S_{2A} \times S_3$ 或 $S_1 \times S_{2B} \times S_3$ 都可运行。在这种情况下系统的可靠性是 $R = R_1 \times [1-(1-R_{2A}) \times (1-R_{2B}) - R_{2A} \times R_{2B}] \times R_3 = 0.98 \times [1-0.0009-0.9409] \times 0.98 = 5.59\%$。对于该案例,"全设计产能运行"和"部分设计产能运行"的组合情况是 $90.36\% + 5.59\% = 95.95\%$。

总的来说,对串联、并联和混联结构的可靠性分析为系统结构设计提供了基本指导。为了更好地理解具有混联、串联/并联路径的复杂系统,可以运用故障树分析等其他建模和分析工具来进行可靠性分析。

3.1.3.5 聚合方法

为了分析和预测系统性能,分析建模方法得到了巨大的发展。对于有限缓冲性能的制造系统,分析模型可以精确计算双机-单缓冲系统的产量[3-1],如图3-9所示。在汽车制造业中,串联装配线通常有10~15个工位。因此,针对复杂系统需要更多步骤的分析建模。

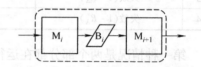

图3-9 两个子系统和缓冲区的模型

大多数车辆装配线都是串联设置。它可以简化为子系统(工位)S_i 和缓冲区 B_i(图3-10)。对于这样的系统,可以考虑两种建模方法用于近似解,其中一个是聚合,另一个是分解。

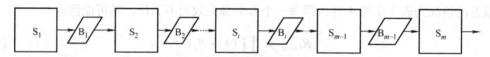

图3-10 具有子系统和缓冲区的制造系统

聚合方法的概念是用单个等效子系统替换两个子系统 S_i 和 S_{i+1} 以及一个缓冲区 B_i,如图3-11所示。继续聚合,最终可以把复杂的制造系统简化成由单个单元表示,然后对这个具有代表性的聚合单元进行分析。

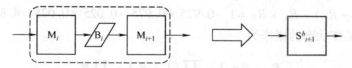

图3-11 系统聚合建模的概念

更详细地,马尔可夫聚合方法由向后和向前两个主要方法组成。在向后聚合中,最后两个子系统 S_{m-1} 和 S_m 以及缓冲区 B_{m-1} 被聚合成单个等效子系统 S_{m-1}^b,然后,进一步将子系统 S_{m-2} 和缓冲区 B_{m-2} 聚合以形成 S_{m-2}^b,以此类推,直到所有子系统和缓冲区都聚合到单个系统 S_1^b 中。与此类似,向前聚合是从前两个子系统 S_1 和 S_2 以及缓冲区 B_1 处开始,直到所有子系统和中间缓冲区被聚合成等效的 S_m^f。递归过程是收敛的,S_m^b 或 S_m^f 的产量代表系统产量的估计值[3-2]。

系统聚合的一个挑战是处理子系统之间的交互关系。对于车辆装配作业,每个子系统

第3章 新制造系统分析

（或工位）在复杂性和特性方面可能差异较大，如周期时间和平均故障时间。一个工位可以使其相邻工位断料或堵塞，并可能影响非相邻工位。因此，使用实际生产数据验证聚合建模非常重要。

分析系统的另一种方法是分解，即将系统分解为可以进行可靠性模型分析的双机子系统。显然，单元之间的关系和边界条件使得该项工作具有挑战性。自20世纪80年代后期Dallery-David-Xie算法出现以来[3-3]，已经出现了一系列解决这类问题的算法。

分析建模在汽车制造系统中的应用不断发展。由于制造系统的复杂性和尺寸，适用的模型必须与大量简化的关键性能特征匹配。可以预测，建模分析能准确估计实际的制造，研究结果有助于提高认知并指导工程实践。

3.2 制造柔性

3.2.1 制造柔性概述

亨利·福特于1913年发明了移动装配线，并开启了大规模生产模式。这种系统现在常被称为传统的专用制造系统。数十年前，这种基于经济适用的夹具装置和简单自动化的装配线，可在一段时间内大批量生产同一种型号的汽车，其优点是单位成本低，生产控制简单。

从此，车辆装配制造逐渐发生了变化[3-4]。由于市场需求，汽车制造商不得不增加产品种类并减少单个型号的产量。例如，在1955年，底特律三巨头只生产了六种型号，占其汽车总销量的80%；2010年，有290款车型可供选择，其中88款车型占所售车辆总数的80%[3-5]。客户对更多车型选择的需求一直在稳步增长。此外，减少产品生命周期也会对系统的成本效益和及时引入新车型的能力提出挑战。专用制造系统不再适合竞争日益激烈的汽车市场。

因此，制造柔性允许采用基于市场波动的不同车型组合。凭借复杂的自动化技术，车辆装配线可以任意组合生产多种车型。例如，日产的Canton，MS工厂在2004年生产了260066辆汽车，其中包括Titan皮卡（35%）、Altima轿车（26%）、Quest小型货车（17%）、Armada SUV（16%）和Infinity QXC56 SUV（6%）[3-6]。

制造系统的柔性可以理解为在相同系统中生产不同类型车辆的能力。系统柔性也可以从不同方面来看，如生产中的车型组合，对新产品的适应性，应对重大改款以及不同产量的柔性[3-7]。例如，汽车装配工厂可灵活地生产三种或更多种车型，甚至可以跨越车辆类型。

此外，通常产品会随时间发生变化，如在制造系统的生命周期中引入新的车辆特征和现有车型的重大变化。因此，车辆制造柔性也可以描述为适应这种新变化的能力。换言之，一个柔性系统可以快速改变并且经济性地生产额外的车型。这对于通过修改和改款车型而快速进行产品演变尤为重要。

制造柔性的主要优势之一是其成本效益。在理想状态下，所有装配厂均负载均匀，其生产能力得到最佳利用。否则，生产流行车型的工厂需要加班，这意味着更高的劳动力成本。与此同时，生产低需求车型的工厂生产能力下降，这同样也不经济。如果制造系统有良好的制造柔性，一种正在生产的急需车型可以安排给另一工厂生产。

图3-12所示为2006年每个汽车制造商在北美工厂的产能利用率[3-8]。在该图中，三

个数字分别表示每个汽车制造商的最高、平均和最低的产能利用率。从生产平衡和经济的角度来看,范围越小,产能利用越好。产能利用率很大程度上受制造柔性的影响。

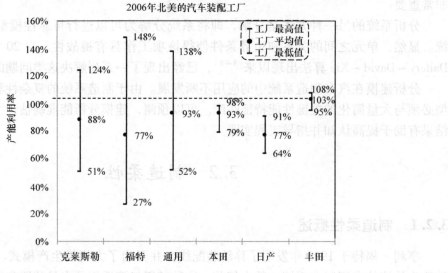

图 3-12　2006 年北美汽车装配工厂的产能利用率

3.2.2　制造柔性面临的挑战

制造柔性面临的挑战之一是初始投资,柔性制造系统的投资比非柔性制造系统高 30%。从长远来看,柔性制造系统具有更好的成本效益,如图 3-13 所示,因为其后续新车型的投资会少得多。

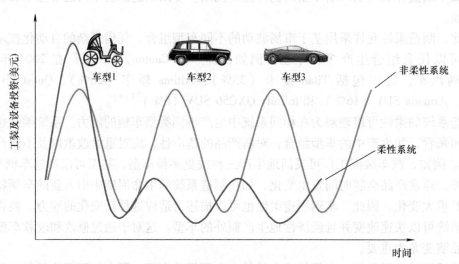

图 3-13　制造柔性的成本特性

表 3-3 比较了柔性和非柔性制造系统之间的成本。柔性制造系统会持续 10 年以上,而非柔性制造系统可能需要在每次重大车型更改时更换,或在 3~4 年内更换。这是从长远来看柔性制造系统成本更低的主要原因。

第3章 新制造系统分析

表3-3 成本比较案例

类别	非柔性（百万美元）	柔性（百万美元）
初始获得	50	65
运营（3~4年）	8	9
维护（3~4年）	4	5
小计	62	79
增加新车型	35	9
总计	97	88

如何在未来可能需求的柔性和高初始投资之间平衡通常是决策进程中的第一个问题。制造柔性的决策应从市场研究开始，接着进入产品规划；应同时在系统和工艺层面考虑规划足够的柔性。制造系统一旦建立起来，则提高柔性的空间就有限了。如果前期不提前投入解决存在的柔性问题，那么以后的投入可能会更多。因此，制造柔性更像是管理问题而不是技术问题。

此外，制造柔性增加了制造工艺的复杂性并降低了系统的可靠性。例如，当在装配线中组装多个车型时，必须用特定零部件装配相关车型，这可能具有挑战性，因为装配作业在装配线中以相同的顺序和相同位置执行，零部件的传送和处理需要防错以确保正确安装。制造中的材料物流也更加复杂，因为输送到装配线旁的特定零部件数量增加。

这个问题仍在研究，如可以基于总成本来研究复杂性，包括初始投资、生产制造和物流。一个关于复杂性的线性模型有22112个决策变量、27984个约束、9452个边界和12600个变量[3-9]。由于存在许多变量和约束，其中一些是未知和非技术的，因此很难对它们进行验证并得出一个简单的结论。从工业实践的角度来看，研究降低复杂性的可行方法可能更实用。

3.2.3 关于装配系统柔性的讨论

尚无定量方法来表示系统的柔性水平。在工厂或平台级别，系统柔性意味着可以在工厂中组装多种车型，如图3-14所示。在这个层面上，系统柔性的主要属性体现在工厂可以构建多个车型，相比传统的非柔性的、专用的方案，这是一个进步。

制造系统柔性可以进一步提高到公司水平。例如，日产集成制造系统的目标之一是"我们可以制造更多的车型，我们可以在任何工厂制造。"[3-10] 图3-15和表3-4描述了这种系统柔性。在图3-15中，虚线表示在装配工厂中可能存在的未来生产

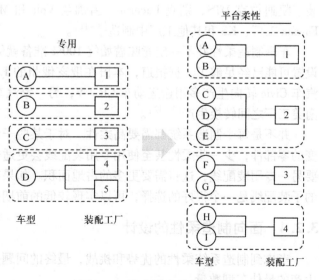

图3-14 汽车装配平台的柔性

车型。车型和装配工厂之间的关系是矩阵或网络关系。

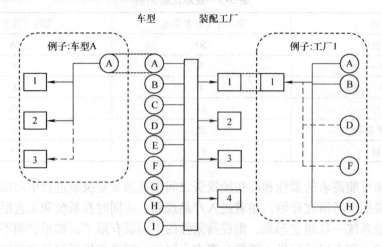

图 3-15 车辆装配的高柔性

表 3-4 汽车制造的全柔性

车型	A	B	C	D	E	F	G	H	I
工厂1	生产	生产	–	未来	–	未来	–	生产	–
工厂2	生产	未来	–	生产	未来	–	生产	–	未来
工厂3	未来	–	生产	–	生产	–	未来	生产	–
工厂4	–	生产	未来	–	–	生产	–	未来	生产

公司层面的柔性具有以下特征。首先，车型可以在多个工厂装配，如车型 A 在工厂 1 和工厂 2 中制造，如图 3-15 所示。新车型的制造系统是主动规划的，可以快速控制并添加到现有生产中，如车型 D 和车型 F 可以快速和经济地引入到工厂 1 中，而车型 A 也可以在需要时加入到工厂 3 中。例如，在位于密歇根州底特律市的通用汽车 Hamtramck 工厂，其组装了凯迪拉克 DTS、别克 Lucerne、雪佛兰 Volt 和 Malibu，而 Malibu 也可以在通用汽车的 Fairfax 工厂、KS 和其他工厂中制造[3-11]。

车辆制造柔性并不一定意味着始终 100% 准备就绪，只要对不同车型或重大改变能快速设置可能已经足够了。据报道，本田在俄亥俄州的 East Liberty 工厂可以在几分钟内从生产汽车 Civic 转向生产多用途运动车 CR - V，另一家汽车制造商可以实现三周内在其墨西哥和南美工厂之间转换生产[3-12]。

并不是每个制造系统都需要高柔性。对于某些子装配线，针对通用零部件或不太可能改变的零部件，少一些柔性甚至使用专用装配线会更适合。在引入不同车型的情况下，可能需要另一专用装配线，这将需要更多的占地面积。如果有可用的地面空间，那么拥有这种专用的子装配线是一个很好的选择，可以实现较低的前期投资和快速启动。

3.2.4 面向制造柔性的设计

考虑到制造系统柔性的优势和挑战，最终的问题是如何确定最佳柔性水平或在装配厂中生产的最佳车型数量。

第3章 新制造系统分析

为了实现高度柔性，在系统开发的早期规划阶段必须解决几个因素，这些因素包括车辆设计的模块化、自动化、工艺流程、工装柔性、试点和引入新车型的规划能力及标准化。换言之，实现高度柔性需要付出成本。

技术可行性有时可能是决定柔性和复杂性的首要因素。如车间空间的可用性可以否定提高柔性的建议，现有的传输系统可能会限制车型的尺寸。总体而言，关于可行性的决策很复杂，涉及许多技术和财务因素。有关柔性的更多细节将在第5章的工艺层面进行讨论。

在技术因素中，产品架构和设计对制造柔性起着至关重要的作用。在产品工程中，不同车型的车辆架构和零部件应尽可能设计成通用的形式。例如，下车身可以设计为通用。对于不同车型的车身上部，如车身侧围，可以设计成不同形式，如图3-16所示。甚至下车身可以设计不同长度。例如，Dodge Durango 的轴距比 Jeep Grand Cherokee 长约127mm（5in），除了长度之外，两种车型的下车身设计几乎相同，因此它们可以在相同的装配线中生产，这样可以显著降低子系统级别的投资。此外，通过通用和标准化的车辆设计和通用的装配工艺（流程、工序等），可以明显降低生产制造的复杂性。福特提出的"一个制造（One Manufacturing）"呼吁公司在全球落地的工厂采用相同的生产技术和标准化工艺。亚太地区和非洲地区的一些福特工厂可以生产6~7个车型[3-13]。

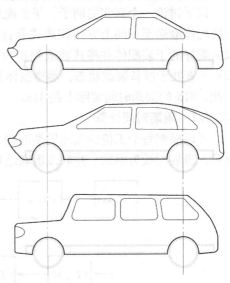

图3-16 通用下车身匹配不同的上车身

3.3 装配系统的其他能力

3.3.1 周期时间（CT）

周期时间是一个工位上完成预定操作周期所需的时间。在车轮子装配线中，设计了六个装配步骤。分别为：①接收车轮；②定位车轮；③将夹具移至工作位置；④将五个螺栓紧固到所需的力矩；⑤撤回夹具；⑥释放在工位上安装车轮的车辆。如果周期时间要求为50s，则所有操作应在50s内完成。应注意，工位周期时间还包括车辆在制品的物料转移时间。

周期时间在系统设计和工艺规划期间确定。对于大批量生产的车辆，周期时间在40~60s之间；对于相对较小的产量，如在梅赛德斯 Tuscaloosa 工厂（用于制造 M 级车辆），周期时间约为90s。

3.3.1.1 周期时间测量

在工厂车间，每个工位的实际周期时间可能与其设计意图有所不同。例如，一些工位的操作时间超过了设计的周期时间，因此，需要在车间直接测量每个工位的周期时间。

有些人认为，周期时间测量在操作时开始，并在下一个零部件或单元操作的同一时刻结束。这样的测量方法在下述情况下是正确的：下一个工位中没有任何零部件，因而它运行得

77

更快且结束得更早。但是，在生产中，下一个工位也可能运行得更慢，在这种情况下，被测量的工位完成其操作，然后等待下一个工位接收，这种情况被称为堵塞。因此，在测量周期时间时排除堵塞时间非常重要。

为了排除堵塞时间，周期时间测量应该在作业开始时计算并在同一时刻结束以准备好移动到下一个作业。例如，测量时刻选择在工位完成和零部件移出时，周期时间测量的终点是零部件准备移出，可以是开始移出或等待准备移出。

以下讨论一个真实的例子。子装配线的最后一个工位S15，设计周期时间为42.35s，将子装配体输送至车间上方的积放式悬挂（P&F）输送机。在工位S15中，机器人R14将拾取装配好的子装配体并将其装载到积放式悬挂输送机的载体上。第一次测量是51s。然而，R14一直处于准备装载状态，等待载体到达用时约10s。该观察结果表明S15被堵塞了10s。因此，S15的周期时间实际上是41s。

3.3.1.2 周期时间计算

可以根据每个工位的实际周期时间和装配线结构来分析装配线的周期时间。如图3-17所示，当装配线为串联、并联或混联结构时，周期时间采用以下公式以不同方式计算。

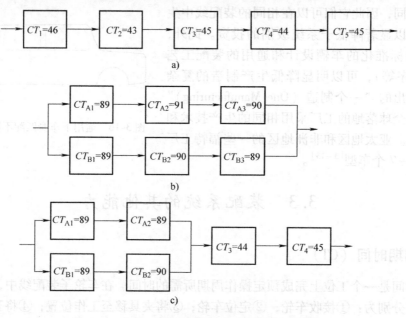

图3-17 串联、并联和混联结构的周期时间案例
a）串联 b）并联 c）混联

在串联结构中（图3-17a），装配线周期时间为

$$CT_s = \text{Max}(CT_i) \tag{3-11}$$

其中，CT_i是一条装配线的第i个工位的周期时间。也就是说，装配线周期时间取决于装配线中最慢的工位。图3-17a所示的案例，$CT_s = CT_1$。为了有效地利用所有资源，装配线中每个工位的周期时间应该相同，这将在第5章中讨论。

在并联配置中（图3-17b），需要首先以与串联装配线相同的方式分别获得各个并联段的周期时间。假设在生产过程中同等使用n个并联段，并联结构系统的周期时间为

$$CT_p = \frac{\sum_{j}^{n} CT_j}{n} = \frac{\sum_{j}^{n} CT_j}{n^2} \tag{3-12}$$

其中，CT_j 表示第 j 个并联段的周期时间。对于图 3-17b 所示的情况，$CT_p = \frac{91+90}{2^2}\text{s} = 45.25\text{s}$。但如果每个段的使用不相同，则实际生产的周期时间应考虑每个段在周期时间计算中的产量权重。

在混联结构中（图 3-17c），周期时间计算实际上是基于上述串联和并联结构的组合：

$$CT = \text{Max}\{CT_s, CT_p\} \tag{3-13}$$

对于图 3-17c 所示的例子，$CT = 45.0\text{s}$，$CT_p = 44.75\text{s}$，$CT_s = 45.0\text{s}$。

上述讨论表明，周期时间研究需要自下而上进行。换言之，应首先获得每个工位的周期时间，然后计算出子装配线的周期时间，以同样的方式可以获得由多个子系统组成的大型制造系统的周期时间。

3.3.1.3 周期时间和产量

制造系统的产量通常以一小时内生产的产品单位数或小时工作量（JPH）来衡量。例如，一个涂装车间设计每小时完成 64 辆车的涂装工艺，生产速率为 64 JPH。然后，相应的速率是每辆汽车 56.25s，这是系统周期时间。换言之，名义 JPH（Gross JPH）（s）和周期时间（s）之间的关系为

$$\text{名义产量（GrossJPH）} = \frac{3600}{\text{周期时间}} \tag{3-14}$$

或

$$\text{周期时间} = \frac{3600}{\text{GrossJPH}} \tag{3-15}$$

由于该产量计算基于理想状态，意味着在生产期间没有停工时间和质量返工，因此这种理想的 JPH 通常被称为名义 JPH。

周期时间直接影响产品产量。如果涂装车间作业比设计的 56.25s 的周期时间慢 1s，那么名义 JPH 是 $\frac{3600}{57.25} = 62.88\text{JPH}$，即每小时少生产 1.12 辆车。如果涂装车间每天运行 20h，则生产损失为每天 22.4 辆车或每周工作五天损失 111.8 辆车。

一辆车的利润为数千美元，车辆制造系统周期时间慢 1s 将对财务有重大影响。因此，提高产量的关键要素之一是降低系统的周期时间。

当工厂上线新系统时，由于各种原因，试用周期时间通常很长。投产工作之一是根据设计目的改进生产缓慢的工位。此外，通过优化车间现场等实际因素，将周期时间改善 10% 左右并不是非常困难。但是，如果周期时间需要明显变化，由于工艺和设备可能发生重大变化，其成本会很高。

3.3.2 产品质量

理想情况下，制造系统生产的所有产品均符合质量要求。实际上，生产的产品有少量可能存在一些缺陷，这些缺陷不一定能被修复。因此，可以基于没有缺陷的产品来评估制造系

统的产品质量。这种制造能力可以称为首次交验合格率（FTC）、首次产出率（FTY）、首次通过率，FTC（%）的计算公式为：

$$FTC = \frac{生产合格的产品数量}{生产的总产品数量} \tag{3-16}$$

在 FTC 计算中，不计已修复或返工的工件。如图 3-18 所示，如果没有维修或返工，生产的 500 个工件中只有 445 个是合格的，可计算得 $FTC = \frac{445}{500} = 89\%$。

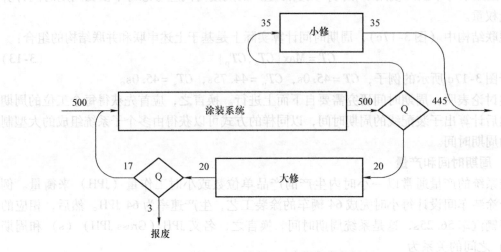

图 3-18 制造 FTC 和报废率案例

目标 FTC 取决于工艺。作为工艺性能的一项重要衡量标准，FTC 的最低要求应 >90%。FTC 应该针对所有制造系统和装配线进行评估，它还可以从一个系统扩展到整个装配线，如车间或整个工厂。

在大多数情况下，缺陷或不合格是可修复的，这意味着在修复或返工后，可以去除缺陷。通过率是考虑了修复和返工以后的产量。在同一个例子中，修复后只有三个工件仍然不合格，可计算得通过率为 $\frac{497}{500} = 99.4\%$。

可以通过针对产品质量主要属性所设计的工艺来确保质量。对于车身装配系统，车身的尺寸和结构很重要。对于动力传动单元和完全装配好的车辆，它们应通过所有预定义的测试。因此，新的装配工艺必须在投产之前进行验证，这是投产阶段的重点之一。表 3-5 列出了要验证的主要项目。在验证期间，通常不是每个项目都能一次通过验证测试。工艺参数在适用的情况下需要调整到最佳水平。值得注意的是，大多数质量问题都归因于产品设计，改变产品设计是解决产品质量问题的有效方法。

表 3-5 车辆制造系统的质量验证

作业	验证
车身框架	尺寸、焊接、密封、周期时间、净 JPH
涂装	漆膜/厚度、油漆缺陷、周期时间、净 JPH
动力传动	尺寸、性能、周期时间、净 JPH
总装	转矩、电气、漏水、周期时间、净 JPH

工艺鲁棒性可视为产品质量对工艺参数变化的不敏感性。换言之，当工艺参数的容许范围很宽时，制造系统是鲁棒的。对于电阻点焊，焊接工艺窗口图决定了焊接鲁棒性或焊接性。例如，中频直流电的焊接工艺窗口比传统的交流焊接更宽，这意味着当某些工艺参数发生变化时，中频直流电焊接能够更好地或更稳定地形成良好的焊接。可以对涂装工艺的固化工序进行相同的讨论。尽管工艺鲁棒性通常是不可测量的，但可以比较不同的工艺以判断哪个鲁棒性更好。

3.3.3 系统产量

3.3.3.1 产量测量

如上所述，针对不同考虑因素会有几种产量的定义和计算方法，如 FTC 和通过率。在车辆装配线中，修复功能通常集成在装配线中。换言之，装配线末端的产量测量通常计算的是通过率。

若计算较大系统的产量，应使用直通率（The Rolled/Rolling Throughput Yield，RTY）。对于具有 n 个子系统的系统，直通率定义为

$$RTY = \prod_{j=1}^{n} FTY_j \tag{3-17}$$

如图 3-19 所示，油漆车间有六个子系统，它们的直通率也示于图中。可得 $RTY_{油漆}$ = 100% ×99.5% ×98.5% ×99.5% ×100% ×98.5% = 96.05%。

FTY=100%　　99.5%　　98.5%　　99.5%　　100%　　98.5%

图 3-19 系统直通率的案例

有时为了详细分析，使用名义通过率（Normalized Yield，NY），即对装配线上的直通率开 k 次方，即

$$NY = \sqrt[k]{RTY} \tag{3-18}$$

例如，顶棚喷涂子系统有六个喷雾机器人。顶棚喷涂子系统的名义通过率为 NY_{top} = $\sqrt[6]{0.985}$ = 99.75%。

3.3.3.2 关于直通率的讨论

产量或直通率的概率是二元随机变量的有限序列，称为伯努利方程。产品制造（设备、工位或装配线）仅产生两种互斥产品中的一种：合格产品或缺陷产品。为了方便讨论，它们可分别称为成功和失败，如图 3-20 所示。通常，假设已知失败概率为 p，则成功的概率为 $(1-p)$。

对于串联的两个作业，第二个作业的输入是第一个作业的输出 $(1-p_1)$。两个作业的成功率是 $(1-p_1) \times (1-p_2)$。因此，具有 n 个作业的系统的输出成功率为

$$P = \prod_{i=1}^{n}(1-p_i) \tag{3-19}$$

举一个简单的例子，某生产系统有五个子系统。它们生产不良产品的概率分别为 2%、

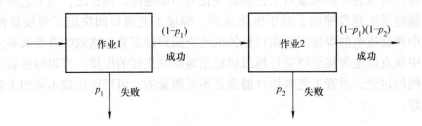

图 3-20 产量模型

1%、3%、2%和5%。则直通率是五个产品合格率$(1-p_i)$的乘积为87.62%。

有时，产品中存在多个缺陷。如果缺陷是独立的，则应使用泊松方程。在给定时间内观察到 k 个缺陷的概率为

$$P(k) = \frac{d^k e^{-d}}{k!} \tag{3-20}$$

其中，d 为每件产品预期的缺陷率，k 为缺陷的数量。当 $k=0$ 时，没有缺陷。此时式 (3-20) 变为 $P(k=0) = e^{-d}$。对于生产的单个缺陷，d 与伯努利方程中的 p 相同。当有 n 个部分时，系统合格率为

$$P = \prod_{i=1}^{n} e^{-d_i} \tag{3-21}$$

值得注意的是，基于伯努利方程和泊松方程的系统合格率计算大致相同。对于以上具有五个工位的装配线案例，基于泊松方程，其直通率为87.81%。

3.3.3.3 名义JPH和净JPH

如上所述，如果不发生故障，制造系统的产量由系统周期时间或名义JPH确定。当考虑系统可靠性（故障）时，预期的JPH称为净JPH。表3-6列出了具有名义产量和净产量目标的系统案例。显然，名义JPH和净JPH之间的差异源于系统的可靠性。

表3-6 名义JPH和净JPH的案例

系统	名义JPH	净JPH
车门装配	85	80.8
车身框架	82	76.4
磷化处理系统	76	75.7
固化炉	76	75.8

在系统设计阶段，使用计算机离散模拟计算净JPH。例如，为了模拟车身车间产量，应考虑工位的所有设备组件。表3-7给出了工位输入数据表的案例。每件平均故障间隔时间（MTBF）和平均修复时间（MTTR）应该基于相同或相似组件的实际数据及历史数据。

表 3-7 装配工位的仿真输入案例

序号	组件	数量	每件平均故障间隔时间/min	每件平均修复时间/min	可用性（%）
1	托盘滚子工作台	1			
2	夹具	2			
3	物料搬运机器人	3			
4	机器人第七轴轨道	2			
5	转矩机器人	2			
6	紧固件送料器	1			
7	零部件加载机构	1			
8	尺寸测量单元	1			
9	零部件传感器	10			

组件可用性可以表示为 MTBF 除以（MTBF + MTTK），如本章前面所述。任何组件的可用性应高于 99.5%，而工位可用性应尽可能为 98.0% 或更高。否则，应在工艺设计和规划期间专门解决组件或工位的上述问题。

通过数据输入，计算机软件将工位级别的所有信息整合到装配线上，进而整合到整个装配车间。即使是海量数据，一个完备的仿真模型也可以在几小时内完成运行，并获得系统可靠性的净 JPH 数据。

3.4 开发的经济性分析

车辆制造系统是一项重大投资。例如，一个装配厂的成本可能超过 10 亿美元。表 3-8 给出了车身车间在其主要设备和设施上的初始成本案例。

表 3-8 车身车间物料的初始成本

项目	成本（百万美元）
建筑（如果是新的）	25
输送机	25
工装（如果是新的）	60
机器人	10

对于制造系统开发而言，另一个重要的决策因素是作业期间的支出。通常，人工成本是高度自动化批量生产总作业成本的 15%（参考：材料成本约为 50%）。值得注意的是，大多数成本项目都是在产品设计和工艺规划早期阶段确定的。因此，无论是前期投资还是长期效益，都必须进行经济研究来评估投资的有效性。

3.4.1 备选方案的经济性比较

3.4.1.1 工程经济学原理

一般而言，工程项目的成本，如制造系统的开发，包括初始投资、经常性成本、运营成本和项目后期的回收成本。项目评估的典型做法是将所有成本项目转换为净现值（PW）或年度等值（AW）以进行比较。

工程经济致力于分析和研究经济对工程项目的影响。如果工程项目在技术上具有可比性，则可以对项目备选方案进行分析，并对其财务合理性进行比较。在工程决策中，应考虑经济可行性、技术可行性及其他方面。换言之，任何工程决策都应该"具有商业意义"。从流程上来看，项目的经济分析和替代选择包括四个主要步骤：

1) 确定技术上可行的备选方案并进行成本估算。
2) 识别和确定决策标准。
3) 根据预定的标准评估备选方案。
4) 从经济角度选择最佳备选方案。

基本经济原则之一是货币具有"时间价值"。货币的时间价值是指货币在特定时间内的价值变化。该原则提到货币的现值（PV），由于货币潜在的盈利能力，在相同量的情况下，现在的货币比未来的货币更有价值。换言之，应尽早回收资金以用于投资或消费。这个概念和相应的方法是比较工程备选方案和进行明智业务决策的有用工具。

3.4.1.2 时间价值分析

货币的时间价值是可以计算的。在给定利率和时间间隔后，不同时间不同类型的现金流可以转换成同等价值。表3-9总结了基本的转换方程和相关的Excel函数。

表3-9 经济当量的基本转换

转换	P		F		A	
	公式	MS Excel	公式	MS Excel	公式	MS Excel
$P \rightarrow$			$F = P(1+i)^n$	$= \text{FV}(i,n,P)$	$A = P\left[\dfrac{i(1+i)^n}{(1+i)^n - 1}\right]$	$= \text{PMT}(i,n,P)$
$F \rightarrow$	$P = F\left[\dfrac{1}{(1+i)^n}\right]$	$= \text{PV}(i,n,F)$			$A = F\left[\dfrac{i}{(1+i)^n - 1}\right]$	$= \text{PMT}(i,n,F)$
$A \rightarrow$	$P = A\left[\dfrac{(1+i)^n - 1}{i(1+i)^n}\right]$	$= \text{PV}(i,n,A)$	$F = A\left[\dfrac{(1+i)^n - 1}{i}\right]$	$= \text{FV}(i,n,A)$		

在表3-9中，P为现在或时间为"0"的货币价值；F为未来时间的货币价值，如五年之后；A为一系列的连续等额货币，从1（周期）开始。在公式中，n为利息期数，通常以年为单位；i为每个周期的利率或收益率（ROR），如每年15%。

实践中，这些公式通常用于复杂的现金流。现金流可以在利息期内的不同时间发生。通常假设所有现金流都发生在利息期结束时。其他Excel函数，如"NPV（）"和"RATE（）"可用于复杂计算。

很明显，为了进行比较，项目备选方案的所有现金流应在特定时间转移为单一值。例如，所有未来的现金流（如成本和收入）都可以转换为等值的现金，这种分析方法称为净现值（PW）方法。同样，还有将来值（FW）方法，即将所有现金流转换为指定的未来时间。如果备选方案具有相同的寿命，则两种方法可以直接比较。年度等值（AW）分析是在每年的项目替代周期时间内，所有的财务项目转换为美元。除了易于理解之外，年度等值分析方法还可以应用于具有不同寿命的项目备选方案。因此，年度等值分析通常是首选方法。

3.4.1.3 备选方案比较的讨论

以下面一个简单的例子说明备选方案的经济性比较和讨论。制造系统可以选择两种方式：非柔性和柔性。这两个选项的初始投资（P）分别为5000万美元和6500万美元。假设包括维护在内的年度运营成本（AOC）大致相同。AOC在第一年是200万美元，每年增长2%。假设该系统有10年的服务。在这10年中，对于两种选择，每2年一次的新车型（F_i，$i = 2、4、6、8$）的新投资分别为1500万美元和300万美元。在第10年结束时，系统的残余值（SV）将分别为500万美元和700万美元。现金流图如图3-21所示。只要没有混淆，通常不必按比例绘制现金流图。

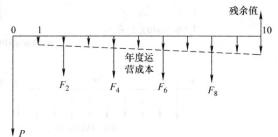

图3-21 现金流图的讨论案例

对于此案例，现金流同时发生，但两种方案的金额不同。使用Excel函数"NPV（）"和"PMT（）"得到的数据及其计算如图3-22所示。

	A	B	C	D	E	F	G	H	I	J	K	L
1			备选1(非柔性)						备选2(柔性)			
2	年	P	AOC	New	SV	Subtotal	年	P	AOC	New	SV	Subtotal
3	0	($50)				($50)	0	($65)				($65)
4	1		($2.00)			($2)	1		($2.00)			($2)
5	2		($2.04)	($15)		($17)	2		($2.04)	($3)		($5)
6	3		($2.08)			($2)	3		($2.08)			($2)
7	4		($2.12)	($15)		($17)	4		($2.12)	($3)		($5)
8	5		($2.16)			($2)	5		($2.16)			($2)
9	6		($2.21)	($15)		($17)	6		($2.21)	($3)		($5)
10	7		($2.25)			($2)	7		($2.25)			($2)
11	8		($2.30)	($15)		($17)	8		($2.30)	($3)		($5)
12	9		($2.34)			($2)	9		($2.34)			($2)
13	10		($2.39)		$5	$3	10		($2.39)		$7	$4
14		i=	10%					i=	10%			
15		PW=	($99.4)	=NPV(C14,F4:F13)+F3				PW=	($83.4)	=NPV(I14,L4:L13)+L3		
16		AW=	($16.2)	=-PMT(C14,10,C15)				AW=	($13.6)	=-PMT(I14,10,I15)		

图3-22 利用Excel进行净现值和年度等值计算的讨论案例

仅通过比较原始数据，不容易识别哪一个更经济。基于上述净现值分析，使用Excel的"NPV（）"函数，等效净现值分别为9940万美元和8340万美元。这两个数字表示了两个方案在初始时间的等价总成本，第二种方案即柔性系统在经济方面是有利的。净现值分析的现金流图如图3-23a所示。

为了获得等效的年值，使用Excel的"PMT（）"函数，计算得两个方案的年度等值分别为1620万美元和1360万美元。两种方案相应的年投资如图3-23b所示。

通常情况下，柔性制造系统在经济上比非柔性制造系统更合理。在这个例子中可以发

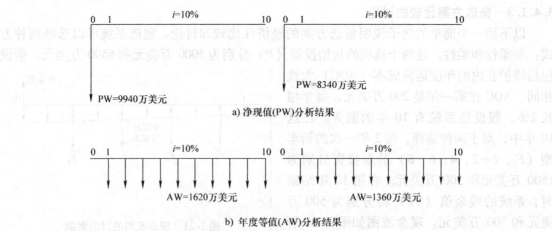

图 3-23 合成现金流图的讨论案例

现,非柔性制造系统在前三年更便宜。然而,从长远来看,柔性制造系统更具成本效益。根据已有信息,十年的总成本节省约16%。

项目的成本效益是工程管理决策的主要关注点。当技术和经济利益之间存在一些冲突时,应进行全面的讨论和研究,以获得尽可能好的权衡方案。

3.4.2 新制造系统的评估

为评估新的制造系统,第1.1.3节中讨论的生命周期分析(LCA)是一个有用的工具。在生命周期分析中,可以根据总成本评估备选的制造系统。总成本涵盖制造系统的生命周期,包括规划、设计、制造、集成、测试、运营、维护、升级、退役和回收各个阶段。除了全面的生命周期分析之外,还经常使用的简单方法,包括投资回报分析、收益成本分析和收益率(ROR)分析。

3.4.2.1 投资回报分析

制造系统的经济价值可以用各种方法来评估。投资回收期常用于确定回收资本所需的年数。两种常用的方法分别是简单的投资回报分析和考虑货币时间价值的回报分析。

简单的投资回收期计算如下:

$$投资回收期 = \frac{初始投资}{年度净现金流} \tag{3-22}$$

例如,为了开发新车型,初始投资为15亿美元,包括工程项目和制造系统。总可变成本为14500美元/辆,车辆售价为20000美元,预计年产量为150000辆。可得投资回收期为

$$投资回收期 = \frac{1500000}{150000 \times (20 - 14.5)} = 1.82(年)$$

类似地,盈亏平衡点(Break-Even Point,BEP)定义为产品总收入与总成本达到平衡的时间。如图3-24所示,如果产品的销售量可以超出盈亏平衡点,则收入高于总成本,公司将获利。

显然,在简单计算中,没有准确考虑一些成本因素,如固定成本和残余值。因此,基于这样的回报分析简单估计盈亏平衡点并不准确。此外,货币的时间价值也没有考虑。任何新

第3章 新制造系统分析

项目的决策都需要仔细考虑货币的时间价值。因此，简单的投资回报计算只是一个粗略的估计，不建议用于具体分析。

现金流应考虑货币的时间价值。如前所述，净现值分析是研究财务影响的工具。考虑到货币的时间价值和其他因素，可以再次讨论前面的例子。同样，初始投资仍为 15 亿美元。第一年的价格和可变成本分别为 20000 美元和 14500 美元。可以使用 12% 的假设贴现率来分析等效现值。此外，一些现实因素需要考虑，如产品销售收入的波动，可变成本每年增加 5%，固定成本每年增加 3%。分析结果如图 3-25 所示。

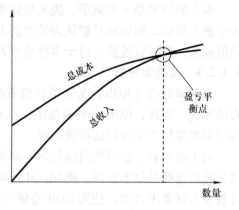

图 3-24 BEP 案例

年	可变成本和固定成本分析					单元销售
	初始	收入	可变成本	固定成本	现值	累计	
0	($1,500,000)				($1,500,000)	($1,500,000)	
1		$3,000,000	($2,175,000)	($150,000)	$602,679	($897,321)	150,000
2		$3,600,000	($2,740,500)	($154,500)	$562,022	($335,300)	180,000
3		$3,150,000	($2,397,938)	($159,135)	$422,034	$86,734	157,500
4		$2,700,000	($2,055,375)	($163,909)	$305,504	$392,238	135,000
5		$2,550,000	($1,941,188)	($168,826)	$249,660	$641,898	127,500

图 3-25 考虑贴现率和年度波动的盈亏平衡分析

在这种情况和假设下，投资回收期约为 2.72 年，比之前的简单回收结果（1.82 年）长约 49%。显然，结果比简单投资回收分析更接近实际情况。另外，贴现回收分析可以通过贴现率和可变成本、固定成本的动态百分比进行。

3.4.2.2 收益-成本分析

收益-成本比（B/C）是以货币形式表示的财务指标，用于总结项目的总体价值。

针对经济的收益-成本分析，项目的输入/输出可以分为三类：①成本；②收益；③损失。成本包括制造系统（项目）的设计、建设、运营和维护的预计支出。收益可以是货币形式，以及为环境和社区做贡献。损失可被定义为间接的经济亏损带来的不良或消极后果。事实上，一些收益和不利因素在财务量化方面会产生争议。

常规收益-成本比基于净现值（PW）或年度等值（AW）计算，在净现值或年度等值的计算中考虑适当的利率是很重要的：

$$B/C = \frac{收益}{成本} = \frac{收益的\ PW}{成本的\ PW} = \frac{收益的\ AW}{成本的\ AW} \tag{3-23}$$

如果损失可以量化并表示为美元的形式，则可以在净现值处计算收益-成本比：

$$B/C = \frac{收益 - 损失}{成本} \tag{3-24}$$

另一种 B/C，称为修正 B/C，计算如下：

$$修正\ B/C = \frac{收益 - 损失 - 维护和运营成本}{初始投资} \tag{3-25}$$

B/C 的结果是一个数字,决策指标通常设置为 $B/C = 1.0$ 或更高。如果项目计算的 B/C 大于预定指标,则该项目被认为是经济上可接受的,否则,该项目应该被放弃。此外,B/C 的值越大,越适宜投资。对于多种竞争方案,具有最高 B/C 值的方案应该具有最高优先级。

3.4.2.3 收益率分析

收益率分析(ROR)是新项目投资期间的预测利润。通常,ROR 表示为一年后原始投资的比例。因此,ROR 是年回报率,也被称为内部 ROR 或投资回报。在计算中,应将所获得的利率应用于未收回的投资余额。

对于新项目,公司的高级管理层确定最低可接受的 ROR 或最小吸引力 ROR(MARR),这是项目选择的最低标准。例如,MARR 设定为 12%,那么如果项目的 ROR 高于 12%,则可被视为财务上合理。使用 ROR 是做出投资决策的有效方法。

可以继续讨论前面的例子。该项目已知初始投资(P)、中期投资(F_i)、年收入(A_i)和残余值 $SV(S)$。现金流图如图 3-26 所示,其中增加了年收益。要计算此项目的 ROR,可以使用 Excel 函数"IRR()",如图 3-27 所示。

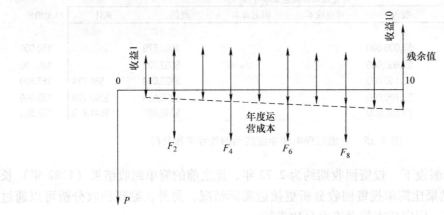

图 3-26 收益现金流图的讨论案例

	A	B	C	D	E	F	G	H	I	J	K	L	M	N
1				备选1(非柔性)							备选2(柔性)			
2	年	P	AOC	New	SV	Profit	Subtotal	年	P	AOC	New	SV	Profit	Subtotal
3	0	($50.00)					($50.00)	0	($65.00)					($65.00)
4	1		($2.00)			$15.00	$13.00	1		($2.00)			$15.00	$13.00
5	2		($2.04)	($15.00)		$18.00	$0.96	2		($2.04)	($3.00)		$18.00	$12.96
6	3		($2.08)			$17.00	$14.92	3		($2.08)			$17.00	$14.92
7	4		($2.12)	($15.00)		$18.00	$0.88	4		($2.12)	($3.00)		$18.00	$12.88
8	5		($2.16)			$16.00	$13.84	5		($2.16)			$16.00	$13.84
9	6		($2.21)	($15.00)		$17.00	($0.21)	6		($2.21)	($3.00)		$17.00	$11.79
10	7		($2.25)			$16.00	$13.75	7		($2.25)			$16.00	$13.75
11	8		($2.30)	($15.00)		$16.00	($1.30)	8		($2.30)	($3.00)		$16.00	$10.70
12	9		($2.34)			$15.00	$12.66	9		($2.34)			$15.00	$12.66
13	10		($2.39)		$5.00	$14.00	$16.61	10		($2.39)		$6.50	$14.00	$18.11
14		ROR=	10.5%	=IRR(G3:G13)					ROR=	15.8%	=IRR(N3:N13)			

图 3-27 使用 Excel 函数进行 ROR 计算的讨论案例

如上所述，项目的 ROR 需要与预设的 MARR 进行比较，对于这种情况，所得 ROR 分别为 10.5% 和 15.8%，如果 MARR 为 12%，则方案 1 在经济上不可接受。对于互斥的方案，ROR 分析在某些情况下不能提供准确的排名结果。因此，应该使用增量 ROR 分析，增量是两个互斥方案之间的现金差，即

$$增量现金流 = (现金流)_2 - (现金流)_1 \qquad (3-26)$$

上面的例子可以用来说明增量分析，见表 3-10。该表的最右边一栏是方案 1 和方案 2 之间的差，ROR 可以计算差值，即 "2" - "1"。如果 "2" - "1" 的 ROR 大于 MARR，那么接受增量，即采用更高的投资方案。否则，拒绝增量并使用较低的投资方案。对于这种情况，显然选择具有柔性的方案更好。

增量分析可以通过以下六个步骤执行：

1）为了方便分析，根据初始投资从最小到最大对项目方案进行排序。
2）从最小的投资方案（称为 "1" 或 "防守者"）开始，然后是下一个投资方案（称为 "2" 或 "挑战者"）。
3）计算每年的增量现金流 "2" - "1"。
4）计算 "2" - "1" 增量投资的 ROR。
5）如果 ROR 为 "2" - "1" > MARR，则 "2" 为获胜者。则采用更高的投资成本方案；否则，"1" 是获胜者并拒绝增量。
6）再次从步骤 2）开始新的比较，即将 "3" 与上回合的获胜者 "2" 或 "1" 进行比较。

表 3-10 基于增量方法的回报率（ROR）分析

年	1：非柔性（美元）	2：柔性（美元）	"2" - "1"（美元）
0	(50.00)	(65.00)	(15.00)
1	13.00	13.00	0.00
2	0.96	12.96	12.00
3	14.92	14.92	0.00
4	0.88	12.88	12.00
5	13.84	13.84	0.00
6	(0.21)	11.79	12.00
7	13.75	13.75	0.00
8	(1.30)	10.70	12.00
9	12.66	12.66	0.00
10	16.61	18.11	1.50
ROR =	10.5%	15.8%	30.8%

增量分析需要成对比较：一个是前一个分析中的获胜者，另一个是下一个方案。例如，六种方案需分成五对进行分析，分析一直持续到比较完所有方案。值得注意的是，即使无法计算某些方案的 ROR，这种增量分析方法仍然有效。

3.5 练习

3.5.1 复习问题

1. 描述可靠性"浴缸"曲线函数。
2. 阐述 MTTR、MTTF 和 MTBF 的含义。
3. 讨论工位的复杂性和可靠性。
4. 阐述并联装配线的可靠性。
5. 阐述混联装配线的可靠性。
6. 阐述工位可靠性和装配线可靠性之间的关系。
7. 比较单线和双线之间的装配线可靠性（假设工位结构相同）。
8. 定义制造柔性。
9. 阐述制造柔性的重要性。
10. 讨论制造柔性的促成因素。
11. 阐述工位周期时间的组成。
12. 阐述工位周期时间和装配线周期时间之间的关系。
13. 描述首次产出率 FTY 和产量的概念。
14. 阐述伯努利方程。
15. 讨论货币时间价值的概念。
16. 讨论盈亏平衡分析及其特征。
17. 比较不同的回报计算方法。

3.5.2 研究课题

1. 装配线可靠性分析与改进。
2. 复杂装配线的系统可靠性。
3. 制造柔性的挑战。
4. 系统周期时间和系统产量。
5. 提高制造柔性的建议。
6. 考虑停机时间和质量问题的制造系统伯努利方程。
7. 制造系统方案的经济比较。
8. 对新制造工艺的收益 – 成本比（B/C）分析。

3.5.3 问题分析

1. 每周（73 个生产小时）两班生产的零部件输送机的可靠性为 99%。如果可靠性提高到 99.30%，平均故障间隔时间（MTBF）增加了多少小时？
2. 新开发的机器人具有 50000 小时的平均故障间隔时间，车身车间每周（73 个生产小时）使用的机器人的可靠性是多少？通过良好的维护，平均故障间隔时间可增加到 70000 小时，机器人的可靠性提高了多少？

3. 一个增补焊工位由一个传输设备、四个焊接机器人和四个焊枪组成。传输设备、机器人和焊枪的可靠性分别为 99.92%、99.88% 和 99.75%。增补焊工位的可靠性是多少？

4. 在精密装配工位中，有一件传输设备、一个装配夹具、一个物料搬运机器人、两个焊接机器人、一个物料搬运末端执行器和两个焊枪。传输、夹具、物料搬运机器人、焊接机器人、末端执行器和焊枪的单位可靠性分别为 99.8%、99.1%、99.85%、99.90%、99.3% 和 99.8%。精密工位的可靠性是多少？

5. 可以串联或并联设置的八工位装配线（图 3-28）。已知的工位可靠性为 R_1 = 99.75%，R_2 = 99.95%，R_3 = 99.50%，如工位中所示。计算和讨论两种设置中的系统可靠性。（提示：假设两种情况都是不间断运行，并且对于并联系统为满设计产能运行。）

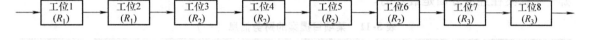

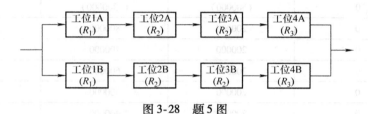

图 3-28 题 5 图

6. 两条装配线相似但结构不同（图 3-29）。工位可靠性为 R_1 = 0.997、R_2 = 0.995、R_3 = 0.999。计算并讨论两条装配线的系统可靠性。（提示：假设两种情况都是不间断运行，并且对于并联段为满设计产能运行。）

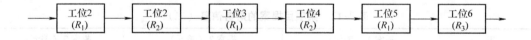

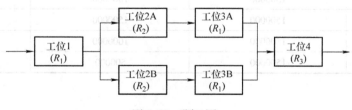

图 3-29 题 6 图

7. 工艺工程师认为通过改善加工单元，可以提高子装配体的尺寸质量，从而每年可从修复工作中节省 5000 美元。按照每年 10% 的利率，为了在 5 年的项目期间内达到收支平衡，现在可以在工装修改上支出的费用为多少？（提示：使用 Excel 的 NPV 函数计算年现金流。）

8. 某新车型项目拟投资 1000 万美元，五年内每年现金收入为 280 万美元。如果想使用回报分析验证财务合理性，分别使用简单方法和贴现方法计算回收期。假设贴现率为 10%，讨论结果。

9. 某改进项目拟升级检测仪器。新仪器的成本为 18 万美元，但可明显提高测量效率。效率的提高可以每年节约 5 万美元。五年后，如果利率为 12%，该升级是否在经济上有利？（提示：使用 Excel 的 NPV 函数确定年现金流。）

10. 拟对车辆制造系统项目进行投资：增加工装的成本为 500 万美元，在接下来的三年，与该车型附加选项相关的增收预计为每年 140 万美元。在第四年推出新车型后，工装将有 100 万美元的残余值（SV）。使用简单回报和贴现率为 10% 的贴现回报讨论结果。

11. 工厂管理者正在考虑四个 5 年项目提案（其财务信息见表 3-11）。假设贴现率为 8%，分析每个提案的现金流和现值（PV）（使用 Excel 的 NPV 函数），以帮助管理者决定哪一个提案在经济方面是最好的。

表 3-11 某项目提案的财务信息（一）

年	提案 1（美元）	提案 2（美元）	提案 3（美元）	提案 4（美元）
0	0	(500000)	(1300000)	(1300000)
1	0	200000	800000	400000
2	0	200000	700000	500000
3	0	200000	600000	600000
4	0	200000	500000	700000
5	0	200000	400000	800000

12. 为了开发新的车型，有三种选项，四年的预算和预测收入见表 3-12。高级管理层需要选择三个提案中的一个。假设贴现率为 10%，使用现金流和 NPV 函数，根据财务分析，哪个是最好的方案？

表 3-12 某项目提案的财务信息（二）

年	提案 1（美元）	提案 2（美元）	提案 3（美元）
0	(4000000)	(3500000)	(3000000)
1	1500000	1800000	500000
2	1500000	1500000	800000
3	1500000	1000000	1500000
4	1500000	500000	1800000

3.6 参考文献

3-1. Li, J., et al. "Throughput Analysis of Production Systems: Recent Advances and Future Topics," *International Journal of Production Research* 47(14): 3823–3851, 2009.

3-2. Li, J., and Meerkov, S.M. 2007. *Production Systems Engineering*. Wingspan Press: Livermore, CA.

3-3. Dallery, Y., et al. "An Efficient Algorithm for Analysis of Transfer Lines with Unreliable Machines and Finite Buffers," *IIE Transactions* 20:280–283, 1988.

3-4. Tang, H. "BIW Assembly Manufacturing—Today and Tomorrow," *Body & Assembly International, Premiere Issue*, pp. 22–28, 2004.

3-5. Winter, D. "Flexibility a Long Time Coming," *Ward's Autoworld* 47(6):26, 2011.

3-6. Zachary, P.G. "Dream Factory," *Business 2.0*, June 2005, pp. 97–102.

3-7. Diffner, B., et al. "To Stay Competitive in Future Automotive Assembly—Some Challenges Related to Flexibility," Proceedings of the 2011 International Conference on Industrial Engineering and Operations Management, Kuala Lumpur, Malaysia, p. 62–67, January 22–24, 2011.

3-8. Harbour Consulting, "2007 North America Press Release," 2007. Available from: http://www.autonews.com/assets/PDF/CA2018861.PDF. Accessed July 2009.

3-9. Hettle, B. "New Business Models and Reducing the Cost of Manufacturing," CAR Management Briefing Seminars 2009, Center for Automotive Research, Traverse City, MI, USA, 2009.

3-10. Coakley, D., and Latimer, J. "2013 Infiniti JX35," Great Designs in Steel Seminar 2012, American Iron and Steel Institute, Livonia, MI, USA.

3-11. Tremblay, D. "Remarks By Diana Tremblay," CAR Management Briefing Seminars 2010, Center for Automotive Research, Traverse City, MI, USA.

3-12. Hasik, M.J. "An Analysis of Motor Vehicle Assembly Plant Complexity: Developing a Framework to Evaluate the Existence of a Complexity Threshold," Master Degree Thesis, Sloan School of Management and the Department of Civil and Environmental Engineering, Massachusetts Institute of Technology. 2006.

3-13. Dubeauclard, R. et al. "Designing an Agile Production Footprint," McKinsey & Company, 2012. Available from: http://autoassembly.mckinsey.com. Accessed January 6, 2013.

第4章 汽车装配系统设计

第4章 汽车装配系统设计

4.1 系统设计考虑因素

4.1.1 制造系统的需求

汽车装配工厂由三个主要车间组成,包括车身焊装车间、涂装车间和总装车间。每个车间都有几个主要的子系统,各车间之间通过输送系统连接,如图4-1所示,图中的方框表示各车间的子系统,平行四边形表示输送系统。此外,每个子系统由若干装配线组成,每条线具有多个工位。对于新车开发项目,这三个车间可以是全新的,也可以在现有系统的基础上进行升级改造。无论在哪个层面上变化,制造系统开发都将遵循某些程序和原则并考虑各种因素,以满足新车开发项目的需求。

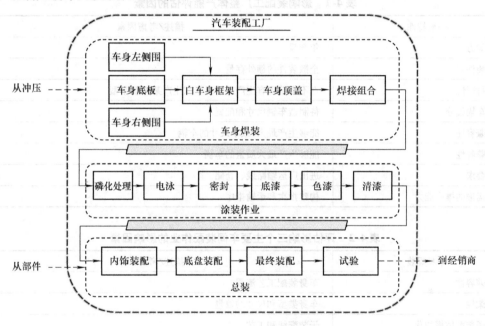

图4-1 汽车装配工厂的组成

4.1.1.1 装配工厂选择

新车的系统开发从工厂选择开始,可以是现有工厂的升级改造,也可以是建立新工厂。装配工厂的选择有时很简单,但有时也需要全面深入的研究。

在新工厂的选择研究中,主要考虑两个因素:技术兼容性和经济合理性,图4-2所示为一个常规的研究流程。例如,通用汽车开发了一个用于信息收集和处理的数据库,可以进行初步审查和决策支持[4-1]。所有这些分析应尽可能量化,以支持良好的决策。特别是在工厂产能方面,应解决表4-1和表4-2中列出的因素。

表4-1和表4-2中所列的所有因素都要视情况而定,但总体研究流程大致相同。大部分因素需要特定的研究,一些因素可能是工厂选择的决定因素,如尺寸兼容性。候选工厂的生产能力可以通过额外的投资来改变,这需要进行成本分析。

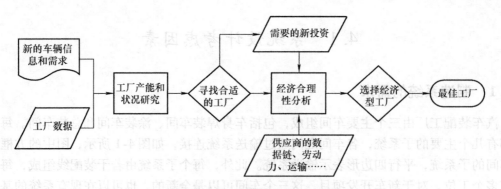

图 4-2 装配工厂选择的可行性和合理性研究

表 4-1 影响装配工厂整体产能评估的因素

一般特性	描述/考虑因素
产量能力	年产量
全散装件	全散装件的额外存量
试产可行性	在不影响现有生产的情况下试生产某种新车型
目标车辆细分	待制造车辆尺寸和配置
尺寸兼容性	能够生产最大/最小尺寸的车辆
质量兼容性	能够生产最大质量的车辆
运输要求	进出厂运输路线、仓储
主要运输的排序能力	构建批次和运输排序

表 4-2 评估影响三个主要车间装配作业的影响因素

车身焊装	描述/考虑因素
结构兼容性	车身装配工艺流程
工艺柔性	车身类型和尺寸的数量
车身子装配体模块化	子装配线和工艺
连接类型	电阻焊、激光焊、电弧焊、硅青铜焊、粘接……
焊接量能力	焊接数量、焊接机器人数量……
连接工艺能力	有色金属材料加工工艺
尺寸检验能力	在线和离线检验
涂装作业	描述/考虑因素
工艺柔性	颜色和涂层的数量
磷化和电泳槽尺寸	不同车辆和产品的处理速度
涂装材料类型	使用有色金属和非金属材料
密封性能	底板密封和防护要求
工艺多样化	有无面板涂装
质量修复能力	通过大修和再加工来处理质量缺陷

(续)

总装	描述/考虑因素
子装配体模块化	人工装配作业的复杂性
右侧驾驶和全驱车型装配的工艺能力	适用不同车轮驱动
现场子装配体	某些子装配体厂内组装的可能性
天窗子装配体的加工能力	适用不同的顶盖配置
传动系统选择	发动机、变速器类型和大小选择
车门打开状态下车辆宽度	装配线宽度和操作平台
车辆测试能力	尤其是新车的功能和性能

新车生产过程中，一般会优先选择现有的工厂，因为其成本低且易于改造。如果新车是现有车型的变型设计，现有装配工厂的升级改造是有意义的。即使在保持基本结构不变的情况下对车型完全重新设计，现有装配工厂的升级改造也是可行的，这意味着整个生产工艺和许多需求可以保持不变。这种情况下整个工厂需要一定程度的改造。

车辆结构决定车身车间的整个工艺流程。换言之，工艺流程根植于车辆架构设计中，这将在下一节中介绍。事实上，在给定的产品架构和工艺流程中，现有装配线的相似性和柔性决定了所需的改造程度。对于新设计的车型，通常需要对大多数装配工位进行改造或重新设计，特别是车身车间。

4.1.1.2 新工厂选址

为了扩大生产能力，工厂重新选址，或者进入新的地区，建新的装配工厂都是必需的。一家汽车装配工厂的占地面积为 185800～278700m^2（2000000～3000000ft^2）。实际场地可以大几倍。例如，大众美国查塔努加（Volkswagen Chattanooga）装配工厂于 2011 年 4 月开始投入使用，拥有约 2000 名员工，占地 6km^2，拥有 180000m^2（1900000ft^2）的厂房。

工厂选址是一个复杂的工程，需要综合考虑多种因素，尤其是成本因素。最佳厂址的选择应该是初始资本投资和未来运营成本的最优组合，此外还要考虑的其他因素包括劳动力技能水平、人口统计、生活成本、基础设施可用性、公用设施可用性和冗余度，以及涂装作业排放等所导致的空气污染许可度。

新工厂投建的初始投资成本可以由政府的招商引资激励金来抵偿，即使不能起到决定性作用，政府的激励措施也是招商引资成功的重要因素之一。通常情况下，投资者在考虑新厂的投资成本时，激励措施是招标和谈判过程的一部分。影响初始成本的另外一个重要因素是选址处的岩土施工条件。在建设工厂的基础设施时，复杂的地质环境可能导致施工难度加重，进而需要投入大量的额外资本。

运营成本一般分为三类：①劳务；②运输；③公用事业。在美国，大多数汽车制造商选择的新装配工厂的迁入地都位于东南部地区，与其他地区相比，东南部地区的劳动力成本、运输成本和公用事业成本更低[4-2]。在这些运营成本中，运输成本对汽车制造商来说是一项重要的运营支出，包括物料入厂和产品出厂两部分支出成本。一般情况下，许多一级和二级供应商将其工厂建在装配工厂附近，以便降低物料入厂成本，装配完成的整车通过货车或铁路运输出去。因此，装配工厂的选址必须与高速公路或铁路相邻。

4.1.1.3 对装配系统的要求

不管汽车装配线是如何开发的,首先要了解其开发的基本要求。第3章已经介绍了一些主要的要求,如可靠性、周期时间(CT)、产量水平、质量和柔性。接下来,本章将更详细和系统地介绍与总结汽车装配系统要求,表4-3列出了对装配线的基本要求。

表4-3 装配线要求

要求	案例
周期时间	50s(总计72辆/h)
柔性	承载式车身结构 中型SUV和轿车 三类车身底板和五类车身侧围的车型随机组合生产 工装更换策略
质量保证	检验和修复功能 重新循环处理主要质量问题 根据需要从线上取出或加入工件
产量	缓冲区的大小和位置 内部缓冲区及其位置 关键作业的自动和人工备用设计 关键作业的冗余设计
长期成本效益	可重复使用的设施和设备 免维护设备
物料管理和物流	物料输送通道的宽度 输送通道旁零件存储 输送路线的限制
占地面积	最大容纳12个工位的单条装配线 工位的大小和间距 装配线间的高架输送机 作业区域与洗手间之间少于2min的步行距离
工位	精密装配工位有6台焊接机器人 增补焊工位有8台焊接机器人 密封工位有4台密封机器人
简易性	不同操作的最小组合 单功能夹具

这些要求和考虑因素推动了装配线和工位的功能、性能和许多参数的设计。为了说明这些要求的重要性,选择周期时间要求进行介绍。对于汽车装配的大规模生产,周期时间大约为每辆40~60s。因而,在扣除从一个工位到另一个工位之间的输送时间8s后,每个工位的实际有效作业时间大约是32~52s。每个工位的有效作业时间决定了可完成的装配任务数量,由此可以估计整个装配线需要多少工位。此外,装配线和工位有时可以按照并联模式来配置,但这会影响生产的工艺布局、在制品转移和占地空间利用率。

制造开发的目标还包括缩短交付周期、降低开发和运营成本。由于具有良好的制造柔性,制造系统的寿命可以是非柔性系统的3倍。换言之,只需要进行少量的工艺和工装的修改，就可以在现有制造系统中生产其他类型的车辆。

制造系统的生产能力是新系统开发的可交付成果之一，也是成功完成制造业务的基础。从运营的角度来看，衡量生产能力的最主要功能指标是产量、质量和成本。因此，新开发的系统需要满足这些要求。表4-4列出了新系统开发的主要功能指标，这些指标是支撑生产系统运营性能的基础，它们相互之间可能存在影响，如备用功能与成本。因此，应该认真处理整体系统各方面能力的平衡。

表4-4 系统能力与性能

性能	描述	功能
产量	产品输出（每班生产的单位数量）	周期时间 设备可靠性 维护能力 故障快速恢复能力 有效备用能力 控制鲁棒性
质量	产品合格率（有或无修复或再加工）	尺寸质量 结构质量 功能质量 检验能力 修复能力
成本	支出与预算总额	运营成本 维护成本 备件成本 直接劳动力成本 间接劳动力成本

系统能力（及其指标）应使用简单的术语进行衡量，以便于理解和跟进。表4-5给出了要开发的新车型对涂装车间系统要求的一个案例。表中，生产速率是指基于整个运营中每辆车的工时数而得到的劳动力利用率。

表4-5 新车型对涂装车间系统要求的案例

要求	旧标准	新标准
周期时间	50s	48s
产量	65件/h	71件/h
质量	85%通过率	90%通过率
生产速率	3.5工时/车	2.9工时/车
成本	1（基准）	0.95
柔性	2种车型，2个涂装阶段	4种车型，2~3个涂装阶段

此外，每个指标都应单独进行测试和评估，这是系统调试和准备阶段的主要任务。整个新制造系统的最终评估内容可能是一个已验证授权的包含20项指标的检查表。

4.1.1.4 对主要输送系统的要求

一个汽车装配工厂中有两个主要的输送系统，一个是车身焊装车间和涂装车间之间的输送系统，另一个是涂装车间和总装车间之间的输送系统。由于从一个车间到下一个车间的传送距离很远，因而整个输送系统可以容纳大约200个车辆在制品单元。主要输送系统的储存功能不仅具有缓冲作用，还提供了线性缓冲区功能（或集中配送区）。

上述三个车间存在一个工艺顺序问题。在车身车间，由于不同车型之间的工艺和作业具有快速转换的能力，零件和子装配体的工艺流程采用一件流方式。在涂装车间，该过程仍然可以遵循车身车间的一件流方式，但是，这可能不是最佳的工艺流程。在喷漆室内，由于每款车型通常有6～10种颜色，因而每次需要更换颜色时，必须清洗和清洁喷漆机器人。此过程不仅导致时间和油漆材料的损失，而且还涉及处理油漆中对环境有害的成分。因此，在喷漆工艺中，建议根据待喷漆的颜色，改变车辆顺序，以便可以进行小批量喷漆。总装车间中也存在类似的情况，某些工艺，如天窗的人工安装，不应该排成两排，否则，由于连续大量的人工作业，将导致整条装配线生产速率变慢。由于零件输送或占用空间的原因，在连续的相同型号或配置的车辆作业中不建议进行其他操作。

因此，主要输送系统的设计应该具有线性缓冲区功能，这意味着车辆在制品单元可以根据预定义的规则，在运输过程中改变其输送顺序。例如，丰田肯塔基汽车装配工厂的涂装车间和总装车间之间的线性缓冲区，应该遵循下面所列规则[4-3]：

- 没有背靠背的 Avalon 单元［带天窗和右侧驾驶（RHD）］
- 一排不超过两个天窗
- 两个连续右侧驾驶车型之间至少有 15 个其他车型。

由于考虑了针对不同的车型、工人分配和零件供给等诸多因素下的不同工作内容，因而这些规则被认为是合理的。例如，当客户对汽车天窗的需求占总订单的 2/3 时，"一排不超过两个天窗"的规则就不切实际了。由于不能满足规则，线性缓冲区可能会被堵塞。在这种情况下，需要进行人工调整，以保持生产运行。因此，考虑到客户订单的随机性和系统设置的限制，实现这些简单的规则并保持作业的最优平衡是具有挑战性的。

设置带有线性缓冲区的输送不仅在技术上具有挑战性，而且前期成本也很高。因此，一种自动存储和检索系统常被作为一种解决方案，它是一种由计算机控制的结构，可以使在制品根据需要进行存储和检索。如果只需对装配的工位顺序做小的修改，将本地分支连接到装配线上可能也是一种解决方案。

4.1.2 装配线的特性

了解装配线和工位的组成和功能是工艺规划的基础。在装配线（或子系统）层面上，可以选择并布置预先设计好的标准工位以形成装配线。工位的详细操作和工艺参数可根据具体的装配要求进行修改。同样，可以通过选择适当的标准子装配体来开发特定的工位。

4.1.2.1 装配工位功能

在不同的生产车间，装配线的工位数量各不相同。在车身车间中，典型的装配线有 8～14 个工位。在总装车间中，装配线最多可以有 30 个工位。装配工位可用不同的方式归类，如基于装配几何要求和操作自动化的不同进行分类。

从装配几何要求的角度来看，可分为两种基本类型：精密装配工位和非精密装配工位。从作业自动化的角度来看，工位可分为自动、半自动和手动，如图 4-3 所示。

如果装配工位能够将产品保持在设计中指定的精确几何位置，则称为精密装配工位。精密装配工位的关键要求是确保子装配体的尺寸质量，因此，精密作业需要使用装配夹具。相比之下，非精密装配工位对精确位置的要求降低，因此，它可能只需要简单的夹具或甚至根

第4章 汽车装配系统设计

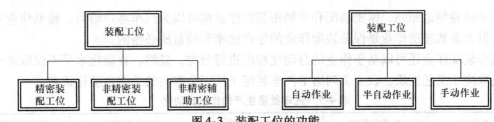

图 4-3 装配工位的功能

本不需要夹具。

根据产品设计和要求，装配工位有不同类型的作业。例如，钣金件的焊接工艺可以是增补焊和激光焊。选择装配工艺是装配工位开发中的主要任务之一，表4-6列出了典型的装配工艺。事实上，工位可以根据装配工艺进行标准化，如精密点焊工位。然后，通过设置标准化工位可以有效地开发出装配线。

表 4-6 汽车装配工位的工艺类型

功能	工艺	备注
精密装配	精密点焊	不同类型的夹具包括：固定式、滑动式、旋转式、机器人对接式、视觉引导机器人定位等
	激光焊	
	精密电弧焊	
	螺柱焊接	
	冲孔	
	精密安装	
	尺寸检验	
非精密装配	增补焊	可能需要较低精度要求的简单夹具
	密封胶应用	
	黏合剂应用	
	局部承载	
	自动喷淋	
	非精密安装	
	折弯作业	
非精密辅助作业	空闲工位	用于以后附加作业
	缓冲段	
	工装交换工位	用于多工装单元
	输送机、升降机等	
	卸料/加料工位	通常在装配线最后
	可视化质量检验	
	离线质量检验	
	固化炉	
	离线设备维修	
	人工备用	用于关键装配作业

基于精益制造原则,精密装配和非精密装配作业都可以为汽车客户增值。辅助作业不会增值,但大多数辅助作业是保证装配作业的生产速率和质量所必需的。

汽车装配作业还可以基于作业的自动化程度进行分类。显然,自动化水平不仅取决于产量,还取决于工艺性质。表4-7列出了汽车装配工厂三个车间的总体自动化状态。

表4-7 汽车批量生产的作业自动化

主要作业	自动化程度	自动操作案例	人工作业案例	半自动案例
车身(焊接)框架	达到95%	大部分装配作业	零件装载 面板安装 质量检验	零件装载
涂装作业	达到80%	磷化处理 电泳 固化炉固化 色漆/清漆涂层	表面处理 消声修补 质量检验 涂装修补	密封
总装	10%~30%	玻璃安装 车轮安装	大多数装配作业,如座椅安装、质量检验	底盘与车身的结合

4.1.2.2 工位上的作业

1. 精密装配作业

以车身焊装为例,如图4-4所示。在工位中,主要工艺步骤包括:
- 操作员获取零件,将其装载到输送机上。
- 机器人(R_1)拾起零件,用基座密封设备进行密封,然后将零件装载到夹具上。
- 夹具定位并用子装配体固定零件(已经由机器人R_4加载)。
- 机器人(R_2和R_3)焊接。
- 机器人(R_4)拾取整个子装配体,将其传输到下一个工位,然后选择另一个子装配体加载到夹具上。

2. 非精密装配作业

完成精密装配作业后所需的其余连接或其他装配任务。在车身车间,增补焊是非精密操作的典型例子,如图4-5a所示。

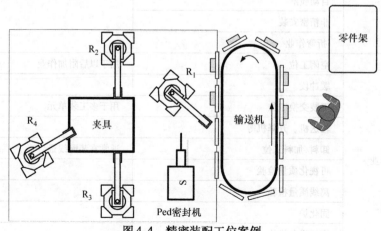

图4-4 精密装配工位案例

Ped—聚环氧氯丙烷-二甲胺密封机

在总装车间中,通常有四个工人在工位中安装子装配体(图4-5b)。在某些工位中,每

第4章 汽车装配系统设计

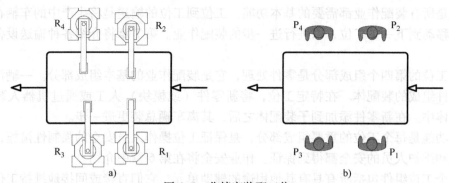

图 4-5 非精密装配工位
a) 机器人焊接 b) 总装车间的人工安装

个工人独立工作,如线束安装。在其他工位中,两个工人协作安装大型模块,如仪表板安装。有时,个别工位中需要四个工人协作完成大部件的安装工作,如天窗模块的安装。

涂装作业中的机器人喷涂工位属于非精密工位,至少它们的精度要求低于车身车间工位的装配精密程度。

3. 辅助作业

辅助作业通常是非精密操作,零件装载工位就是一个很好的例子。一个或多个零件可以在其位置宽松地装载,然后,运送到下一个精密工位进行装配作业。质量检验工位是另一个实例,为了保证产品质量,许多装配线的最后工位都是用于产品质量检验,可以实现装配线的线上或线下的检验。最后工位的线下检验功能,可以设计为离线检验或维修。如果是尺寸质量检验,则工位应设置为精密工位。有时,辅助功能可以设置在装配工位中,而不是专用工位。

4.1.2.3 工位的组成

汽车装配工位由多达六个部分组成,如图 4-6 所示,包括夹具单元、机器人单元、工位到工位的输送、零件处理、安全保证和辅助单元。这里简要介绍这些组成部分,并在后面相应章节中进行深入讨论。

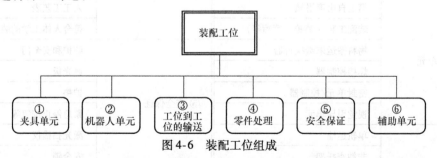

图 4-6 装配工位组成

精密夹具对于保证子装配体的尺寸质量至关重要。如前所述,非精密装配有时可能需要低精度的夹具。装配夹具单元有多种类型和功能,在第8章中将详细介绍装配夹具与工装。

图 4-6 中的第二个组件是机器人单元,机器人是汽车装配作业自动化的关键角色。在批量生产过程中,一个车身装配车间有 600~900 个机器人用于焊接、物料输送和其他类型的装配作业。根据其功能,机械手末端工装(EOAT)可以是焊枪、末端执行器或密封喷嘴等,机器人应用将在第6章中进行介绍。

103

运输是所有装配作业都需要的基本功能。工位到工位的输送是将生产中的车辆在制品从一个工位移动到下一个工位，以进行进一步的装配作业。第 7 章将介绍各种输送设备的功能和类型。

装配工位的第四个组成部分是零件处理，它是装配作业的基本组成部分。一辆汽车是由数千个零件组成的装配体。在特定工位，将新零件（或模块）人工或通过机器人装配到现有子装配体中。在新零件添加到子装配体之后，其离车辆总装更进一步。

安全功能是每个工位的重要组成部分，是保证工位操作人员安全的强制性措施，可以使生产工人和维护人员的安全都得到保证。作业安全将在第 6 章中介绍。

第六个工位组件包括所有具有其他用途的辅助单元，它们直接或间接地维持工位中的装配作业。

由于装配工位具有独特的工艺和作业，因此工位可以具有不同类型的工装和设备单元，见表 4-8。很明显，并非每个工位都有六个功能组件。以总装车间中的一些工位为例，工人站在与车间水平齐平的输送机上安装子装配体，完成安装工作后，往回行走几米路程，重新开始安装下一辆车的子装配体。与车身车间相比，这种人工作业不需要使用机器人，通常使用的安装工装很简单。

表 4-8 汽车装配工位的组成

组成	工装和设备	组成	工装和设备
① 夹具单元	固定夹具	④ 零件处理	立式输送机
	滑动或旋转夹具		卧式输送机
	机器人对接单元		重力滑轨
	精密末端执行器		高架输送机
	工装变更单元		零件架
	精密托架		翻转/固定台
	托架精密底座		卸料/加料机构
	检测夹具		零件传递台架
② 机器人单元	第七自由度滑轨	⑤ 安全保证	人工工艺表
	装配工装（喷枪、喷嘴等）		符合人体工学的装载辅助
	物料搬运末端执行器		防护和安全门
	焊接控制器		遮光板
	密封单元/控制器		护垫
	视觉引导单元		紧急停止按钮等
③ 工位到工位的输送	单轨运输	⑥ 辅助单元	激光扫描仪
	非精密托架		安全锁
	托架定位单元		电极敷料
	非精密定位基台		现有部分传感器
	叉车传送		通风设备
	高架输送机		工位结构
	升降机		人行横道/阶梯

第4章 汽车装配系统设计

这六个组成部分可以而且应该被标准化。因此,在开发过程中,可以将它们选为装配工位中的一个单元。然后,在工位级别上开发的其余工作将集中于单元和单元集成之间的接口上。工艺规划将在第 5 章中进一步介绍。

4.2 分级建模的应用

4.2.1 产品装配架构

一辆汽车是由数百个或数千个零部件组成的。例如,图 4-7 所示为一个车身爆炸图[4-4]。从制造的角度来看,整个装配工艺是根据设计和工程要求将所有零件装配在一起。

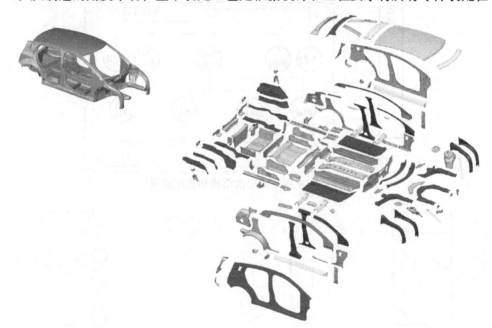

图 4-7 汽车车身零件爆炸图(Steel Market Development Institute 提供)[4-4]

在装配系统和工艺的开发中,第一步是将整个车辆分解成大的或小的单个零部件。围绕不同的整车零部件分解方法,已经开展了多项研究[4-5]、[4-6]。

车辆的分解过程实际上是对车辆结构进行映射的过程。无论子装配体的复杂程度如何,都可以直观地分散到具有倒立树状结构的单个部件中。由此,可以得到整个车辆分解图(图 4-8),这将在后面介绍。车辆产品结构树有许多层,产品结构树的级别越低,子装配体越详细。

除了"倒立"的树状结构之外,还可以从不同方向来查看产品结构树,图 4-9 所示为商业设计软件中常用的产品结构树形式。

树状结构可以直观地表达由小型零件组装而成的车身。同样地,可以用类似的方式来查看车辆总装。由于总装车间的主要作业是一个接一个地安装诸如发动机、仪表板和座椅的子装配体和模块,因此产品结构树可能不会像车身那样直观。对于车辆涂装车间,几乎所有作

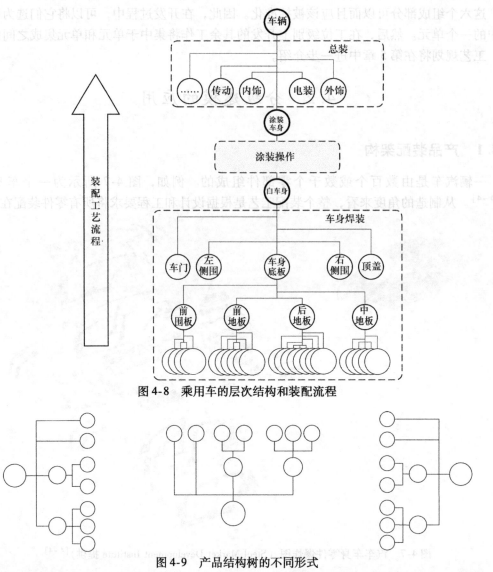

图 4-8 乘用车的层次结构和装配流程

图 4-9 产品结构树的不同形式

业步骤都是连续的,一个涂层涂附在另一个涂层之上。因此,树状结构不适用于表述涂装作业。此外,基于产品体系结构层次的规划方法也适用于发动机和仪表板等主要子装配体。

4.2.2 总体开发过程

  车身车间和总装车间的装配工艺受产品架构和子装配体驱动。因此,相应的装配工艺可以在逻辑上与树状层次结构产品表达相结合。值得注意的是,装配工艺流程只是分解的逆过程。换言之,装配工艺流程在倒立树状结构中向上进行,直到装配完成,如图4-8所示。

  汽车装配新系统开发的任务是设计和构建制造系统和工艺,以逐步完成所有部件的装配。因此,车辆的树状层次结构可以作为制造装配开发的指南。

  基于层次模型表达,制造系统的开发可以分为三个主要步骤,每个步骤具有不同的目标和重点(图4-10)。这三个开发步骤也有明显的重叠和相互作用,三个步骤如下:

1) 规划整体装配系统（装配流程）。
2) 配置装配子系统（装配线）。
3) 设计装配线中的主要工位（装配工艺）。

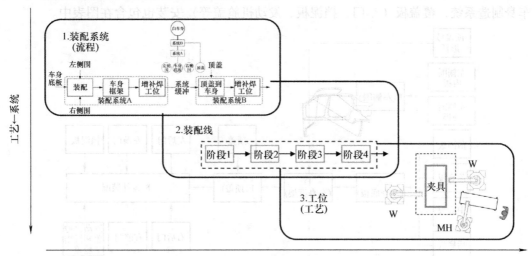

图 4-10　制造系统开发的三个主要步骤

以下各节将介绍前两个步骤，第三个步骤是装配工艺、时间、人工作业和工装的具体描述，将在后续章节中进行详细介绍。

4.2.3　第一步：设计系统流程

4.2.3.1　产品-工艺层次树

开发的第一步是确定整个装配工艺流程，本书使用承载式车身介绍该开发过程。承载式白车身由四个主要子装配体组成，它们是汽车底板、侧围（图 4-11 的左侧和右侧），以及顶盖，如图 4-11a 所示。基于四个主要子装配体（为了简化未画出覆盖件）建立了白车身的产品-工艺层次树，如图 4-11b 所示。图中，零件或子装配体由圆圈表示，而装配作业（装配线或装配工位）由矩形框表示。

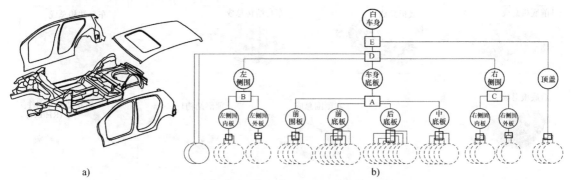

图 4-11　汽车车身和产品工艺-层次结构的主要组成部分

根据产品结构，首先需要构建四个主要子装配体。然后，将它们装配成白车身框架。因此，从整体角度来看，白车身制造需要五个主要装配系统，在图 4-11b 中标记为 A~E。系统A用于装配车身底板，系统B和C用于装配车身侧围（左和右），系统D用于将车身底板和左右侧围装配成白车身框架，系统E用于顶盖安装。

整个装配工艺也可以用传统的水平流程图的形式表示，如图4-12所示。作为一个完整的车身制造系统，覆盖板（车门、挡泥板、发动机舱盖等）安装也包含在图表中。

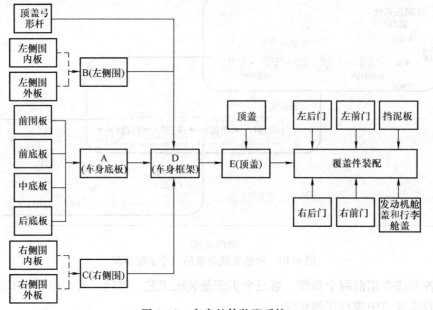

图4-12 车身整体装配系统

4.2.3.2 案例和讨论

图4-13所示为车身主要子装配体的另一个案例和整体装配工艺流程[4-4]，以及相应的产品-工艺层次结构。

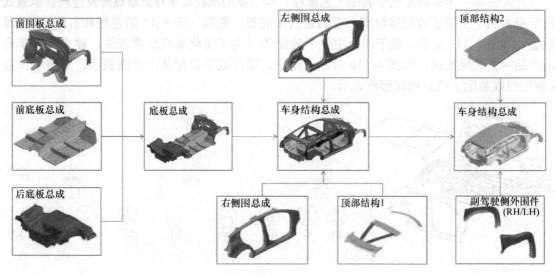

a)

图4-13 产品-工艺层次结构案例（Steel Market Development Institute 提供）
a) 主要子装配体和整体工艺流程[4-4]

第4章 汽车装配系统设计

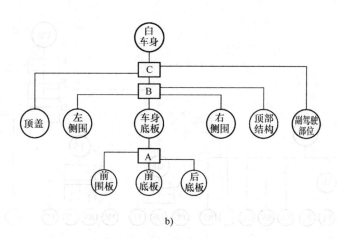

b)

图 4-13 产品-工艺层次结构案例（Steel Market Development Institute 提供）（续）
b）产品-工艺层次树

该开发方法也可以应用于较小的系统，如车身底板系统。车身底板由表 4-9 中列出的 12 个（或对）零件和子装配体组成。

表 4-9 车身底板各部件的名称

总成或主要部件	序号	首字母缩略词	名称
总成	1	UB	车身底板
	2	FS	前端结构（子装配体）
	3	MF	中底板（子装配体）
主要部件	1	FR	前纵梁（左右）
	2	FC	前横梁
	3	RS	散热器支撑
	4	FW	前轮罩（左右）
	5	DS	前围板
	6	FL	前底板
	7	PL	通风室
	8	RW	后轮罩（左右）
	9	SS	侧边梁（左右）
	10	CS	前围侧板（左右）
	11	CT	前围上板
	12	RF	后底板

车身底板的产品层次树如图 4-14a 所示。用方框表示装配作业，并将其添加到产品-工艺层次树中（图 4-14b）。在制造过程中，两个子装配体：前端结构（FS）和中底板（MF）是车身底板的主要子装配体。

在这个案例中，整个车身底板装配系统由六条子装配线组成，标记为 A～F，可以用字母或子装配体名称来称呼，如 A 线可以称为中底板（MF）装配线。值得注意的是，所述的 A 线是开发的起点。从起点处往前看，若在考虑诸如占地面积和装配线之间的运输等其他因素，某两条装配线可以合并为一条，反之亦然。同样，所述的产品-工艺层次可以用浅显易懂的水平流程图绘制，如图 4-15 所示。

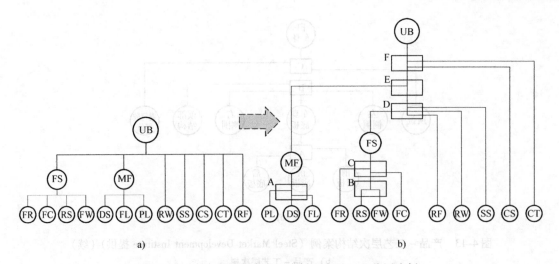

图 4-14 车身底板的产品层次树和产品 – 工艺层次树
a) 产品层次树　b) 产品 – 工艺层次树

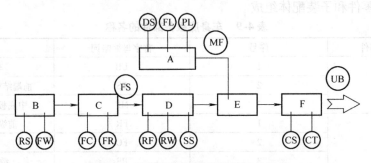

图 4-15 汽车车身底板的装配工艺流程

整个装配流程开发处于系统级别,一旦定义好整个流程,装配系统的开发就可以向前推进,将重点放在单个装配线的设计上。在步骤二中,将添加装配线的详细信息,设计与配置单个装配线及其工位。

4.2.4　第二步:装配线配置

制造系统开发的第二步是设计和配置装配线,下面用一个例子来阐述。在上述的车身底板系统的 A 线或中底板(MF)装配线中,需要将三个部件装配在一起,它们是通风室(PL)、前围板(DS)和前底板(FL)。因此,所需的装配工艺功能包括装载、连接(焊接和密封)、质量检验和卸载,如图 4-16 所示。

通常,一条装配线有 8~14 个工位。第一个工位通常是装载工位,最后一个工位用于卸载已完成的在制品单元。在这种情况下,三个部件将被单独装入装配线,因而需要三个装载工位。通常,如果只是进行装载或卸载,则不需要夹具或仅仅需要简单的夹具。因此,装载和卸载工位通常是非精密装配工位。

装载和卸载任务相对简单和快速,可能在装载或卸载之后仍会有一些时间可用。在这种情况下,其他装配作业,如焊接和密封,可以添加到装载工位中。对于上述例子,三个装载

第 4 章 汽车装配系统设计

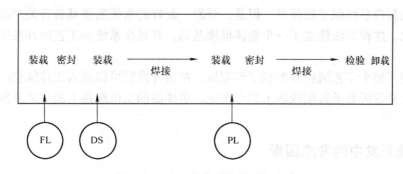

图 4-16 中底板装配线的工艺功能

工位可以增设一些焊接和密封作业。因此，装载工位应该是精密装配工位，并且需要一个精密的装配夹具。

此外，装配完成后通常需要进行在线尺寸质量检验，这需要另一个精密工位。因此，该装配线需要四个精密工位，如图 4-17 所示。图中，精密工位由实线框标记。

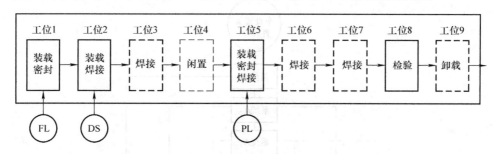

图 4-17 中底板装配线中的工位分配

在装配线上还设计了额外的焊接（通常称为增补焊）工位，以完成所需的所有焊接。根据子装配体的焊接数量，通常需要三个焊接工位。焊接工位的数量将在第 5 章中进一步介绍。

经质量检验后，子装配体从该装配线上卸下并转移到另一条装配线上。由于此例中的质量检验需要一定的时间，卸载功能不能与检验相结合。因此，卸载被设计为专用工位。总的来说，这条装配线需要四个非精密工位，如图 4-17 中的粗虚线框所示。

将闲置工位分配到装配系统是提高系统柔性的主动措施之一。闲置工位是具有部件输送功能的全尺寸工位。对于新的车型，可以在闲置工位上增加新的工艺流程使其转变为作业工位。也就是说，通过使用闲置工位可以保障未来新车型的装配。对于本例，在装配线设计中需要设置闲置工位。

据此，中底板装配线初步规划了 9 个工位。子装配线的构建可能受许多因素的影响，如占地面积、工艺复杂性和周期时间。实际上，装配工艺可以通过不同的方式进行配置，如一些精密工位和焊接工位的位置。闲置工位也可以在不同的位置上进行规划。

使用相同的方法，可以配置其他子装配线，直到所有子系统都完成设计并配置到工位中。很明显，系统流程开发和装配线配置应该同步进行，而不是单独进行。

综上所述，层次结构建模是一种将产品和工艺信息相结合的结构化表示方法。使用层次建模方法开发制造系统似乎很简单。但是，开发一套好的系统需要具备有关产品和工艺的复杂知识。因此，这种方法建立了一个整体框架基础，并且在系统和工艺的开发中设置有足够的优化空间。

一旦确定了整个工艺流程并配置了装配线，制造开发就可以进入工位级别的设计。然后在工位级别上开发所有子装配线的工艺与作业，更详细的工位级别上的工艺开发将在第 5 章继续介绍。

4.2.5 系统开发中的考虑因素

4.2.5.1 产品设计和装配工艺的备选方案

车身可以被设计成不同的结构，如承载式车身、非承载式车身和半承载式车身。车身结构决定了产品－工艺层次，进而是整个装配工艺流程。例如，在承载式车身结构中，车身侧围被设计成具有两个单独子装配体（内部和外部）的分层结构。相应地，车身框架系统由两个子系统 A_1 和 A_2 构成，如图 4-18 所示。

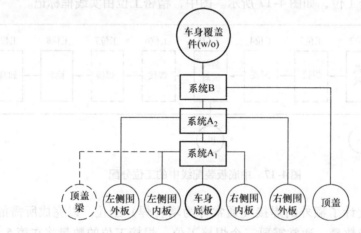

图 4-18　另一种白车身产品－工艺层次

图 4-18 中，系统 A_1 用于装配侧围（BS）内板和车身底板（UB），系统 A_2 将侧围（BS）外板添加到车身框架中。分层结构的框架工艺比传统的承载式车身结构更复杂，具有这种分层结构的车身有更好的结构完整性。

如上所述，装配工艺的整体顺序根植于车辆设计中。此外，装配工艺的性质也可以约束装配工艺的顺序。某些作业具有优先级要求，某些作业被限制在某个特定作业之前或之后。例如，在涂装作业中，清漆工艺被安排在色漆工艺之后。另一个例子是固化炉固化作业应该紧随喷涂作业之后，中间不能存在延迟。然而，有时可能有不同的工艺备选方案。图 4-19 所示的侧围外板装配可以作为例子进行介绍。

对于车身侧围装配，有两种备选装配方案 A 和 B。两种方案之间的差异在于它们的装配顺序。例如，主面板和车顶纵梁在方案 A 中是先进行装配的，而在方案 B 中主面板和后侧围外板则是先进行装配的，对应的产品－工艺层次模型如图 4-20 所示。系统装配流程如图 4-21 所示。

上述两种方案都是可行的。下一个问题是，在产品质量、工艺能力和成本方面，哪一个

第4章 汽车装配系统设计

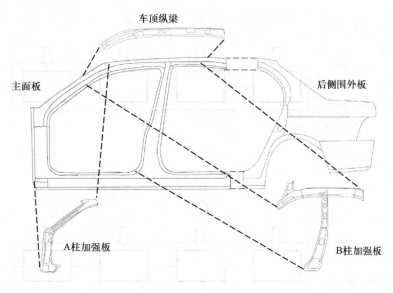

图 4-19 车身侧围外板的装配

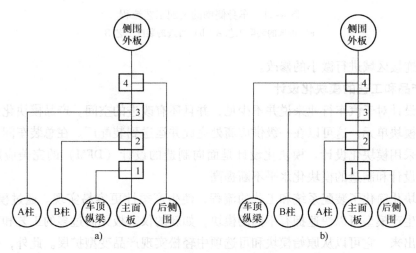

图 4-20 车身侧围的产品-工艺层次模型
a) 备选方案 A　b) 备选方案 B

更好。值得注意的是，这些问题的答案往往不明显，往往取决于工艺工程师的经验和偏好。因此，团队评审是一种常见的决策方法。有时，由于团队成员的优先级和观点不同，很难达成团队共识。

此例中，在所有工位中，都需要一个长度与整个车身侧围相当的更大夹具。方案 B 建议主面板和后侧围板在第一个工位中装配。而在方案 A 中，在添加后侧围板之前，需要将三个部件装配到主面板。因此，前三个精密工位需要较小的夹具。相比而言，方案 B 更简单。

合理的装配工艺顺序与零件的连接设计有关，这被称为车身钣金件的 shingling 因子。如果首选工艺顺序满足技术可行性或经济合理性，则零件的连接设计可能需要针对所提出的装配工艺进行重新设计。在许多情况下，为了获得最佳的装配工艺，零件连接的工程设计只需

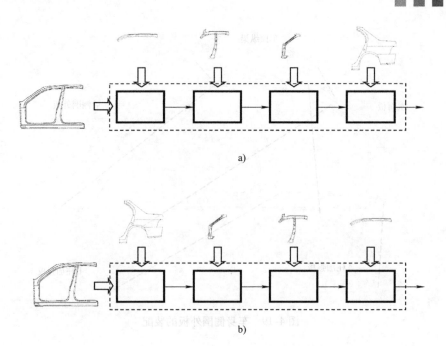

图 4-21 车身侧围的装配工艺流程
a) 可选的装配工艺 A   b) 可选的装配工艺 B

要对零件的连接区域进行微小的修改。

4.2.5.2 产品和工艺的模块化设计

模块化设计对于汽车行业来说并不少见,并且还有改进的空间。产品模块化是将许多零件预装配成模块单元,这可以在一级供应商处完成并运送到装配厂。在总装车间装配的大多数零部件都采用模块化设计。模块化设计是面向制造的设计(DFM)的完美应用,近几十年来,汽车设计和制造的模块化水平不断提高。

产品模块化简化了装配系统和工艺的流程,使生产柔性更容易实现。通过模块化设计,现有的汽车生产模型可以快速拥有不同的模块,如新的仪表板无需过多的工艺和工装更换就可以被组装出来。它可以从原始模块和可选项中轻松实现产品变型扩展。此外,模块化是生产标准化的基础。一个仿真研究表明,模块化设计使得每条产品装配线的投资显著减少[4-7]。

以上述车身底板子装配体为例,可进一步讨论产品模块化及其对制造的影响。车身底板子装配体由前端结构和中底板构成,它们已经是模块化单元。如果可以将后底板和后轮罩设计和建造成一个模块化的子装配体则更好,这种子装配体被称为后围结构(RS)。此外,前围上板可以与前底板连接为一个模块。

与图4-22a所示的原始设计相比,图4-22b所示的产品层次树显示了对装配工艺的可能改进。车身底板的模块化改进中附加了一个模块或子装配体-后围结构;前底板的模块化改进中也附加了一个前围上板。图4-23所示为改进的产品-工艺层次。

这些模块可以离线装配,然后进入主装配线。前端结构、中底板和后围结构三个模块可以外包给供应商,而不是由装配工厂内部生产。对于许多装配工厂来说,将非关键部件外包

第 4 章 汽车装配系统设计

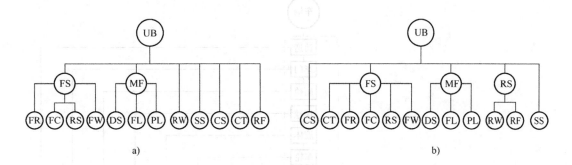

图 4-22 车身底板框架的不同层次的模块化
a) 原始设计 b) 中装配工艺可能的改进

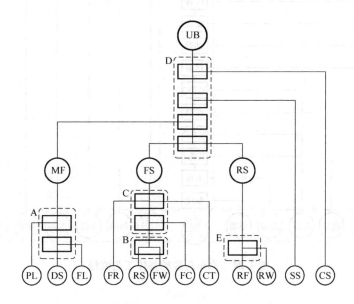

图 4-23 改进的车身底板模块化的产品－工艺层次结构

是一种常见的做法，外包可降低成本。据报道，一些日本公司正在努力实现内部模块化生产，其主要标准是实现模块功能和质量的一致性，并在内部子装配线上装配[4-8]。

4.2.5.3 总装的系统流程

车辆总装的系统流程也遵循相同的产品－工艺层次建模原则进行开发，如图 4-24 所示。图中，1 个方框表示一条装配线，如装饰 1 所在的方框，代表一个高层次的装配流程。然后，装配线配置开发的第二步可以在大型复杂的装配线上应用。

在总装车间中，装配工艺流程顺序主要取决于作业可达性。例如，大多数内部零件应在车门安装之前进行安装。通过多个可达性选项，一些作业可以安排在不同的位置或工位中。对于不同的车型，通常有不同的备选方案。在制造开发中，与现有的装配顺序相比，应根据产品结构和装配能力评估所有可能的备选方案。

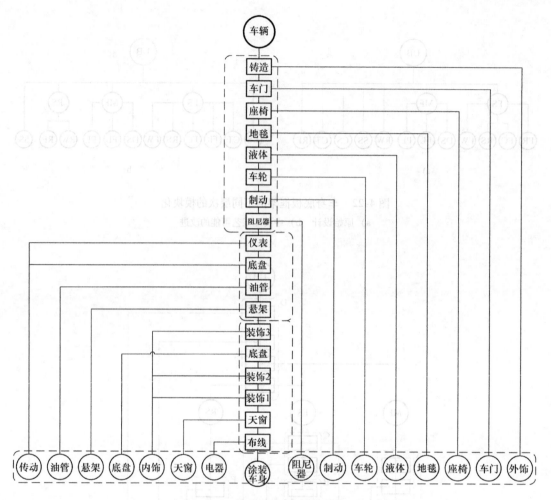

图 4-24　汽车总装的整体工艺流程

4.3　系统布局的开发

通常，制造流程有四种类型：①单件生产；②小批量生产；③重复生产；④连续生产。对于大规模生产的车型，其生产流程类型是重复生产；而对于高端豪华车型，由于产量较低，生产流程类型往往是小批量生产。

重复生产和小批量生产有两种类型的布局，一种是面向产品的布局，另一种是面向工艺的布局。在面向产品的布局中，所有工位和设备都根据所作业的产品进行分组。相反，在面向工艺的布局中，是根据作业和功能对工位进行分组。因此，可以据此识别出汽车装配系统的布局（图4-25）。

车身框架和总装车间的大多数布局都是面向产品的布局，因为每个装配线都应用于装配特定零件。而涂装作业是面向工艺的布局，因为装配线是根据工艺功能排列的。在涂装车间，车辆在制品单元会经历各种类型的涂装工艺。

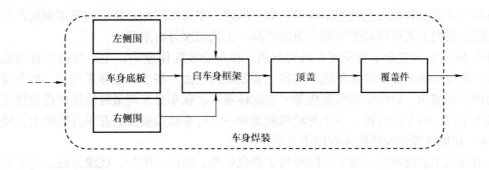

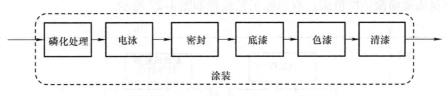

图 4-25 典型车身框架布局和涂装作业

4.3.1 汽车装配布局

汽车制造系统布局开发是由工艺工程所支持的设施工程的核心任务。在装配工厂层面上,应首先确定主要装配作业的位置,即车身、涂装和总装等。然后,再相应地确定其他部件车间的位置,主要包括钣金件、发动机和变速器等。

对于汽车装配作业,系统布局的开发是一个大型的多学科项目。系统布局包括多个子系统和多个项目。它们可以分为两类:一类是直接相关的生产作业或系统布局的核心,另一类是辅助功能。表 4-10 列出了直接相关和辅助功能的典型作业。辅助功能将在第 5 章中介绍。

表 4-10 系统布局项目

直接相关的作业	辅助作业
工艺流程	办公室和会议室
主要设备	团队会议区
操作员工作区域	维护工段和车间
升降机	洗手间和更衣室
高架输送	行人通道
零件收货区	楼梯
物料搬运通道	水资源
零件输送架	自助餐厅
备用零部件和设备	暖通空调
电气和控制面板	照明
库存存储	—
边界围栏	—
安全事项	—
电缆线槽	—
电源线和插座	—
供水系统	—

布局设计是由装配工艺流程驱动的。如上所述，车身车间和总装车间采用面向产品的布局。它们的装配工艺可以基于前面介绍的产品-工艺层次分析来开发。

图4-26所示为整个车身车间布局的案例。在车身装配作业中，主要包括车身底板、车身侧围、车身框架和覆盖件装配线。这些主要装配模块由一些子装配体来提供，如车身底板的装配由前围结构、后围结构和底板等子装配体提供。在车身车间最终阶段的覆盖件装配线中，四个车门、两个挡泥板、一个发动机舱盖和一个行李舱盖被安装在车身框架上。质量保证（QA）和维修等辅助功能未在图中显示。

作为面向工艺的布局，涂装车间经历了磷化处理、电泳、密封、底漆涂层、色漆涂层和清漆涂层六个工艺功能。此外，还需要考虑一些特殊情况，如一些车辆设计有两种颜色，这意味着车身需要喷涂两次色漆。双色漆工艺流程如图4-27所示。

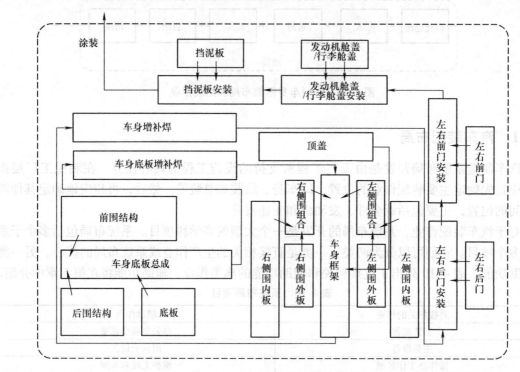

图4-26 乘用车的车身车间布局

布局开发由多个专业团队进行协作开发。通常，利用AutoCAD等软件将布局图中的某些图层分配给特定团队进行协作开发，因而协作开发的团队之间不存在冲突。此外，各个图层可以轻易打开或关闭，非常便于进行干涉检查。打开特定图层时，由于只显示关注项，因而布局图也是明确具体的。

传统的系统布局设计主要基于经验和知识，目前的系统布局首先基于经验建立布局基准，然后进行计算机仿真以优化布局设计。

在经验的驱动下，可以设计多种制造系统的备选布局。计算机仿真可以定量评估布局基准和备选方案。例如，在进行一条包含4个性能标准和7个备选方案的变速器装配线[4-9]设计开发中，根据预先确定的目标和性能标准，可以很容易找到最佳解决方案并开展深入研究。

第4章 汽车装配系统设计

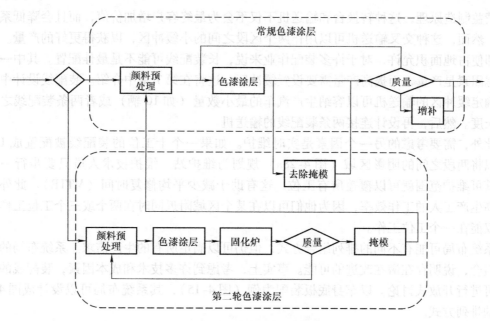

图4-27 双色漆的工艺流程

4.3.2 布局开发中的考虑因素

4.3.2.1 装配线的配置

占地面积是装配系统配置时需要考虑的一个重要因素。当占地面积允许时,直线型产线具有设计简单且成本低的优点,可能是首选方案。一般情况下,一条装配线的长度是有限的,直线型装配线最多可容纳15个工位。因此,长装配线必须设计成L形或U形(图4-28),或者将其分成两条或三条单独装配线,并通过输送系统来连接。在这种情况下,需要额外的设备和规划工作来适应占地面积的限制。

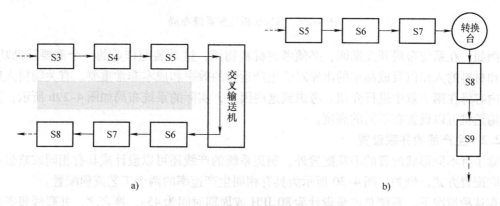

图4-28 非直线型连续装配线配置
a) U型 b) L型

如果装配线是L形的,则需要一个额外的工位作为转换台,用于改变工艺流程方向。同样的,当一条装配线需要进行180°的方向改变时,则需要两个转换台或一个交叉输送机。

根据精益制造原理，这种转换台和输送机不仅不会为最终客户增加价值，而且会降低系统可靠性。然而，这种交叉输送机可以用作两个区段之间的小缓冲区，以获得更好的产量。

即使占地面积允许，对于许多装配作业来说，长装配线可能不是最佳配置。其中一个主要考虑因素是产量，而提高产量需要设置缓冲区，这将在第 7 章中介绍。装配线设计中，需要先确定缓冲区的输送机可以容纳生产汽车的最小数量（如 10 辆）或者两条装配线之间的输送长度。然后，再设计连接两条装配线的输送机。

此外，需要考虑的另一个因素是实时维护。如果一个十工位的装配线被配置成 U 形，则可以将两段之间的阴影区域（图 4-28a）规划为维护站。维护技术人员只要步行一小段路，其可维护范围就可以覆盖所有工位，这有助于减少平均修复时间（MTTR）。此外，可以提高生产工人的工作效率，因为他们可以在某个区域附近同时在两个或三个工位工作，而不是仅能在一个工位工作。

系统布局可能有不同的排列组合方式，但仍可以满足所有的生产需求。系统布局的不同排列组合，说明存在潜在改进的可能。事实上，考虑到许多技术和成本因素，装配线的最佳设置可进行开放式讨论。以车身底板装配为例（图 4-15），其系统布局可以设计成图 4-29a 所示的排列方式。

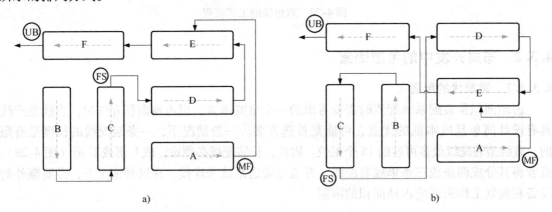

图 4-29 车身底板装配系统布局

例如，在系统布局开发期间，必须考虑材料物流，这是装配作业的一个重要辅助功能。零件和材料的入库以及成品车的出库对于生产运营的效率和成本非常重要。有关物料入库的更多内容将在第 7 章中进行介绍。考虑到这些因素，实际的系统布局如图 4-29b 所示，其中交叉输送机可以设置在不同的高度。

4.3.2.2 生产线的并联设置

除了有不同形状配置的串联配置外，制造系统的产线还可以设计成具有相同或略微不同的并联配置方式。例如，图 4-30 所示为具有相同生产速率的两个工艺流程配置。

在这种情况下，系统总产量设计为 80 JPH 或周期时间为 45s。换言之，并联线每条线的周期时间是 90s。值得注意的是，串联线和并联线设置的作业效率是不同的。如果工位之间输送时间是 8s，对于串联线来说每个工位的可用作业时间是 37s，对于并联线则是 82s。装配作业是一个增值功能，但传送功能不是。因此，串联线设置增值时间约为 $82\%\left(1-\dfrac{8}{45}\right)$，

第4章 汽车装配系统设计

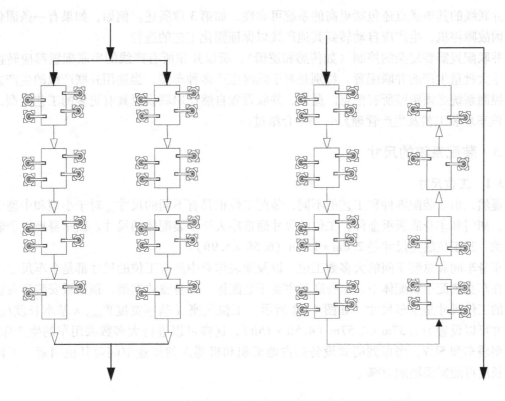

图4-30 产线的并联与串联配置

而并联线设置为 91% $\left(1-\dfrac{8}{90}\right)$。从增值的角度来看,并联线设置是首选。

并联线配置也适合于需要较长作业时间的工艺。一些生产作业本身比较缓慢,如在汽车涂装作业中,在固化炉中完成一个固化工艺可能需要30min或更长时间。在60 JPH条件下,固化炉中输送机的移动速度约为6m/min,则固化炉的长度至少为180m(591ft)。如果使用两个并联的固化炉,那么输送机移动速度和固化炉长度可以减半,这有利于合理地利用占地面积和进行作业管理。

使用并联线工艺还可以提高系统柔性,因为每条线都可以进行不同的设置和组合。如图4-31所示,三个并联颜色喷涂系统的产线1和产线2设置相同。如果需要三个阶段的喷涂(或三涂层),产线3可以设置得更长。此外,在投产和试产一款新车型时,投产任务可以在并联线中的一条产线上进行,而其他产线上继续进行现有生产。

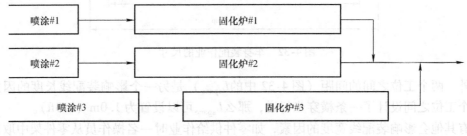

图4-31 喷涂间与固化炉产线

并联线的其他优点还包括更高的系统可靠性,如第 3 章所述。例如,如果有一条固化炉产线因故障停机,生产应自动转到其他产线以保证固化工艺的进行。

并联配置需要复杂的控制(如传感和逻辑),所以并非所有产线的串联配置都应转换为适用于大批量生产的并联配置。特别是对于同时生产多种车型,当选用并联产线的生产方式时,控制系统必须跟踪所有信息。此外,并联设置自然比串联设置具有更多的工艺变型,这在《汽车总装工艺及生产管理》一书中介绍过。

4.3.3 装配系统的尺寸

4.3.3.1 工位尺寸

显然,由于装配零件和工艺的不同,装配工位也具有不同的尺寸。对于小型和中型子装配体,如门和车身底板钣金件,工位的尺寸通常略大于子装配体的尺寸。以车身地板子装配体为例,其工位底座尺寸是 2.0m×1.8m (6.5ft×5.9ft)。

车身车间和总装车间的大多数工位,以及涂装作业中所有工位的尺寸都是全车尺寸。例如,在车身装配子装配体中,车身底板主要子装配体、车身整体框架、顶盖板安装和覆盖件安装的工位尺寸是全车尺寸。如图 4-32 所示,工位底座(基本宽度 W_{base} × 基本长度 L_{base})的尺寸可以设置为 1.37m×4.57m (4.5ft×15ft),这样可以进行大多数乘用车的生产作业,如中型轿车和 SUV。考虑到诸如设备的占地面积和机器人的作业空间等其他因素,工位的实际长度可能需要增加 20%。

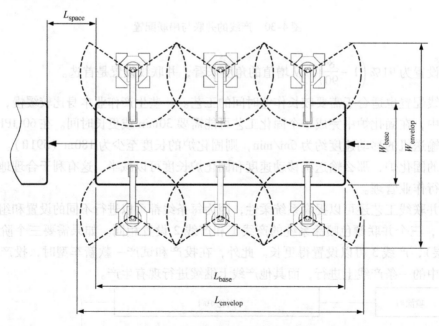

图 4-32 车身装配作业的尺寸

此外,两个工位之间的间距(图 4-32 中的 L_{space})是另一个影响装配线长度的因素。如果在两个工位之间设计了一条横穿步行道,那么 L_{space} 可以设置为 1.0m (3.3ft)。

还有其他会影响装配线宽度的因素,如零件供给作业时一名操作员从零件架中取出零件并将零件装载到输送机上,如图 4-33 所示。机器人(R_7)将零件转给另一个机器人(R_1),

该机器人将零件装载到工位夹具上，依此类推。在这种情况下，考虑到操作员、零件架、输送机等，工位宽度（$W_{statcion}$）应该设置得更宽，如 10m（328ft）。

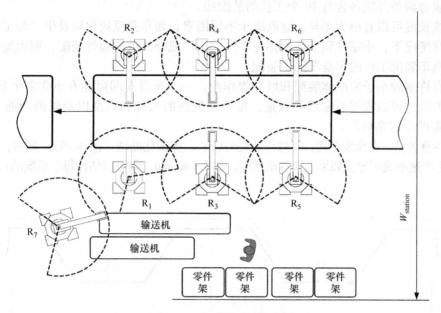

图 4-33　车身装配线的宽度

装配线的宽度可以设计为与最宽工位的宽度相同，以满足与装配相关的所有必需和潜在需求。因此，装配线可以设计为 10~12m（32~40ft）宽。在某些情况下，子装配体在不同工位的宽度变化呈波浪形曲线，因而与装配线相关的通道不应该设计成直线型的。

4.3.3.2　装配线尺寸

每条装配线可能具有不同数量的工位和长度，具体取决于产品架构和具体零件数量。确定装配线长度时需考虑到工艺要求、柔性和工位间距。图 4-34 所示为车身车间中具有典型工位数量的主要系统长度。

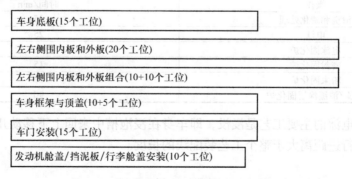

图 4-34　车身车间主要装配系统的长度

可以在装配线上增加额外的功能。例如，对于一条具有五个工位的顶盖装配线，其长度约为 30.5m（100ft）。如果考虑其他功能，如装载或卸载、质量检验、人工备用和为以后车型预留闲置工位，则工位总数可能增加 40%。

此外，装配线长度受装配任务的影响。例如，如果需要进行13min的人工密封，并且每个工位有40s的处理时间，那么进行密封作业需要20个工位。这20个工位可以设计成串联装配线，或者两条并联各含有10个工位的装配线。

装配线长度可以有很大差异，这取决于不同因素，如车身模块化以及生产和工艺设计的规范。通常情况下，小零件和子装配体在零件冲压厂或外部供应商处装配，而大型和主要子装配体在汽车装配工厂的车身车间中装配。

由于有许多较小子装配体装配和增补焊作业，一个车身车间可能有300多个装配工位。装配车间的尺寸可以根据装配线的数量、每条装配线的长度和宽度以及辅助功能（如库存存储）所需的空间来估算。

值得注意的是，在涂装车间，一些作业耗时较长，如磷化处理（图4-35）。显然，这些系统的长度与生产速率成正比。如果已知移动速度，如9.1m/min，则可以估计每个系统的长度。

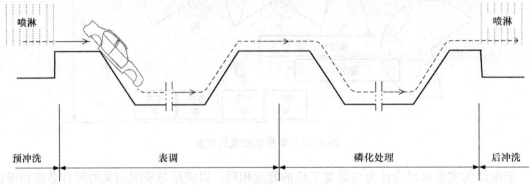

图4-35　磷化处理工艺的时间案例

如果车辆的移动速度加快，那么磷化处理的浸泡槽需要更长，其他涂装工艺也是如此。表4-11列出了涂装车间主要工艺的生产时间，作为大批量汽车生产的参考。需要注意的是，该时间包含对应工艺的所有作业时间。例如，油漆层固化需要约30min，但整个过程（包括冷却）可能需要60min。

表4-11　车辆涂装作业的典型时间

操作	时间/min
清洗和磷化处理	35
电泳	25
电泳固化炉	60
密封固化炉	15
粉末固化炉	60
色漆/清漆涂层固化炉	90

磷化处理和电泳的主要工艺是浸没，即车身在浸泡槽中来回上下移动几次。因此，该过程中车身实际的行进距离大于整个工艺装配线的长度。

4.4　练习

4.4.1　复习问题

1. 解释装配工厂选址时考虑的主要因素。

第 4 章 汽车装配系统设计

2. 讨论汽车装配系统的某个主要要求。
3. 介绍车身（焊接）框架系统规划的一般考虑因素。
4. 介绍车辆涂装作业系统规划的一般考虑因素。
5. 介绍车辆总装车间系统规划的一般考虑因素。
6. 解释精密、非精密和辅助工位的功能。
7. 从自动化角度讨论装配工位的特性。
8. 介绍车辆装配工位的主要组成部分。
9. 描述车辆子装配体的层次结构。
10. 使用分层方法解释系统总体三步开发过程。
11. 介绍分层方法对车身、涂装或总装系统设计的适用性。
12. 讨论装配线设计中备选方案的必要性。
13. 讨论产品设计模块化对装配工艺流程的影响。
14. 介绍产品布局和工艺布局应用。
15. 介绍非直线型装配线的不同布局配置。
16. 讨论影响装配工位尺寸的因素。

4.4.2 研究课题

1. 装配工厂选址时考虑的因素。
2. 汽车制造系统设计的研究。
3. 新型车辆装配系统的性能要求。
4. 制造系统设计的系统性方法。
5. 类似车型的相似装配线的比较。
6. 制造系统开发的注意事项。
7. 制造系统开发的分析和（或）定量模型。
8. 装配系统布局优化。

4.5 参考文献

4-1. Alden, J.M., et al. "Product-to-Plant Allocation Assessment in the Automotive Industry," *Journal of Manufacturing Systems* 21(1):1–13, 2002.

4-2. Carruthers, T. "Site Selection for the Automotive Sector," Trade & Industry Development, 2003. Available from: http://www.tradeandindustrydev.com/industry/automotive/site-selection-automotive-sector-461. Accessed March 2010.

4-3. Nagane, S.G. "Simulation Study of Multilane Selectivity Bank in Automotive Industry," University of Kentucky Master's Theses. 2002. p.364. Available from: http://uknowledge.uky.edu/gradschool_theses/364. Accessed January 2006.

4-4. WorldAutoSteel. "Future Steel Vehicle-Overall Report," American Iron and Steel Institute, Auburn Hills, MI, USA. 2011.

4-5. Lyu, N., et al. "Decomposition-Based Assembly Synthesis of Automotive Body Structures," SAE Paper No.2004-01-1730. SAE International, Warrendale, PA, USA. 2004.

4-6. Cochran, D.S., et al. "A Decomposition Approach for Manufacturing System Design," *Journal of Manufacturing Systems* 20 (6):371–389, 2001.

4-7. Paralikas, J., et al. "Product Modularity and Assembly Systems: An Automotive Case Study," *CIRP Annals-Manufacturing Technology* 60:165–168, 2011.

4-8. Pandremenos, J., et al. "Modularity Concepts for the Automotive Industry: A Critical Review," *CIRP Journal of Manufacturing Science and Technology* 1:148–152, 2009.

4-9. Xu, T., et al. "A Simulation Study Integrated with Analytic Hierarchy Process (AHP) in an Automotive Manufacturing System," *Simulation: Transactions of the Society for Modeling and Simulation International* 88(4): 450–463, 2011.

第5章

汽车装配工艺规划

5.1 汽车装配工艺工程

汽车装配工艺工程是将零部件装配为车辆的设计和规划过程。以某车身装配为例，工艺工程开发了一系列工艺将钣金件连接组成车身框架，如图5-1所示[5-1]。

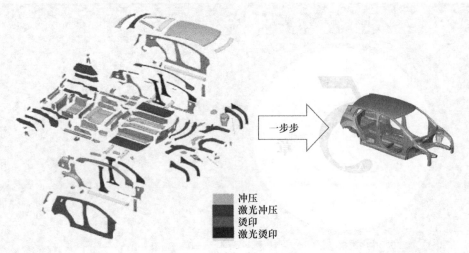

图5-1 组装为车身的待装配零部件（Steel Market Development Institute 提供）[5-1]

汽车制造有多种装配工艺，见表5-1。制造的主要作业包括钣金冲压、车身框架、涂装、动力总成制造和车辆总装，它们的工艺特征在某些方面比较相近，但在其他方面则显著不同。

表5-1 汽车制造工艺

作业	输入	输出	主要工艺	其他工艺
冲压	金属卷	零件	成形	切割和穿孔
车身框架	冲压件	白车身	焊接	粘接和密封
涂装	白车身	涂装车身	涂装	清洗、密封和养护
子装配体	物料	部件	多种	
动力总成	物料	部件	机械加工	铸造、热处理和装配
总装	子装配体	车辆	安装	测试

如第4章所述，装配制造的开发可以分为基于产品-工艺层次模型的三个步骤。它们分别是整体系统的工艺规划、装配线配置和工位工艺设计。在完成整个工艺流程的构建和配置后，接下来是进行深入分析和规划，以实现工艺的可行性和优化。这将在本章进行介绍。

5.1.1 装配工艺规划概述

5.1.1.1 工艺规划的任务和输入

工艺规划在子系统（子装配线）和工位层面上设计装配作业和所需设备，其流程包括图5-2所示的七个步骤。步骤2、步骤4和步骤5将在后面讨论，步骤3将在第8章中讨论。此外，验证和优化对确保任务完成的能力起着非常重要的作用。

工艺规划中需要三种类型的输入信息。第一类是待加工零件的设计信息,如零件的几何形状、材料特性、质量、与其他零件的装配关系以及质量要求。解读零件设计信息是制造工艺规划的第一步。

第二类是制造系统的需求信息,它将在系统开发中指定。这些信息包括周期时间、柔性要求、自动化水平、设施场地限制等。对正在开发的新工艺的基本期望是其适应能力,这些工艺必须满足系统要求。

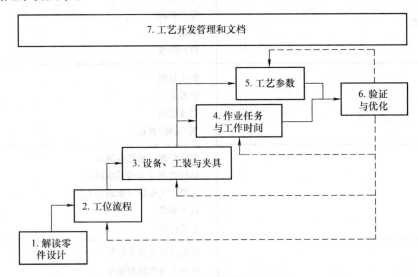

图 5-2　工艺规划的主要步骤

第三类是制造指令信息。它们包括技术标准、可用预算、工装类型、维护策略、资源再利用和新技术。这些因素将在相应的章节中分别讨论。

5.1.1.2　工艺规划的输出

工艺工程所需的可交付成果包括工艺流程、工位功能、作业顺序、设备规格、可编程逻辑控制器(PLC)功能、机器人编程、工艺参数、质量保障计划、安全性、人机工程学、过程失效模式与影响分析(P-FMEA),以及作业和维护的相关文件。

此外,工艺规划应满足鲁棒性和优化的要求,这些要求必须从长期成本效率、有效劳动力利用率、有效场地使用率、最佳设备利用率和最小维护率等方面考虑。工艺规划的成功很大程度上依赖于工艺规划专业人员的知识和经验。

所创建的工艺文件不仅可以记录开发过程,还可以指导作业和维护。工艺文件的核心内容被称为工艺单,包含了装配作业的详细说明。工艺单以文字和图表的形式表达,其主要部分包括表5-2所列的信息。图5-3所示为某汽车装配工艺的部分工艺文件案例[5-2]。

表 5-2　工艺单信息

类别	主要元素
文件信息	工厂名称 项目编号 修订号 代码

（续）

类别	主要元素
产品基本信息	车辆装配线 车身风格 车辆系列
产品详细信息	零件编号 零件名称 数量 材料标准
修改信息	更改日期 更改人 更改说明 新/结转/修订
工艺信息	作业步骤、描述和制图 运行状态（完成或继续） 主要工艺参数（如转矩） 技术要求 工艺标准
工装信息	装配夹具名称和编号 电动工装名称和编号 设备名称和编号

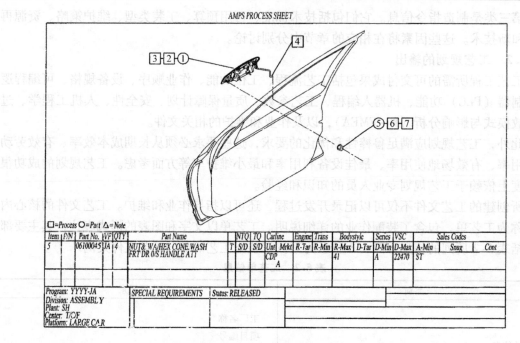

图 5-3　汽车装配工艺单案例（经许可使用）[5-2]

5.1.2 工艺规划考虑因素

5.1.2.1 工艺标准化

工艺标准化是制造标准化的核心部分,以确保始终如一地按特定工艺步骤执行同样的任务和程序。它通常包含国际标准、国家标准和行业特定标准,对于国际标准,如国际标准化组织(ISO)标准;对于国家标准,其中一个例子是美国国家标准协会(ANSI)标准;对于行业特定标准,则有 SAE 标准和 ASME 标准,此外汽车工业行动小组(AIAG)也制定了行业标准和手册。一家汽车制造商可能拥有数以千计的内部技术标准,但这些标准不会对外开放。

根据不同的应用范围,工艺标准可能涉及汽车制造的不同方面。常见的工艺标准类型包括技术规范、测试方法和规程、指南(或信息描述)、定义和术语。

由于有数百种汽车装配作业类型,这就要求不仅要使作业标准化,还要让工位标准精简到 20~30 种。表 5-3 列出了车身车间的典型作业流程。基于喷漆车间和总装车间的常见作业模式,也可以建立工位标准。事实上,磷化处理、电泳涂装、固化炉和喷漆室的沉浸池等都已经基于标准组件实现了模块化。

表 5-3 标准的装配工位

名称	功能	主要子装配体
升降机	移动在制品上/下/进/出高架输送机	升降机框架和搬运机构
装载	将零散的零件或子装配体装载到非精密装配工位	机器人、末端执行器和零件接收夹具
定位	装配零件的精准定位	机器人、焊枪、定位夹具、尖端修整器和夹具更换机构
激光焊	精准应用激光焊	机器人、激光设备、定位夹具和封闭式防护罩
定位加载	将零件或子装配体精确装载到精密装配工位	机器人、末端执行器、部件接收和定位夹具
密封	涂抹密封剂和/或黏合剂	机器人、机器人密封头、定位夹具、密封设备和质量监控器
增补焊	对现有子装配体进行增补焊	机器人、焊枪和尖头修整器
预留	为将来的工艺预留工位	基本转移机构
在线取件抽检	将在制品提取抽检,然后放回装配线	平台、必要的装载辅助工装和抽检车
检修工装	离线修理工装单元或托架	平台、维修夹具和设备
检测	使用传感器检测质量	机器人、检测传感器、定位夹具和介入接口
备用	手动或自动再处理	平台、人工工艺设备和质量检测单位

工艺文档的标准化是工艺标准化的一个组成部分。工艺文档应使用英语(或适用的语言)的有限语言子集来编写,并采用标准格式和术语来描述汽车装配工艺。否则,文档可能因编写者不同而有很大差异,因此存在错误解释非标准工艺文件的风险,且此类带有相关潜在错误的工艺文档可能带来严重后果。为了防止此类潜在问题,福特在 1990 年制定了装配工艺标准语言,由此提高了福特国际制造业务工艺执行的一致性。后来,福特引进人工智能软件来指导和加强统一标准工艺单的编写。据报告,这减少了许多错误和不完整的工艺[5-3]。

5.1.2.2 虚拟工艺开发

得益于计算机技术的发展，当今工艺开发主要在虚拟仿真环境中进行仿真和验证。由于汽车部件和制造设备都是计算机辅助设计的，因此使用计算机进行虚拟工艺开发是可行的。

计算机辅助工艺开发是在三维虚拟环境中进行，可应用于详细的工艺流程、人机工程学[5-4]、机器人、检测和生产管理等方面的设计。在虚拟环境中可以通过综合考虑所有与工艺相关的因素，如人机工程学评估，以及在早期阶段备选方案的分析等，获得工艺开发的最佳解决方案。

下面列举的案例是虚拟工艺开发中的一部分，案例中车身总成的所有焊缝都需要进行加工可行性验证。图5-4所示为焊枪和相邻螺柱之间（图中圆圈处）没有足够的空间焊接特定焊缝的情形，将该信息反馈给设计工程师，以决定是否重新定位焊缝或螺柱。对于这种情况，更多的是重新定位焊缝，因为螺柱与另一个零件安装有关联。焊枪修改后也可以进入特定区域。这种虚拟开发和检查确保所开发的工艺在工厂车间内实施的可行性。

此外，在虚拟工艺开发期间，通过研究装配作业细节以获得更好的工艺设计质量。例如，由于钣金件的柔顺性，焊接和连接的顺序对车辆尺寸质量会产生很大影响。当闭合焊枪的焊臂时，会对待焊零件间的间隙造成挤压，从而消除间隙。在撤掉夹具之后，零件中的内部应力会使结构产生小的回弹和几何变形。在这种情况下，需要确定焊接的顺序，以减小对零件尺寸质量的影响。根据蒙特卡罗软件仿真结果[5-5]，通常焊接应从支撑最多的区域开始，然后向支撑较少的区域进行。总之，焊接的顺序取决于接头结构和零件性质。

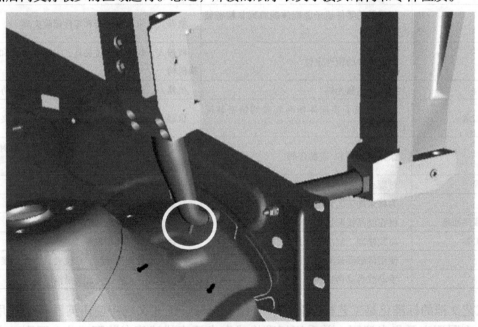

图5-4　白车身的虚拟工艺开发案例

虚拟工艺开发不会受限于机械或物理作业。可以通过计算机仿真对涂装工艺进行研究和优化，如电泳和通过静电及热驱动化学反应的固化。宝马和CADFEM GmbH公司开发了名为虚拟涂装车间的软件包。据报道，本田马里斯维尔工厂已使用该软件来检验电泳覆盖率和薄膜厚度（图5-5）。基于计算机仿真的验证只需要一个工件，而常规方法需要三个

第5章 汽车装配工艺规划

工件[5-6]。

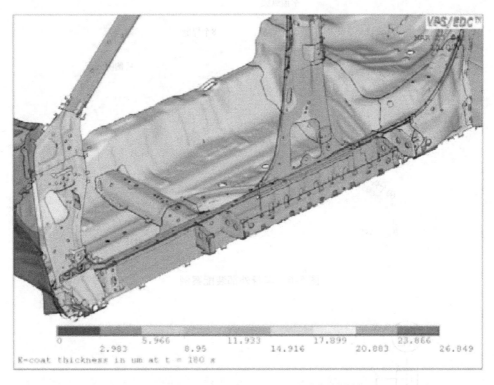

图 5-5 涂装的虚拟工艺开发案例（J&N 集团提供）[5-6]

使用虚拟环境开发制造工艺具有很大的价值。这种计算机环境支持多用户操作，可以为所有车辆工程提供一个统一的开发环境，有利于促进团队协作和实现并行工程。虚拟工艺规划的历史文档通常内置于其他工程 CAD 系统中，并可通过其进行访问。据报道，福特在 2006~2012 年首次使用虚拟仿真工装开发汽车以来，制造问题的数量减少了 90%以上[5-7]。

5.2 工位工艺规划

工位级别的装配作业分配可以参照第 4 章中的案例。车身的外部子装配体由五个主要零部件组成，其中包含 206 个电阻点焊，如图 5-6 所示。装配工艺还包括黏合剂粘合，为了简单起见，这里不做讨论。

根据开发方法绘制产品-工艺层次树和工艺流程图。图 5-7 所示为一种工艺方案，此装配线至少需要四个精密装配工位。因而，需要开发四个精密装配工位和其他非精密装配工位的工艺流程。

5.2.1 工艺任务分配

5.2.1.1 装配工艺时间要求

周期时间要求是工艺规划的一个关键因素。如第 3 章所述，装配线和工位所需的周期时

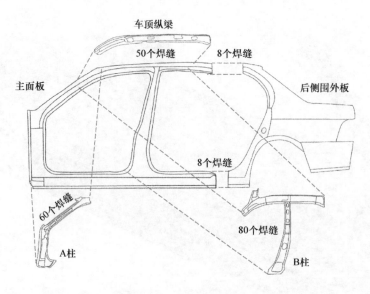

图 5-6 车身外部装配案例

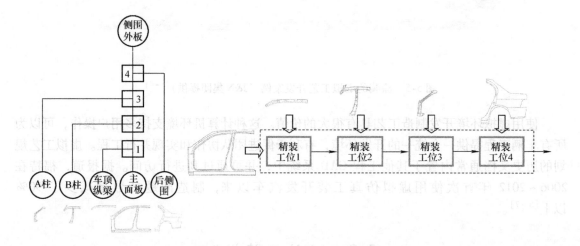

图 5-7 车身外部装配系统的方案

间应根据生产节拍时间、预计停机时间和计划再处理时间来设计。设计的周期时间直接影响所需的工位数量。此外,在设计和选择装配设备、工装和工艺时,还需要考虑其时间特性。

为了讨论的简单性和通用性,这里列出了此案例的主要输入参数:
- 周期时间为45s。
- 工位与工位之间的输送时间(包括定位)为8s。
- 零件的装载、定位和固定时间为7s。
- 在精密装配工位设置了两个机器人,在增补焊工位设置了四个机器人。
- 机器人在精密装配工位处焊接需要5s,在增补焊工位处焊接需要3s。

基于上述数据,可以分析装配作业的时间。总的可用加工时间为 (45 - 8 - 7) s = 30s。在30s内,机器人可以在精密装配工位处理六个焊缝,即可以在精密装配工位完成12次焊接（2个机器人×6次焊接/机器人）。此外，还可以研究每个工位焊接12个点的可达性和焊接参数的可行性。

这12个焊缝作为连接点来保持子装配体的尺寸完整性，因此，它可以被输送到下一个工位。其余焊缝在后续的增补焊工位处完成。在增补焊后，子装配体便能满足设计要求并具有良好的结构完整性。

在增补焊工位，由于没有用于固定与定位的装置，机器人可以更好地到达焊接位置，因此，完成焊接的时间只需要3s或更短。此外，在无附加零件定位装置的情况下，增补焊装配作业的总可用时间比在精密装配工位的时间要长。针对上例，在增补焊工位处可用的焊接时间有37（=45-8）s。因此，在增补焊工位处每个机器人可以进行约12次焊接（12次焊接×3s/焊接=36s）。

5.2.1.2 工艺任务分配

每个工位处设置的机器人数量受多种因素的影响，如机器人可达性、完成焊接的可行性、机械手末端工装（EOAT）和占地面积。例如，物料搬运（MH）机器人通常比焊接机器人所需占地面积更大。如果机器人位置较近，其编程会更复杂，并且利用率可能会因空间狭小而降低。由于这个原因，整车焊接工位处通常设置六个机器人。对于此案例，增补焊工位处设置四个机器人，并根据情况可以再添加一个或两个机器人。

另一项工作是将焊接任务分配给各个工位，这也与增补焊工位位置有关。增补焊工位可能紧随精密装配工位，但在许多情况下，增补焊可以在下游组装工位装配线中进行。这意味着增补焊无需在精密装配工位之后的下一个工位立刻进行，只要部分焊接子装配体具有良好的结构完整性，可以将其输送到下一条装配线即可，这为焊接工艺作业提供了更多选择。

表5-4给出了一种焊接任务分配方案，这种情况需要四个增补焊工位。此时，除了B柱上的14个焊缝外，其余所有焊缝都被布置在此装配线上。对于剩余的14个焊缝，有两种焊接方案：一种方案是在工位4B处添加一个焊接机器人，完成12次焊接，其余两个焊缝由其他机器人完成；另一种方案是在下游装配线中分配14个焊缝。

表5-4 车身外部子装配体工位分配

工位	精密	主面板	车顶纵梁 （50个焊缝）	A柱 （60个焊缝）	B柱 （80个焊缝）	后侧外围板 （80个焊缝）	车身外部完成
0		装配					
1	是		装配和焊接（12）				
2	是				装配和焊接（12）		
3	是			装配和焊接（12）			
3A			焊接（24）	焊接（12）	焊接（12）		
4	是					装配和焊接（12）	
4A			焊接（12）	焊接（12）	焊接（20）	焊接（4）	
4B			焊接（2）	焊接（24）	焊接（22）		
5	是						卸载和检查
焊接小计			50个焊缝	60个焊缝	66个焊缝 （12个剩余）	16个焊缝	

最后一个工位（工位5）使用机器人对已完成的车身外部装配尺寸质量进行检查和卸载，因此工位5应该是一个精密工位。此外，在装配线中添加一个备用工位以用于安排以后的补充工艺。综上所述，所提出的车身外部装配线共有十个工位：五个精密装配工位、三个增补焊工位、一个非精密装配工位和一个备用工位，如图5-8所示。在工艺规划完成后，工位可以重新编号为工位1、工位2、工位3、工位4等。

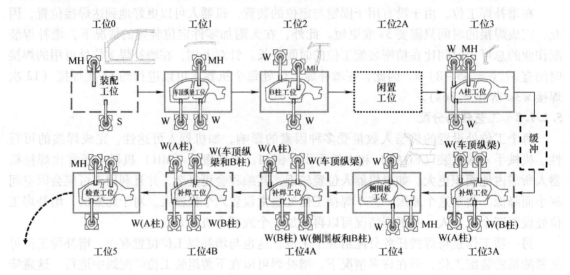

图5-8 车身外部装配工艺

对这个实例进行研究，可以得到一些关于工艺设计的结论。精密装配工位的位置是由零件装配工艺顺序决定的，其他工位根据其功能确定位置。例如，装配工位应该在装配作业前端，而卸载工位应该在装配线末端。由于装配作业通常只需要约20s，因此可以在第一个工位中添加额外的密封作业。在装配线中预加备用工位，以应对可能出现的加工作业，如新零件的加工或新工艺。

这个讨论案例的工艺规划结果相对保守。例如，机器人的焊接数量可以更高。在许多情况下，机器人在精密装配工位中完成一个焊接只需3s，在增补焊工位处仅需2s。也可以将更多的机器人设置到每个精密装配工位和增补焊工位处。综上所述，虽然保守的工艺规划会降低设备利用率，但是利于后期工艺的变更。

上述工艺规划可以被认为是一种可行的方案，但不一定是最佳的方案，若想达到最优，需要进行更多的研究。

5.2.2 作业时间研究

5.2.2.1 一般作业时序

以一个简单的例子——增补焊工位为例说明工艺时间。在制品单元在增补焊工位按输入、定位、焊接和输出四个步骤顺序输送。增补焊工位的典型工艺时序图如图5-9所示，总作业时间是所有四个步骤所用时间的总和：

$$T = T_{输入} + T_{定位} + T_{焊接} + T_{输出} \tag{5-1}$$

精密装配工位也同样可以使用此方法，但与增补焊工位相比，精密装配工位具有额外的

第5章 汽车装配工艺规划

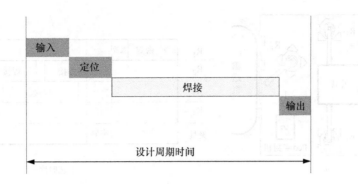

图 5-9 增补焊工位的典型工艺时序

步骤，如要加载、定位和固定新部件。显然，这些作业必须在焊接之前完成。因此，精密装配工位的作业时序图如图 5-10 所示。总作业时间为

$$T = T_{输入} + T_{在制品定位} + T_{零件定位} + T_{焊接} + T_{输出} \tag{5-2}$$

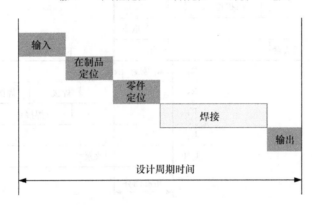

图 5-10 精密装配工位的作业时序

5.2.2.2 时间研究的讨论

工位中某些作业可以并联安排，如多个机器人可以在不同的区域同时工作；另一个例子是，在制品在转移到工位期间，机器人可以继续获取零件。这些并联作业的实施提高了工位的作业效率。

下面的例子（图 5-11）在第 4 章中已讨论过，从图 5-11 中的工艺时序图可以看出，机器人 R_2 和 R_3 的焊接工艺步骤是并联的。

在时序图中找出"关键路径"对改善工艺时序安排至关重要。在此案例中，关键路径是 $R_1 \Rightarrow$ 夹具 $\Rightarrow R_2 \Rightarrow$ 夹具 $\Rightarrow R_4$，因此，通过减少关键时间因素 R_1、R_2、R_4 和夹具上的作业时间，可以改善工位的作业周期时间。此外，由于 R_2 的焊接作业分为两段，中途有一段等待时间，可以通过优化机器人 R_2 和 R_3 之间的协调来缩短等待时间。

在许多情况下，工艺作业之间不会相互干扰。在上面的例子中，机器人 R_1 的零件拾取和密封作业不会干扰到夹具上的任何作业。在下一个周期中，机器人 R_1 可以在前一部件被取出后就将下个零件放置在夹具上。如此可以将 R_1 和夹具的某些工序设计为并联（图 5-12）。从重叠作业中节省出的时间可以用于其他作业。

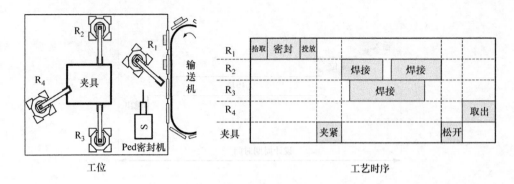

图 5-11 工艺时序案例

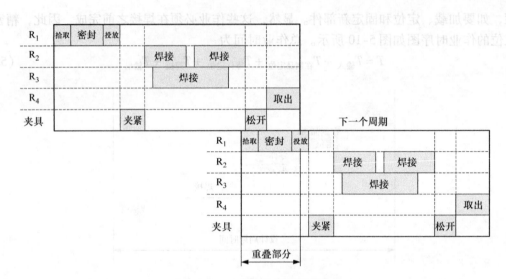

图 5-12 工艺作业的时间重叠

在汽车总装作业中，大多数装配作业是人工执行的。常见的一种装配作业场景是，输送机在不断移动的同时，操作员站在输送机上，围绕着其上的车辆在制品工作。在完成作业后，操作员转到下一个即将到来的载有在制品的输送机上，如图 5-13 所示。换言之，步行返回时间的长短会因在制品装配任务的不同而有所差异，因而需要从加工时间中扣除返回时间。

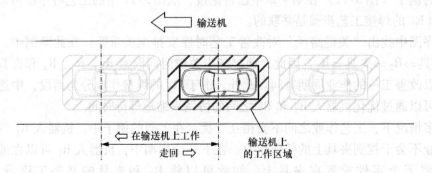

图 5-13 总装作业中的步行距离和时间

5.2.2.3 工位工艺时序案例

所有装配工位都需要用上述方法进行此类时间研究,由于装配作业步骤复杂,实际时序图可能同样复杂。装配工位布局如图 5-14 所示。

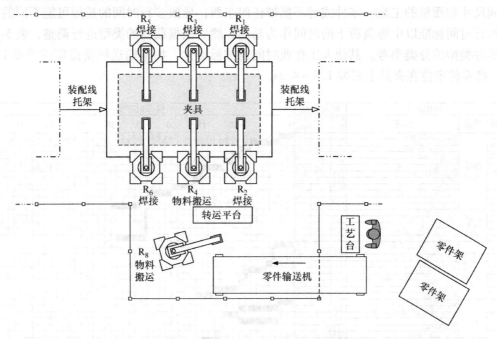

图 5-14 装配工位工艺时序布局案例

在工位中,新零件被添加到车辆在制品单元。装配作业需要包括一个生产操作员、五个焊接机器人、两个物料搬运机器人和末端执行器、零件输送机、工艺台和工位夹具。在工位中的主要作业步骤是:

1) 操作员获取零件,在工艺台上加工零件,然后将零件放置到输送机上。
2) 机器人 R_8 从输送机上获取零件并将零件装载到转运平台上。
3) 装配线托架将在制品单元转移到工位上。
4) 机器人 R_4 从转运平台中获取零件并将零件装载到夹具上。
5) 夹具(工位工装)定位和固定在制品与零件。
6) 机器人 R_1、R_2、R_3、R_5 和 R_6 进行焊接。
7) 夹具松开完成的在制品(附加部件)。

基于同样的考虑,实际设计的工位工艺时序图如图 5-15 所示,图中包含详细的作业步骤和时序信息,从图中可以看出,多个作业步骤是并联和重叠的。

5.2.3 人力资源效率

5.2.3.1 人力资源效率计算

人力资源效率对汽车制造业的竞争力影响很大。人力资源效率的计算方法如下:

$$效率 = \frac{设计工作时间}{周期时间} \tag{5-3}$$

设计中给出的目标效率通常为 95%,然而由于产品和工艺的各种限制,实际效率一般仅为70%~90%。

人力资源利用的规划、计算和验证是基于行业或公司相关情况进行的，如操作员的步行通常是汽车装配作业的一部分，表5-5列出了步行时间标准。此外，由于生产操作员可能携带不同尺寸和质量的工装、零件或者不携带任何东西，导致步行时间的长短可能不同。因此，步行时间标准以中等负荷下的时间作为基准，然后根据载荷的类型进行调整，表5-6列出了零件类型的分类参考。其他人工作业时间也被标准化，如从输送机获得零件需要1.8~2.4s，将零件定位在夹具上需要1.8~4.2s。

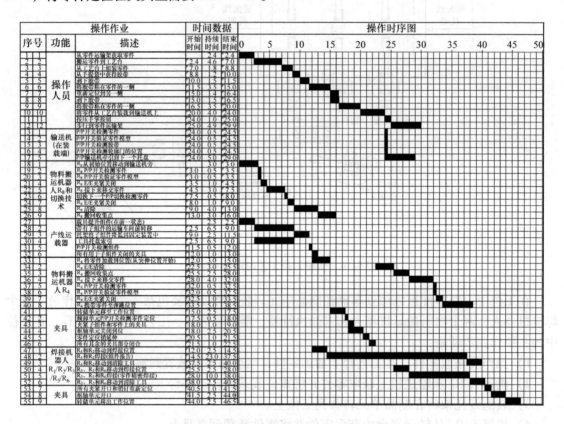

图5-15 装配工位的实际工艺时序案例

表5-5 汽车装配中步行时间的标准

距离/m	1	1.25	1.5	2	3	4	5	7	10	15	20	25
无负载时间/s	1.5	1.8	2.2	2.7	3.5	4.2	5.0	6.6	9.0	12.8	16.9	20.8
有负载时间/s	1.5	1.8	2.2	2.7	3.7	4.6	5.7	7.6	10.6	15.4	20.5	25.3
承载系数	1.00	1.00	1.00	1.00	1.06	1.10	1.14	1.15	1.18	1.20	1.21	1.22

表5-6 作业时间研究中零件类别的分类参考

零件类别	小	中	大
长度	<0.5m	<1.5m	>1.5m
质量	<2.5kg	<6.5kg	>6.5kg

菲茨定律（Fitts' Law）与人们的工作绩效有关，用于预测移动作业时间的表达式可表示为

$$T = a + b \times \log_2\left(1 + \frac{D}{W}\right) \tag{5-4}$$

其中，T 为移动作业时间，a 为起始时间，b 为经验常数，D 为从起始位置移动到目标位置的中心距离，W 为沿运动轴的目标宽度。

菲茨定律表明，目标越小、要到达的距离越远，在零件上作业所需的时间就越长。因此，在人工装配作业的设计中，应尽量减小到达距离。

5.2.3.2 人力资源利用探讨

人力资源利用分析可以通过图 5-16 所示的实例进行。如图 5-16 所示，有中等尺寸和质量的两个零件 A、B，生产工人计划从零件装运架上挑选零件，并将零件装载到相应的输送机上。这个过程中，工人的步行距离为 $d_1 = d_3 = 4.5\text{m}$ (14.8ft)，$d_2 = d_4 = 9.0\text{m}$ (29.5ft)，工位工艺周期时间为 50s。

工人需要八个步骤才能完成一个周期时间。各个步骤的说明和时间见表 5-7。据此，操作员完成一个周期耗时约 42.8s。如果假定装配线周期时间为 50s，则人力资源利用效率为 85.6%。

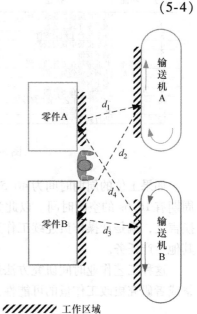

//////// 工作区域

图 5-16 操作员工作时间案例

表 5-7 工艺作业时间研究实例

步骤	描述	距离/m	作业时间参考值/s	时间/s
1	从装运架上取出一个零件 A		1.8~4.2	3.0
2	运送零件到输送机 A(d_1)	4.5		5.1
3	在输送机 A 上装载零件		1.8~4.2	3.0
4	前往零件 B 的装运架 (d_2)	9		10.3
5	从装运架中获取一个零件 B		1.8~4.2	3.0
6	运送零件到输送机 B(d_3)	4.5		5.1
7	在输送机 B 上装载零件		1.8~4.2	3.0
8	返回零件 A 的装运架 (d_4)	9		10.3
			总计	42.8

作业时间的参考值通常会提供一个建议范围值，如表 5-7 中的 1.8~4.2s。在范围内选择时间需要考虑相关因素，包括零件的尺寸和形状、处理零件的难度、搬运过程中需要的额外动作等。此外，可能需要预留少量时间以便处理特殊部件。

图 5-14 所示的案例，在装配中添加新零件后，生产操作员相应的作业时间如图 5-17 所示（图 5-15 的局部），经计算得到的工艺作业时间为 29.9s。

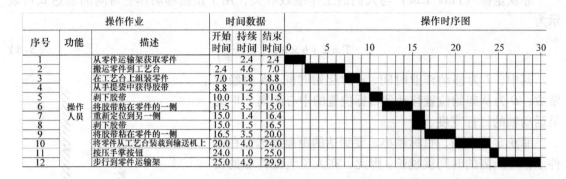

图 5-17 在装配工位上人工作业的时间

如果工位的周期时间为 46.5s，则人力资源利用效率为 64.3%，也就是说，操作员每个周期有 16.6s 的空闲时间。以此为例，可能的改进方法是以批量处理模式来设计作业过程，换言之，就是让操作员连续工作五个循环的指定任务，这样就可以累积剩余 83s 的时间用于其他生产任务。

这种工艺作业时间研究方法还可以应用于现有的其他制造场景，以进行潜在的改进，调整或者研究更改工作量的可能性。

5.3 工艺规划中的技术重点

5.3.1 作业工序平衡

5.3.1.1 作业工序平衡的概念

作业工序平衡是根据时间要求将工艺任务规划到各个工位中，并使它们具有相同的工作负载。工序平衡的目的是使所有工位的等待时间最小化，或最大限度地提高设备和劳动力的总体利用率。

各个工位的实际周期时间是工序平衡的一个良好指标。在以下案例中，装配线有八个工位，如图 5-18 所示。工位 2 的周期时间为 57s，是装配线中生产速率最慢的，工位 6（52s）是生产速率最快的。因而，装配线上工序不平衡时间为 5s。

在此案例中，其他所有工位都比工位 2 更早完成作业，并且每个周期都有几秒钟的等待时间。由于工序不平衡，导致工位没有得到充分、对等的利用。同样的原理，可以应用于工位内或者整个装配工厂的分析。

5.3.1.2 工序平衡探讨

改善工序平衡有两种基本方法：一种方法是加快瓶颈工位的作业速度。对于上面的案例，加快工位 2 的作业速度是一个可行的解决方案；另一种方法是将一些任务从工位 2 分配到其他工位。如果技术上可行，可以将工位 2 的任务部分分配到工位 4、工位 6 和工位 7 中。通过采用上述方法中的一种或两种，就可以很好地实现装配线上的工序平衡。

可以利用之前的工艺规划案例来详细探讨工序平衡。图 5-19 所示为在两个组装工位上，将一个零件（侧围板）组装到一个主面板上的过程。第一个工位是精密装配工位（工位

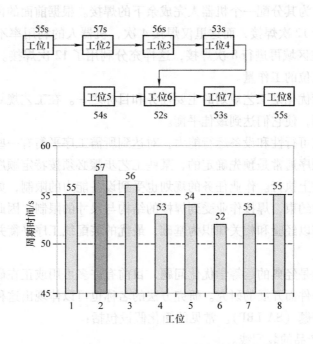

图5-18 装配线工序平衡案例

4),其工艺步骤包括在工位中传送和定位主面板,在指定位置上加载和定位侧围板,以及通过两个机器人将它们焊接在一起。

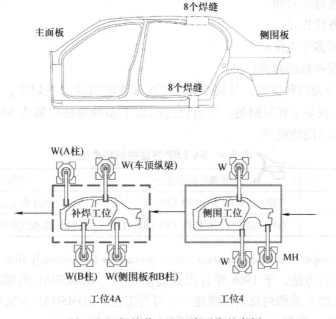

图5-19 焊接分配和工序平衡的案例

考虑到零件装载和定位所需的时间,精密装配工位中的两个焊接机器人各焊接六个焊缝。由于一共需要焊接16次,则还需增补焊4个焊缝。因此,应将下一个工位(工位4A)

规划为增补焊工位，为其分配一个机器人完成余下的焊接。根据前面的内容可知，机器人可以在增补焊工位进行 12 次焊接，而这里仅焊接 4 次，机器人的利用率不足。因此，机器人可以在其可及的 B 柱区域再进行 8 次焊接，这样充分利用了 12 次焊接。通过这种方式，均衡了所有机器人和工位的工作量。

显然，工序平衡优化是工艺规划的主要任务和目标之一。在工艺规划中，所有装配工位应以相同的方式规划，使它们达到最佳平衡。

产品架构、工艺可行性和设备运行能力，对达到所需工序平衡有一些固有的限制。如前所述，装配作业的顺序通常是预先确定的，某些工艺步骤必须按特定顺序才能完成，而某些步骤不能在同一工位上执行。作业任务的规划也受到设备能力的限制，如机器人作业受到可达范围和有效载荷的约束，焊接作业受到焊枪的结构与尺寸的限制。因此，工业实践中的任务分配和工序平衡需以经验和相关知识为基础，最优的装配线工序平衡并非总能达到。

5.3.1.3 学术方法

装配线工序平衡是经典的运筹学优化问题，目前有许多可用或正在研究的学术方法，它们是基于简化约束条件而开展的研究。研究方法的名称也可以体现出这种简化约束条件，如简化的装配线平衡问题（SA LBP）。常见的简化假设包括：

- 只生产一种产品的装配线。
- 以某种方式处理的所有任务（无备选方案）。
- 装配线以串联的形式但没有补给线或并联装配线。
- 遵循优先级约束的任务。
- 固定的任务持续时间。
- 只限制任务优先权。
- 无任务分到多个工位。
- 所有工位配备机器和操作员。

SA LBP 方法分为四种类型，见表 5-8。在汽车装配系统的规划中，各个工位的周期时间是给定的，工位数量是有限制的。目前已经提出了多种算法以解决 SA LBP 问题，相比，SA LBP – F 方法的适用性更好。

表 5-8 SA LBP 方法的四种类型

条件	周期时间给定	周期时间未给定
工位数量给定	目标：工艺可行性（SA LBP – F）	目标：最小化工位周期时间（SA LBP – 2）
工位数量未给定	目标：最小化工位数量（SA LBP – 1）	目标：装配线效率（SA LBP – E）

COMSOAL（computer method for sequencing operations for assembly lines）是一种著名的装配线作业排序计算机方法，于 1966 年首次被提出[5-8]。COMSOAL 的原理是基于单个任务的周期时间、优先级关系和约束条件创建一个可行工艺。COMSOAL 方法可分为七个步骤：

1）创建一个表，根据优先级关系按顺序列出所有工序。
2）从表中选择没有前置任务和所有前置任务已完成的可用工序。
3）创建可用工序列表。
4）将可用工序列表中的工序分配给工位，直到总作业时间接近或等于给定的周期时间。

5) 重新创建新的可用工序列表。

6) 重复步骤2)~5)，直到将所有工序分配到工位。

7) 保留可能的解决方案，然后重复步骤1)~5)以找到备选解决方案，进行比较，直到获得最佳解决方案。

COMSOAL方法通过循环规划，将新得到的工艺与前一次规划的工艺进行比较，保留较好的工艺。通过迭代分析找到并比较所有可行的解决方案，以实现最优化。

据报道，COMSOAL方法已经在一些其他制造业中得到应用，如摩托车制造业[5-9]，但在汽车制造业中的应用还较少，这表明在汽车装配制造中还存在很大的应用研究空间。

汽车装配线比上述方法的假设要复杂得多。除了零件装配顺序需遵循产品结构之外，车型中的一些重要因素也很难准确地表示。这些因素包括给定工位上的固定作业、占地空间的限制、各种设备能力、柔性要求、人体工程学考虑等。上述的简化假设，如生产单个产品，以及只有串联装配线形式，没有补给线或并联装配线的情况，都不适用于汽车装配作业。

5.3.2 工艺鲁棒性

5.3.2.1 工艺鲁棒性概念

如果对进料的变化、作业相关因素和人为错误不敏感，则认为制造工艺具有鲁棒性。鲁棒性意味着装配线不会因输入的变化而导致停机或者产生重大质量问题。例如，用于装配作业的物料和零件应符合所有的设计规范，然而，输入的物料和零件可能并不总是完全符合规范。在这种情况下，制造工艺应该能够在细微调整下运行。因此，工艺鲁棒性可被视为一种能够适应非预期微小变化和可靠地保证产品质量的能力。

鲁棒性还可以通过其他方式来衡量。例如，当一个制造系统停机时，它的修复速度有多快，即平均修复时间（MTTR）。这是系统鲁棒性的另一个指标。对于大规模生产来说，汽车可以在1min或更短时间内就被制造出来，据此，可以理解对停机后快速修复的迫切需求。但由于自动化的复杂性和工艺变量的多样性，实现系统的快速修复具有挑战性。虽然现代自动化技术具有很高的可靠性，但系统快速修复有时却是一个问题。

此外，如果生产期间的潜在停机问题无法快速修复，则需在系统设计和工艺规划中考虑临时备用。自动备用或"在线备用"是可靠性差且修复耗时长的设备的一种内置功能。例如，当机器人停机时，在最小人工干涉下其工作应暂时由另一个机器人取代。虽然这样制造系统的运行速度变慢，但比长时间生产停机要好得多。将人工作业作为常规自动作业的备用也是很好的选择。例如，可以在密封工位的装配线上设计和配置人工作业功能，作为密封机器人停机情况下的备用方案。

显然，自动备用和人工备用可以提高工艺鲁棒性。然而，对于一个制造工艺，由于某些类型的备用成本较高，因此经济可行性是备用功能的另一个关键问题。因此，备用在技术上并不总是可行的。

要设计一个具有强鲁棒性的工艺，需要考虑所有潜在的影响因素，包括可能出现的材料问题、设备停机问题、质量缺陷问题、操作错误等。跨部门团队使用过程失效模式与影响分析（P-FMEA）的方法通过头脑风暴提出一系列"what-if"，这将在后面进行讨论。然后，可以相应地计划对策，并将其内置到系统和工艺中。表5-9列出了制造系统和工艺开发中关于鲁棒性的一些潜在问题和相应的对策。

表 5-9 工艺鲁棒性的可能改进方面

可能性	对策
进料变化	进料零件取样 在线监控 不敏感工艺设计
设备停机	预测性维护 快速修复 人工或自动备用 系统缓冲
质量问题	面向制造的设计 质量保证 实时监控
操作错误	防错误（预防） 防失误（检测） 防失误（指示）

5.3.2.2 防错防误

人工和自动过程中可能发生操作错误，错误的产生会对产品质量和产量产生重大影响。因此，预防人工和自动操作错误是提高工艺鲁棒性的一部分。

检测与预防操作错误需要建立一个内置机制，该机制在丰田生产系统（TPS）中被称为防错防误（EMP）或防呆防错（日语"poka-yoke"）机制。EMP 可以用三种模式或增强级别实施。第一个或最好的是预防模式，EMP 使用自动化设备、工艺方法或零件设计特性来避免制造错误的发生，换言之即人工或自动的装配作业没有出错的机会。因而，通过产品设计和工艺规划来消除可能发生的作业错误是最佳的方法。

提前考虑生产作业中可能出现的错误是成功实施防错防误预防模式的关键。例如，零件需要按照特殊要求设计，如配有额外的标签或独特的几何形状，使其只能以一种特定的方式组装。通过产品设计中的特殊特征，可以解决工艺规划和夹具设计中的预防机制问题，该机制设定仅接受位置和方向正确且质量良好的零件。

图 5-20 所示为一个防错防误案例，通过视觉仪器监视小零件，以防止其丢失。此外，零件设计为非对称结构，其中一边设有小销，可以防止定位错误。

防错防误在制造作业中也可用于检测模式。在这种模式下，防错防误的作用是在发现错误时停止机器的作业并发出警告信号，如扬声器警报和灯光闪烁。然后，生产工人或技术人员检查并排除错误。

零件检测传感器广泛应用于零件检测。例如，只有在零件检测传感器检测到现有零件已经移除后，才能继续接收下一个零件。如果发现异常，作业将停止。基于这种防错防误的检测模式，可以有效防止操作错误。

图 5-20 零件加载的防错防误案例

值得注意的是，防错与防误通常是不同的，且容易混淆。两者的区别在于，防错是一种预防模式，而防误是一种检测模式。这种区别表明了防错与防误的级别不同，但也许这并不重要。在制造实践中，防错显然级别更高、更重要，但有时检测也很有效和实用。

防错防误也可以处于指示模式，特别是对于人工作业，提供了说明和指示信号，工人遵循指示完成制造任务。指示信息可以用零件选择灯、模拟监视器显示、零件颜色编码和特殊标签的形式呈现。指示模式一般认为是有用的，但多数情况下仍有些不足。

5.3.3 工艺柔性

工艺柔性是制造柔性的核心，是工艺鲁棒性中的一种性能。工艺柔性可以通过装配作业的形式来体现，设计后易于对工艺进行重新修改（在线、实时修改），以适应潜在产品的变更，可快速适用于添加的新产品，以及生产随机组合的多个车型。

与非柔性制造工艺相比，柔性制造工艺通常更复杂。图 5-21 所示为一个完整车身装配作业的工艺设计实例，此设计可用于三种车型，因此，零件搬运、装配夹具、机器人编程、自动化逻辑和生产通信等影响因素必须满足多种样式的设计要求。此工艺比单一车型的工艺更复杂，因而在工艺规划中，必须妥善处理所有这些复杂因素。

应对工艺复杂性的一个有效策略是实现模块化产品设计，将所有复杂性因素从主线工艺中分离出来。如图 5-21 所示，整个汽车装配分为子装配体装配区域和主装配线。模块化的子装配体可以由外部供应商提供，也可以在子装配体区域内装配。因此，主装配线的装配任务得到精简，只进行主要模块或子装配体的总体组装。

工艺柔性面临的挑战和解决方案也可以通过图 5-22 所示的例子来说明。在原始工艺规划中，只考虑了两种车型，那么这个工艺是否有足够的柔性，可以适用于第三种车型？解答

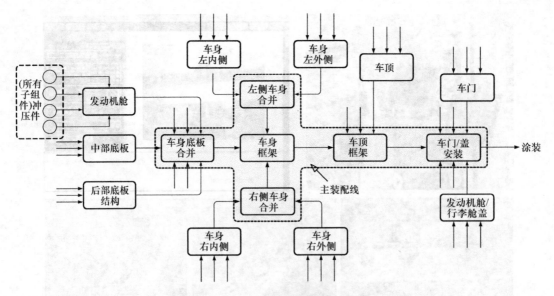

图 5-21 复杂性对制造柔性的挑战

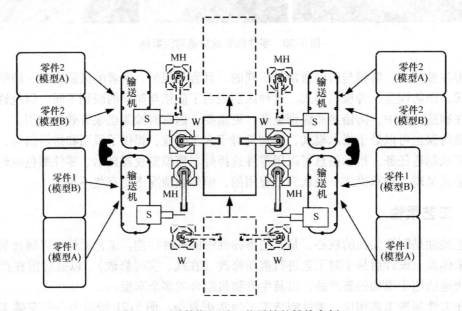

图 5-22 零件搬运对工艺柔性的挑战实例

该问题需要从两个方面入手,一方面是检查现有工艺布局,确认是否有第三种车型所需的装配空间,另一方面是关注在指定的周期时间内,操作员是否有足够的时间完成第三种车型附加零件的装配。

该案例有解决方案。在不改变工艺布局的情况下,一种可选的方案是增加零件架交换器,以减小加工三种车型的零件占用面积,这将在第 7 章中介绍。如果可以修改工艺,另一种可选方案是使用机器人从零件装运架中抓取零件,并将零件装载到工位夹具上。虽然这种方案前期成本较高,但由于不需要生产操作员和零件输送机,因而可以节省大量成本。

工艺柔性与装配夹具和工装密切相关。当车型零件在形状、尺寸和/或定位方案上具有唯一性时，生产过程中零件的夹具单元必须是可更换的或可实时调整的。夹具的柔性将在第 8 章中进一步讨论。

对操作员技术技能的依赖程度也反映了工艺的柔性。如果一些生产作业高度依赖操作员的技能，那么由于人员需要特别培训，使得这些操作不易转移到其他工厂。一项对比研究表明，现代公司汽车的生产相对于日本其他同行而言，对技能依赖的程度相对较低，而对自动化柔性的依赖程度较高[5-10]。

总之，在设计和规划阶段应考虑工艺柔性。然而柔性的增加又会增加作业复杂性和前期成本。考虑到技术和财务因素，并不是柔性越高越好。综合考虑所有技术、财务和市场因素，合理地选择制造工艺的柔性水平具有很大的商业意义，这在第 3 章中已详细讨论过。

5.4 基于故障模式与影响分析（FMEA）的主动规划

5.4.1 FMEA 的原理

5.4.1.1 FMEA 的概念

对于制造作业，故障可以定义为工艺或操作故障。故障可以有不同的形式和类型，称为故障模式。

FMEA 是一种结构化的方法，用于研究在问题真实发生之前新系统、产品、工艺或设备中的潜在问题。因此，进行 FMEA 的三个目标是：①识别和评估潜在的故障模式及其影响；②提出减少或消除潜在故障的措施并确定其优先顺序；③按照规定的职责和日期实施行动计划。

FMEA 结合了预定义程序和参与人员的经验。由于大多数潜在故障能尽早发现，可以提前预防和应对它们，因此，进行 FMEA 是有前景的。成功执行并实施 FMEA 的工艺规划优于未执行 FMEA 的工艺规划。简而言之，FMEA 有助于发现问题、评估问题并促进问题的主动解决。

根据不同的意图和重点，FMEA 特别适用于装配工艺、设备、产品设计等方面。工艺 FMEA（P-FMEA）主要用于对选定的"高风险"制造工艺进行分析，这些工艺对于新产品、变更产品和成本降低来说，可能是一个新的工艺或新的技术应用，一个对质量至关重要的工艺，以及一个基于先前经验的非鲁棒工艺。

5.4.1.2 FMEA 的实施步骤

目前，有几个已发布的 FMEA 的实施指南，如汽车行业的 SAE J1739、AIAG 的 FMEA-3 和非汽车应用的 SAE ARP5580。典型的 FMEA 内容和格式见表 5-10，包含 17 个项目。

表 5-10 FMEA 的内容和格式

1. 工艺名称	—
2. 工艺功能	—
3. 潜在故障模式	—
4. 潜在故障后果	—
5. 潜在故障原因	—

	（续）
6. 当前控制	—
7. 严重度	—
8. 发生率	—
9. 可检测度	—
10. 风险优先指数（RPN）	—
11. 建议措施	—
12. 实施措施	—
13. 实施后的严重度	—
14. 实施后的发生率	—
15. 实施后的可检测度	—
16. 实施后的 RPN	—
17. 职责	—

FMEA 可以通过以下五个步骤实施，如图 5-23 所示。

图 5-23　FMEA 的分析流程

1）第一步是建立 FMEA 的工作范围和团队。除了工艺工程师，团队内还有产品设计、质量、维护等方面的工程师。为保持团队高效，人数应限制为 5~6 人。

2）第二步是进行初步研究，其中应解决 FMEA 的项目 1~项目 6。团队成员头脑风暴出所有潜在的故障模式，分析作业细节并找出可能出错的地方。头脑风暴和审查应侧重于分析故障模式对停机时间、质量、下游工艺和最终客户的潜在影响。

3）第三步是定量评估潜在问题。例如，针对所发现的问题完成项目 7~项目 10 的分析。即通过以下方式了解每种故障模式：
- 估计故障的潜在影响以确定"严重度"的水平。
- 确认故障模式的原因，以确定"发生率"的级别，即发生故障模式的可能性。
- 确认当前控制方式，以选择"检测"级别，即故障可被检测的可能性。
- 计算风险优先指数（RPN），它的值是严重度、发生率和可检测度的乘积。RPN 用于对故障模式优先级进行排序，计算式为

$$RPN = 严重度 \times 发生率 \times 可检测度 \tag{5-5}$$

- 如果某个特定故障模式的 RPN 较高，则团队需要继续执行以下步骤。

4）项目 11 是为具有较高 RPN 的主要故障模式提出解决方案。提出的方案可以促进工艺、参数和设备维护计划等的改变。

5）最后一步是实施执行并重新计算 RPN，验证改进效果。

5.4.1.3 FMEA 应用探讨

成功执行 FMEA 和实施其建议规范有几个关键要素。如上所述，FMEA 是一种标准化的团队合作方法，最重要的是真正的团队合作，而不是由一两个工程师填写 FMEA 表格，然后提交给团队审查。FMEA 工作是一系列系统化的小组活动，FMEA 的所有结果均要经过团队同意。团队共识和投入是 FMEA 成功和有效性的关键之一。

参与 FMEA 可能非常耗时，如后面将要讨论的 P‑FMEA 例子，具有约 15 种潜在的故障模式，需进行 5 次会议讨论。如今每个人都很繁忙，只有管理层协调才能保证时间的投入。因此，只有在管理层的支持下，团队成员才能彻底地处理 FMEA 细节，而不是匆忙完成。

FMEA 领导者能力也是另一个关键。不是每个工程师都能够成为 FMEA 领导者。领导者需要在某个专题上有足够的知识和经验储备，另外团队中每个成员的职责也应明确。

由于 FMEA 是数据驱动和基于经验的，因此充足的信息是基础。所需信息包括基准测试、客户保修报告、现场投诉、内部故障分析以及之前的经验教训。

即使有翔实的 FMEA 研究记载，FMEA 的成功应用有时也很有限。对一家拥有 150 家供应商的汽车制造商的研究表明了 P‑FMEA 成功应用的局限性[5‑11]，发现的问题包括对因果关系和数据管理的认知不足。该研究指出难以从成本、可靠性改进和问题预防等方面量化 P‑FMEA 技术的真正益处。

5.4.2 P‑FMEA 开发

P‑FMEA 的内容和格式可以通过实际案例加以讨论。第 1 个研究是车身打孔工艺，这些孔用于安装车辆悬架装置。

5.4.2.1 工艺审查（问题识别）

项目 2：工艺功能是对制造过程中要实现的目标的陈述。在本例中，工艺功能是在车身上打悬架孔。

项目 3：潜在的故障模式指的是为满足设计意图和要求的作业过程中可能发生的故障。在本例中，故障模式可能为无孔和毛刺孔，从历史数据看，如孔偏离预定位置等其他潜在故障不太可能发生。

项目 4：潜在的故障后果是故障模式的影响或结果。这些故障会影响下游作业，如悬架的安装和用户体验。具体来说，无孔故障需要返工，毛刺孔需要修复。

项目 5：潜在的故障原因指的是故障为何会发生。这个问题需要团队头脑风暴。对于本案例，可能的根本原因是液压缸失效、冲头断裂或冲头磨损。

项目 6：当前控制是防止故障发生或检测故障是否会发生的方法。对于可能由于冲头断裂而没有孔的情况，当前的措施是定期进行机器视觉检查和预防性维护。

5.4.2.2 工艺评估（定量评估）

项目 7：严重度（S）是根据表 5‑11 中的准则，对潜在故障模式（若其已发生）的严重程度进行团队评估排序。严重度等级与发生率、可检测度的评估都是基于 SAE J‑1739[5‑12]。由于评级是相对的，因此可根据具体应用而有所不同。此外，危险情况的严重度等级为 9 和 10，高等级故障模式必须立即得到解决处理。在本例中，由于无孔故障需要进行返工或停机，评估的严重度 $S=7$；而毛刺孔仅需要修复，评估的严重度 $S=6$。

表 5-11 P-FMEA 的严重度等级

影响/后果	标准	等级
无预警的严重危险	危及员工，不符合安全性或者法规要求	10
有预警的严重危险	危及员工，不符合安全性或者法规要求	9
很高	停机时间 >8h 或有缺陷零件 > 4h	8
高	停机时间 > 4h 或有缺陷零件 > 2h	7
中等	停机时间 > 1h 或有缺陷零件 > 1h	6
低	停机时间 > 30min 或发现有缺陷的零件	5
很低	停机时间 > 10min 但无有缺陷零件	4
轻微	停机时间 <10min 但无有缺陷零件	3
很轻微	生产过程中按需进行快速工艺调整	2
无	生产过程中无需采取任何操作	1

项目 8：发生率（O）代表发生失效的概率。评级是团队基于先前经验和类似应用前景进行的评定。根据表 5-12 中的评级标准 1，气缸故障时 $O=1$，冲头断裂时 $O=2$，冲头磨损时 $O=4$。表 5-12 还列出了基于出现频率作为参考的另一个标准。

表 5-12 P-FMEA 中的发生率

可能性	标准 1：MTBF/h	标准 2：频率	等级
很高	MTBF < 1	>10%	10
很高	2 < MTBF < 10	>5%	9
高	11 < MTBF < 100	>2%	8
高	101 < MTBF < 400	>1%	7
中等	401 < MTBF < 1000	>0.5%	6
中等	1001 < MTBF < 2000	>0.2%	5
中等	2001 < MTBF < 3000	>0.1%	4
低	3001 < MTBF < 6000	>0.05%	3
低	6001 < MTBF < 10000	>0.01%	2
极低	MTBF > 10000	>0.001%	1

项目 9：可检测度（D）是计划控制的能力，以防止工艺缺陷发生或检测其是否可能发生。常用的评级标准见表 5-13。在本案例中，下一个工位的机器视觉检查可以检测是否无孔。因此，由于当前维修 100% 检查冲头，故气缸故障的可检测度等级定为 $D=1$；而冲头磨损的可检测度等级定为 $D=5$。

表 5-13 P-FMEA 中的检测等级

可检测性	标准	等级
很高	几乎肯定可以检测到	1
高	很可能被检测到	2~3
中等	可能可以检测到	4~5
低	不太可能检测到	6~7
很低	可能不会检测到	8~9
无法检测	几乎不可能检测到	10

项目 10：RPN 计算。在本例的两种情况中，对于无孔情况，RPN = 7；对于毛刺孔，RPN = 120。RPN 的结果为确定工艺重点事项和操作的先后次序提供了判断标准。基于以上讨论，本例的 P – FMEA 的输入信息见表 5-14。

表 5-14 P – FMEA 输入案例

1. 工艺名称	—		
2. 工艺功能	冲压悬架孔		
3. 潜在故障模式	毛刺孔	无孔	
4. 潜在故障后果	修复	返工	
5. 潜在故障原因	冲头磨损	冲头断裂	气缸故障
6. 当前控制	预防维修	检查和预防维修	检查
7. 严重度	6	7	
8. 发生率	4	2	1
9. 可检测度	5	1	
10. RPN	120	14	7

5.4.2.3 基于 RPN 的响应（解决方案建议、行动和重新评估）

项目 11：建议措施是为减少或消除潜在故障和担忧。通常会考虑某些标准。例如，如果 RPN > 100，则认为有必要采取对策；当 $S > 8$ 时，潜在的故障主要是安全问题或不符合法规，则认为一定需要采取措施；对于具有高度误检可能性的失效或 $D > 9$ 的故障，也需要采取措施。

在本例中，可能出现毛刺孔的 RPN 很高，需要对冲头进行频繁的目视检查，进而快速找到磨损的冲头。在生产过程中，如果可以在预定的工休时间增加检查频率，就可以及时发现由于冲头磨损所导致的毛刺孔。因此，可以改善可检测等级（项目 15），实施后的新 RPN（项目 16）将降低。结果见表 5-15。

表 5-15 P – FMEA 案例

1. 工艺名称	—		
2. 工艺功能	冲压悬架孔		
3. 潜在故障模式	毛刺孔	无孔	
4. 潜在故障后果	修复	返工	
5. 潜在故障原因	冲头磨损	冲头断裂	气缸故障
6. 当前控制	预防维修	检查和预防维修	检查
7. 严重度	6	7	
8. 发生率	4	2	1
9. 可检测度	5	1	
10. RPN	120	14	7
11. 建议措施	增加检查频率	无	
12. 实施措施	执行完毕	—	
13. 实施后的严重度	6	—	
14. 实施后的发生率	4	—	
15. 实施后的可检测度	3	—	
16. 实施后的 RPN	72	—	
17. 职责	—		

5.4.2.4 FMEA 驱动的工艺变更

P-FMEA 的结果可用于改善工艺鲁棒性。例如，最近的数据表明，螺柱与钣金件的拉弧焊经常会导致生产停工。常见的根本原因是焊枪卡盘存在污垢或磨损。由于焊枪的设计结构特性，不容易检测卡盘的状态。当故障发生时，生产停止并清洁或更换夹头，这至少耗时 15min。所以在维护中需要更频繁地检查螺柱焊枪，减小在生产过程中发生故障的可能性。

基于这种情况，螺柱焊接被认为是车身车间的不可靠工艺。P-FMEA 显示该工艺故障的 RPN 为 256（表 5-16）。因此，FMEA 团队建议在工艺中设计一个具有自动备用功能的冗余螺柱焊接机单元，即当螺柱焊枪失效时，备用机自动激活接替焊接任务，而故障机被自动移出进行检查和修理。通过这个新工艺，潜在故障的 RPN 可以减小到 16。

表 5-16 用于工艺规划的 P-FMEA 工艺案例

1. 工艺名称	拉弧焊
2. 工艺功能	在零件上焊接紧固件
3. 潜在故障模式	无焊接
4. 潜在故障后果	生产停工
5. 潜在故障原因	由于卡盘有污垢或磨损导致连接不良
6. 当前控制	清洁或更换
7. 严重度	4（停机 15min）
8. 发生率	8（一周一次）
9. 可检测度	8（难以检测）
10. RPN	256
11. 建议措施	规划冗余焊接装置和自动启用备用功能
12. 实施措施	执行完成
13. 实施后的严重度	1（执行自动启用备用，生产中无需另外动作）
14. 实施后的发生率	2（由于有自动启用备用功能，没有停机时间）
15. 实施后的可检测度	8（难以检测）
16. 实施后的 RPN	16
17. 职责	—

这种 FMEA 驱动的工艺变更不仅成功，而且在财务上也是合理的。如果车辆的利润是 3000 美元，并且生产速率是每分钟一辆车，那么由于每周维修 15min 而导致的停机损失将是 45000 美元。通过在几周内减少停机时间，可以回收自动备用单元的成本。

为了降低故障的影响程度（用 RPN 衡量），可以单独或同时对它们的严重度、发生率和可检测度等参数进行优化。在综合考虑技术可行性和财务合理性之后，FMEA 团队可以用最经济的方式制定出最优方案来减小 RPN。

5.4.3 机器故障模式与影响分析（M-FMEA）的特点

5.4.3.1 M-FMEA 的重点

M-FMEA 适用于在设计阶段对设备和工装单元进行评估，以提高操作者的安全性以及设备和工装的可靠性与鲁棒性。M-FMEA应用遵循相同的原则和流程，只是格式和内容略有差异，但评级标准不同。

执行M-FMEA的团队负责人通常是机械设计责任工程师。在汽车制造业中，M-FMEA中"负责人"是原始设备制造商，"用户"是装配厂，包括工厂工程师，维护、生产、安全和其他辅助人员。这些人员应有代表参与M-FMEA开发。

关于设备的潜在故障，可以从功能和硬件的角度进行归类。前者包括运行故障、停机故障、断续运行、磨损等。从硬件角度看，可能存在断裂、腐蚀、松动、破裂、泄漏等故障。部分M-FMEA见表5-17。

表5-17 M-FMEA案例

1. 工艺名称	机器人焊枪	
2. 工艺功能	电阻点焊	
3. 潜在故障模式	电极过热	
4. 潜在故障后果	焊接质量差	电极早期磨损
5. 潜在故障原因	由于滤水器堵塞导致冷却水流量低	
6. 当前控制	每两小时检查一次焊缝质量	电极日常检查
7. 严重度	5	4
8. 发生率	6	7
9. 可检测度	4	5
10. RPN	120	140
11. 建议措施	具有滤水器监测功能	
12. 实施措施	增加了滤水器监测功能	
13. 实施后的严重度	5	4
14. 实施后的发生率	6	7
15. 实施后的可检测度	1	
16. 实施后的RPN	30	28
17. 职责	—	

通过对比，可以发现P-FMEA和M-FMEA中涉及的范围和问题经常重叠。许多潜在的工艺故障是由设备问题引起的，如磨损在P-FMEA中被认为是故障的根本原因，但在M-FMEA中是一种故障模式。因此，P-FMEA应关注工艺操作，并假设所有设备和工装处于良好状态。另一方面，M-FMEA专注于设备和工装的可能故障模式及其对制造工艺的操作、安全和质量的影响。

5.4.3.2 M-FMEA的不同严重等级

在M-FMEA研究中，严重度和发生率的等级可以采用或不采用与P-FMEA相同的评级方法。可检测等级可以根据设备和应用具体情况确定，如美国国家航空航天局（NASA）定义了地面保障设备的严重度计算公式[5-13]［式(5-6)］。表5-18列出了M-FMEA的等级标准，与P-FMEA中的评级计算不同，其严重度等级最高可达100。

$$严重度 = \frac{(硬件造成的影响 + 任务时间的损失) \times 安全性}{任务的损失} \tag{5-6}$$

表 5-18 NASA 的 M–FMEA 严重度等级

硬件影响（1~5）		
影响	标准：影响的严重程度	等级
非常严重	失去 >75% 执行能力	5
严重	失去 >50% 执行能力	4
中等	失去 >25% 执行能力	3
低	失去 >10% 执行能力	2
无	对执行能力没有影响	1
损失的测试时间（1~5）		
非常高	超过 30 天	5
高	超过 15 天	4
中等	超过 7 天	3
低	超过 1 天	2
无	没有	1
安全性或任务损失（1~10）		
重大安全隐患或任务完全丧失	直接生命或肢体威胁危险或任务完全丧失	10
轻微的安全危害，主要航天器损坏或重大任务能力损失	轻微伤害危险（不危及生命或肢体）严重（50%~75%）	5
重大航天器损坏或损失	重大（25%~50%）航天器损坏或任务丢失	3
没有危险或任务损失	无安全问题或重大机械损坏	1

5.5 练习

5.5.1 复习问题

1. 阐述整车装配工艺的总体特性。
2. 讨论装配工艺规划的主要任务和步骤。
3. 阐述汽车装配制造工艺工程的输入和输出。
4. 讨论装配工位的作业时序。
5. 讨论装配工位中重叠作业的约束条件。
6. 讨论汽车装配工艺中人力资源利用的效率。
7. 阐述影响工人生产运作时间的变量。
8. 讨论工艺设计对人力资源利用率的制约因素。
9. 讨论装配线周期时间不平衡的可能对策。
10. 阐述工序平衡的基本启发式方法。
11. 解释 COMSOAL 的概念及其基本程序。
12. 制造工艺鲁棒性的定义。
13. 解释防错和防误的区别。

第5章 汽车装配工艺规划

14. 阐述工艺鲁棒性的改进方法。
15. 讨论工艺柔性的应用。
16. 阐述 P – FMEA 开发的总体流程。
17. 讨论 P – FMEA 的 RPN。
18. 阐述 M – FMEA 与 P – FMEA 之间的差异。

5.5.2 研究课题

1. 装配工艺规划的标准化。
2. 对工位工艺任务分配的考虑。
3. 工艺时序中关键路径的识别。
4. 工艺鲁棒性的提高。
5. 装配工艺待选方案比较研究中的因素和标准。
6. 虚拟开发技术在装配工艺规划中的应用。
7. 装配线平衡问题的实用解决方法。
8. 装配工艺柔性的技术挑战。
9. FMEA 应用的有效性。

5.5.3 问题分析

1. 在车身装配线的增补焊工位中,总共需要处理 60 个焊点。装配线的生产速率为 90JPH。所需的工位到工位传输时间为 7s,平均焊接时间为 3s。分析这种情况以确定下面两种情况下需要多少机器人:
   1) 机器人之间没有冲突区域。
   2) 每个机器人的等待时间为 10s。

2. 在工位中,装配作业是装载零件、密封零件、将其定位到夹具中、焊接,然后将子装配体移出。人工装载零件需要 10s,密封零件需要 20s,定位零件需要 5s,工位到工位的输送需要 5s。装配线的生产速率为 60JPH,为工位分配 8 个焊缝,每个焊缝的焊接时间平均为 5s。假设所有作业都是串联的,且焊接机器人之间没有冲突区域。回答下列问题:
   1) 制定时序图,需要多少个焊接机器人?
   2) 如果某些作业可以并联设置,可以节省多少秒?

3. 装配工位的主要作业包括零件装载、密封、精密焊接和子装配体的转移(从工位 S_2 转入,从工位 S_4 转出)。工位组成和布局如图 5-24 所示,请列出所需的所有工艺步骤,并简要说明每个步骤,讨论重叠作业的可能性。

4. 某个工位流程中,操作员每个循环装载两个不同的中型零件,质量为 5kg,从零件装运架到指定的零件输送机(图 5-25)。已知 $L_1 = 4m$ 且 $L_2 = 6m$,装配线速度为 75 JPH。人工零件处理的参考时间为 1.8~4.2s。请计算操作员利用率并讨论可能的改进方案。

5. 在 P – FMEA 开发过程中,可能出现的故障模式被确认为具有中等严重度、500h MT-BF 的发生率和低可检测度。分析故障模式的 RPN 并分析其当前状况。

6. 在开发 P – FMEA 时,认为夹具在生产过程中可能会发生故障。故障模式具有高严重度,在 8h 生产中出现大约 98% 的可靠性,并且有中等的可检测度。请分析其 RPN 并分析当前状况。

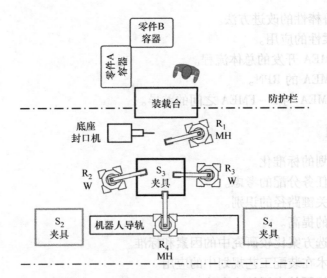

图 5-24 题 3 图

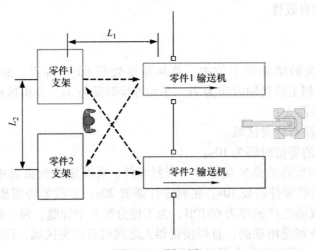

图 5-25 题 4 图

5.6 参考文献

5-1. WorldAutoSteel. "Future Steel Vehicle-Overall Report," American Iron and Steel Institute, Auburn Hills, MI, USA. 2011.

5-2. Hill, C.T., et al., "Computer-Implemented Method and Apparatus for Integrating Vehicle Manufacturing Operations," Patent US 6453209 B1. 1999.

5-3. Rychtyckyj, N. "Standard Language at Ford Motor Company: a Case Study in Controlled Language Development and Deployment," CLAW 2006 5th International Workshop on Controlled Language Applications, Cambridge, MA, USA, p. 10, 2006.

第 5 章　汽车装配工艺规划

5-4. Monaghan, M. "VW Addresses Ergonomics With Delmia Human Software," 2008. Available from: http://articles.sae.org/2088. Accessed January 2010.

5-5. Nagy-Sochacki, A.F., et al. "Influence of Welding Sequences on Compliant Assembly Geometric Variations in Closure Assemblies," Proceedings of the 4th CIRP Conference on Assembly Technologies and Systems, Ann Arbor, MI, USA, 2012, pp. 51–54.

5-6. Hughes, R., et al., "White Body ED Verification by CAE with Acura TL Trialed," International Automotive Body Congress, Troy, MI, USA, 2011.

5-7. Ford Motor Company. "Ford's Global One Manufacturing System Drives Efficiencies, Increases Capabilities and Lowers Total Cost of Production," 2012. Available from: http://media.ford.com/article_display.cfm?article_id=36890. Accessed August 2012.

5-8. Arcus, A. L. "COMSOAL a Computer Method of Sequencing Operations for Assembly Lines," *International Journal of Production Research* 4(4):259–277, 1966.

5-9. Lerttira, A., et al. "Assembly Line Balancing the Comparison of COMSOAL and MSNSH Technique in Motorcycle Manufacturing Company," *Advanced Materials Research* 605–607:166–174, 2013.

5-10. "You, J.S. "Transferring Production Systems: An Institutionalist Account of Hyundai Motor Company in the United States," *Journal of East Asian Studies* 11(1):41–73, 2011.

5-11. Johnson, K.G., et al. "A Study Into the Use of the Process Failure Mode and Effects Analysis in the Automotive Industry in the UK," *Journal of Materials Processing Technology* 139(1–3):348–356, 2003.

5-12. Automotive Quality and Process Improvement Committee. "Potential Failure Mode and Effects Analysis in Design (Design FMEA), Potential Failure Mode and Effects Analysis in Manufacturing and Assembly Processes (Process FMEA)" SAE Standard J-1739, SAE International: Warrendale, PA, USA. 2009.

5-13. U.S. National Aeronautics and Space Administration, "Standard for Performing a Failure Mode and Effects Analysis (FMEA) and Establishing a Critical Items List (CIL)," 2010. Available from: http://rsdo.gsfc.nasa.gov. Accessed August 19, 2011.

第 6 章

自动和人工作业

第6章 自动和人工作业

6.1 制造自动化

6.1.1 自动化概述

6.1.1.1 汽车装配自动化

汽车制造作业可以被视为人工操作员和技术自动化之间的物理和认知任务的分配。制造自动化将一系列复杂的信息和工程原理集成到生产活动中，并在用机器代替人力方面发挥着核心作用。许多机器人、输送机、自动化设备、传感器、人机界面（HMI）等都被用于汽车制造。制造自动化的功能和任务包括编程、常规作业、错误检测、自我诊断、安全保证、网络通信等。

汽车制造是大批量生产的重复过程，具有很高的自动化水平，特别是在车身车间和喷漆车间。表6-1列出了汽车制造主要作业中装配自动化的总体水平。

表6-1 汽车制造工艺自动化

作业	输入	输出	主要工艺	其他工艺	自动化
冲压	线圈和毛坯	零部件	成形	切割、穿孔	高
车身	零部件	白车身	焊接	粘合、机械连接	高
涂漆	白车身	涂漆车身	喷涂	清洁、密封、固化	中等/高
部件	物料	单元	各种工艺	—	中等/高
动力总成	物料	单元	机械加工	铸造、热处理、装配	中等/高
总装	子装配体	车辆	安装	测试	低/中

制造自动化水平取决于多个因素，如产量和工厂位置。以喷涂作业为例，它通常被设计成全自动的。在作业过程中，工人负责辅助性操作，如质量保障、故障排除、工艺调整等[6-1]。

汽车制造业的自动化水平可以通过每10000名员工配备的机器人数量来衡量，这通常被称为机器人密度。2014年，欧洲平均机器人密度为85台，美洲为79台，亚洲为54台[6-2]。在主要汽车制造国中，日本的机器人密度为1414台，德国为1149台，美国为1141台，韩国为1129台。2014年，中国汽车行业的机器人密度迅速增加到305台。

随着德国"工业4.0"和中国"中国制造2025"等战略的发展，预计机器人的应用将越来越多。从2016年到2018年，机器人的安装量平均每年至少增加15%。总的来说，汽车制造业的自动化水平不断提高。例如，2014年、2015年和2016年，自动化的全球收入分别为36.5亿美元、38.4亿美元和40.6亿美元[6-3]。

自动化水平受各种因素的影响。为确定制造开发过程中的自动化水平，除成本外，还要考虑作业柔性、质量、工艺类型和产量。例如，一项研究对大众汽车三家工厂现有的总装装配线自动化水平进行评估测试，这三条总装装配线分别是：①沃尔夫斯堡母厂的 Golf A5 装配线；②沃尔夫斯堡 Auto5000 GmbH 的 Touran 装配线；③南非 Uitenhage 的 Golf A5 装配线。三个工厂使用的装配工艺十分相似，但其自动化水平非常不同，其每位员工的年度平均生产车辆数量分别为7148、4029和1200[6-4]。此外，在进行详细评估的基础上，该研究提出了降低或提高某些装配工艺自动化水平以获得最佳输出的建议。

制造自动化的优势包括提高生产速率、质量一致性、提高安全性、保证人体工程学和降低直接人工成本。自动化的这些优势并非可以免费和轻易实现，新技术的风险和挑战经常受到很大的质疑，许多案例表明，在生产环境中使用新开发的技术时，风险往往很高。因此，使用成熟的技术对于汽车制造来说是一个很好的策略。新自动化技术应该在规模小、备用措施良好的情况下试用。

6.1.1.2 自动化的组成

制造自动化有许多必要的元素和设备。自动化设备包括控制器、机器人和传感器。与人类一样，制造自动化由三个主要组成部分和功能组成：①传感；②思考；③动作。如图 6-1 所示。

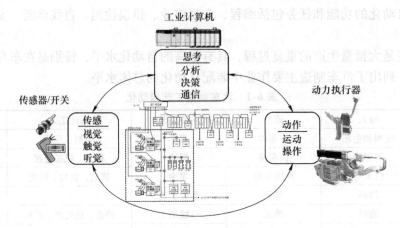

图 6-1 自动化的组成部分

计算机和数据库技术是制造自动化最重要的基础。计算机执行数据管理、计算、逻辑思维、决策和通信。图 6-2 所示为工业计算机的一个例子。

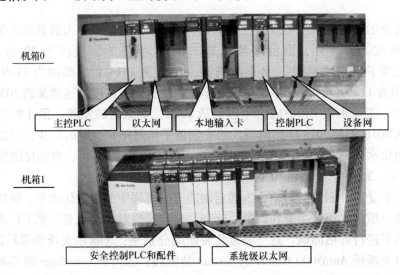

图 6-2 典型的工业计算机

传感功能由多种工业传感器执行，包括视觉、触觉或听觉。基于所感知到的信息，计算

第6章 自动和人工作业

机可以分析和指导制造作业中的物理动作,并通过电动、气动或液压驱动的动力执行器来完成相应的动作。

可编程逻辑控制器、工业计算机和微处理器等设备,普遍应用于汽车制造中。与个人计算机相同,PLC 的硬件由中央处理单元、输入输出模块和存储器组成,如图 6-3 所示。PLC 用于监测与传感器相连设备的现场状态,同时输出相应控制指令或信号到输出端,实现对设备的控制功能,这些输出端包括电机、显示器、阀门等。PLC 基于存储在内存中用户创建的逻辑程序工作。

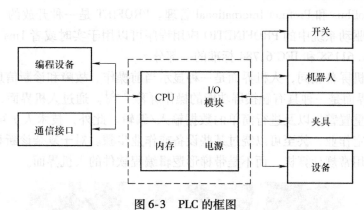

图 6-3 PLC 的框图

6.1.1.3 自动化网络

汽车制造自动化的工业计算机系统可以从三个不同层次进行解析,如图 6-4 所示。基于功能和通信不同,它们可以分为工艺层、系统层和工厂层。工艺层处于一条装配线内,工厂内不同装配线的通信处于系统层上。

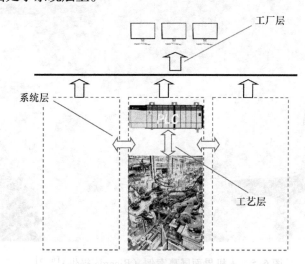

图 6-4 典型的自动化网络架构

在工厂层和系统层,自动化网络主要用于多台工业计算机之间的通信,这些网络可以是 EtherNet/IP 或 ControlNet 等。ControlNet 网络支持多种拓扑结构,包括干线/支线、星型、树型和环型结构。其中干线/支线拓扑结构是最简单的,只需要一条干线,然后用分接头和 1m

长支线将其与节点连接。

在工艺层，工业计算机控制 1~4 个配有各种设备部件和装置的工位，如传感器、机器人、夹具和输送机。设备之间的通信是通过网络进行的，如 DeviceNet 或 EtherNet。DeviceNet 是一种低成本的通信链路，用于将工业自动化设备和装备连接到网络，并消除昂贵的硬接线。

EtherNet/IP 由罗克韦尔自动化公司开发。EtherNet 作为一系列基于数据包的网络技术，是 IEEE 802.3 标准的一部分。另一个协议即 Process Field Net（简称 PROFINET）由西门子公司创建，由 Profibus 和 Profinet International 管理。PROFIET 是一种开放的、实时的数据通信以太网标准。驱动系统中的 PROFINETIO 应用程序可以用于实时或者 1ms 级的运动控制。PROFINET 是 IEC 61158 和 IEC 61784 标准的一部分。

与个人计算机屏幕相同，人机界面是一种显示当前操作、故障和诊断信息的设备。如图 6-5 所示，人机界面是一种具有触摸屏功能的操作屏幕[6-5]。通过人机界面，技术人员可以了解设备状态、重置警报以及进行简单的数据输入/编辑。此外，技术人员可以指导设备维护、人工执行特定作业，甚至可以绕过某些设备或作业步骤。对于复杂诊断和操作功能的主要修改，通常使用常规计算机，而不是带梯形逻辑编程软件的人机界面。

图 6-5 人机界面屏幕案例（Ricardo 提供）[6-5]

6.1.2 作业的控制逻辑

6.1.2.1 梯形逻辑图

自动操作的编程方法是梯形逻辑图，因为它们在构造和表示方式上类似于梯形图。梯形

第 6 章 自动和人工作业

逻辑图（有时也称为接触符号系统）是以图形符号表示继电器控制系统中所需逻辑的方法，包括母线、梯级和设备符号，如图 6-6 所示。

母线包括左右两条垂直线，作为控制系统的边界，同时向设备提供控制电压。母线可能加载有过电流保护装置（如熔丝）和控制装置的触点。与现实的梯子类似，母线支撑由电线和设备组成的梯级。

PLC 编程中的三个基本逻辑运算符是"与""或"和"非"，如图 6-7 所示。图中，逻辑运算符"与"表示触点 A 和 B 必须闭合，以使输出 C 通电，因为 A 和 B 是常开的。"或"运算符是当触点 A 或 B 闭合时，可使输出 C 通电。"非"运算符表示触点 A 默认保持闭合状态，除非被打开，否则输出 C 保持通电。这三个运算符将在稍后的简单案例中进一步介绍。

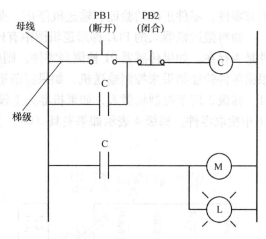

图 6-6　电机起动和运行的 PLC 梯形逻辑图

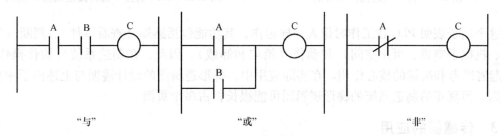

图 6-7　基本 PLC 的逻辑运算符

6.1.2.2　梯形逻辑图的应用

例如，假定一台自动化设备首先需要以低速起动，然后再以高速运行，其相应的梯形逻辑图如图 6-8 所示。图中，触点⑩和⑪分别代表电机的低速和高速运转。

在图 6-8 中，第一个梯级显示，当按下瞬时弹簧按钮 00 时，电机以低速起动或触点⑩通电。第三个梯级显示，当触点 10 没有闭合时，按下按钮 11，触点⑪仍不能通电，从而避免电机直接高速起动。当电机以低速运行后，按下按钮 11 可使高速触点⑪通电。一旦触点⑪通电，第一个梯级中的触点 11 将关闭触点⑩。电机保持高速运行，可以随时按下按钮 01 停止电机的运行。使用该逻辑，可以确保电机先低速起动，后高速运行的两步起动模式。

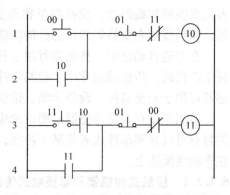

图 6-8　电机双速起动的 PLC 梯形逻辑图

另一个例子是零件运输和搬运作业。如图 6-9 所示，机器人用于从传送带中拾取零件，并在满足所有预定条件时将零件放在夹具上。该作业涉及 5 个组成部分：输送机、机器人、夹具、传感器和条形码扫描器。作业过程中的预定工作条件包括机器人上没有零件、输送机

165

上有零件、零件正确的验证、输送机停止、夹具清空以接收零件。

物料搬运机器人的 PLC 梯形逻辑图中有四个梯级，如图 6-10 所示。梯级 1 用于检查零件是否存在。如果传感器 01 检测到零件，则触发条形码扫描器 02 以验证零件。梯级 2 用于根据零件验证结果来控制输送机，如果经条形码扫描器 02 验证为所需零件，则停止输送机 11。梯级 3 用于控制机器人，如果机器人上没有零件 03，则待机机器人 12 从停止的输送机 11 中拾取零件。梯级 4 表示如果夹具（04）为空，机器人（13）将零件卸载到夹具上。

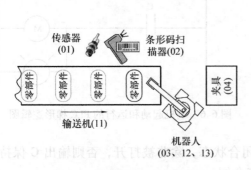

图 6-9 物料搬运机器人案例

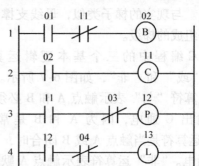

图 6-10 PLC 编程 – 物料搬运机器人案例

这个例子表明 PLC 在工作时像人一样运作，其功能包括感知（查看零件）、判断（零件正确、机械手空置、可用空间）和动作（拾取和卸载）。因此，在制造系统自动化操作中，PLC 起着思考和决策的核心作用。在实际应用中，梯形逻辑图的设计遵循与上述例子中相同的原则，但真正的制造系统的梯形逻辑图可能很长，占多个页面。

6.1.3 传感器的应用

传感器是一种检测物理对象或变量的装置，如检测存在、位置、力和速度。常用的传感器是变换器和编码器。变换器将物理变量转换成一种更有用的信息形式，如自动化中的电压。编码器结合变换器的传感分析功能将获得的信息发送出去。

在制造自动化中，传感器可用于各种用途，如确保操作完成、检查位置、识别零件和验证生产代码。传感器通常用于检测零件的存在和位置以及设备部件的位置和方向。此外，传感器可用于安全监控、设备诊断、错误检测和机器人协调等方面。

检测是否存在是传感器最简单的应用，因为传感器只对部件的存在与否进行判断。检测的目标可以是零部件或者其某个特征，如螺柱、挡板、密封珠和焊接螺母，以确保它们安装在车辆装配体上。

6.1.3.1 接触式传感器和非接触式传感器

检测存在的传感器可分为两种形式：接触式和非接触式。接触式传感器使用机械执行器输入，并在物理接触物体时改变其输出。接触式传感器需要相对物体有运动，如开关一样工作。在制造中，最常用的接触式传感器是限位开关，通常用于运动控制并防止机械部件超程。

相反，非接触式传感器通过感应电磁场、静电场、声音或光的变化来检测物体是否存在，而不是通过物理接触物体来检测。换言之，非接触式传感器实际上是接近开关。图 6-11 所示为非接触式传感器的基本传感原理。

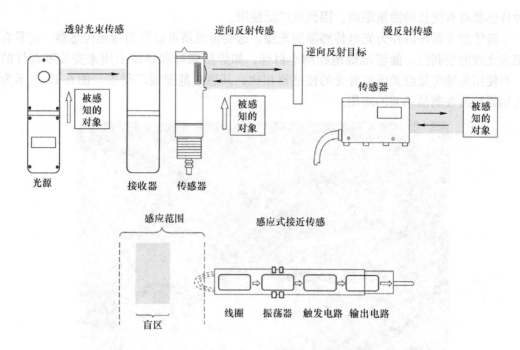

图 6-11 非接触式传感器的基本传感原理

因此,非接触式传感器的应用及其可靠性取决于待测物体的性质和材料。表 6-2 列出了汽车制造中常用的接触式传感器和非接触式传感器的特性。传感器选择的因素还包括目标的大小和距离、传感器的响应速度和可教性以及工作环境。

表 6-2 检测存在的传感器的应用

传感方式	技术	优点	缺点	应用
接触	物理运动	低成本 "低技术"传感	需要物理接触	互锁 行程结束
光电	光或激光	适用各种材料 感应范围最长 反应快	镜头易受污染 检测范围受颜色和反射率的影响	零件检测 包装
感应	电磁场	可适应恶劣环境 可预测 易于安装	距离限制 仅感应金属	零部件或位置检测
电容	静电场	可以通过一些容器 能够用于非金属	对环境敏感	液位检测
超声	声波	适用各种材料	低分辨率 低重复性 对温度变化敏感	防碰撞 门 网络制动器 液位控制

光电传感器发射不可见的红外线或可见红光来探测物体,如金属或塑料部件。它们的检测目标通过遮挡光线,或者将光线反射回探测器以激活传感器输出。光电传感器几乎可以检测任何类型的材料,甚至可以检测目标的不同颜色和表面特征。与感应式接近传感器相比,

这种传感器具有更长的测量距离,因此被广泛使用。

二极管激光器可以作为光电传感器的光源,这类传感器可以称为激光传感器。它具有可见感应光线的便利性,能够准确地检测小目标,如焊接螺母和车体上用来安装零部件的卡夹。与使用标准可见红光或红外光的传感器相比,其感应范围要广得多。图6-12所示为激光传感器检测在制品单元的应用。

图 6-12　激光传感器应用案例

6.1.3.2　传感器应用的讨论

在系统自动化集成中,传感器不仅仅用于检测物体的存在,还包括零件负载检查、零件 shingling 验证、条形码读取和紧固件螺纹的接合检查等方面。

传感器的应用可以分为非机器人应用和机器人应用。前者简单,因为传感器是固定的,通常用于单个任务。后者则是将传感器安装在机器人手臂上,可以执行多种任务。因此,由于传感器、机器人和工位自动化之间的集成,机器人传感功能更强,但更复杂。

第5.2.2节中讨论的案例可用于讨论传感器应用。装配作业涉及生产操作员、机器人、物料搬运机器人末端执行器、焊枪、输送机、工艺台和夹具。所有元素的操作都需要信息。例如,物料搬运机器人 R_8 需要知道输送机上存在且准备好的零件。因此,共有23个与装配工艺相关的传感器用于工位操作,见表6-3。装配工位中的传感器位置如图6-13所示。此外,各种自动化设备子装配体还需要一些附加传感器,如检测载体位置和夹具状态的传感器。

表 6-3　装配工位中传感器应用的案例

序号	功能	位置	类型
1	零件存在	输送机装载处	光电
2	模型1验证	输送机装载处	光电
3	模型2验证	输送机装载处	光电
4	小零件1存在	输送机装载处	激光

第6章 自动和人工作业

(续)

序号	功能	位置	类型
5	小零件1存在	输送机装载处	激光
6	零件位置	栅栏上的零件形状门	感应
7	零件存在	输送机卸载处	光电
8	模型1验证	输送机卸载处	光电
9	模型2验证	输送机卸载处	光电
10	托架（减速）到位	输送机卸载处	感应
11	托架到位	输送机卸载处	感应
12	超程预防	输送机卸载处	限位开关
13	零件存在	末端执行器（R_{18}）	感应
14	零件存在	末端执行器（R_{18}）	感应
15	零件存在	转运台	感应
16	零件存在	转运台	感应
17	零件存在	末端执行器（R_4）	感应
18	模型1验证	末端执行器（R_4）	光电
19	模型2验证	末端执行器（R_4）	光电
20	零件存在（新零件）	工位工装	感应
21	零件存在（新零件）	工位工装	感应
22	零件存在（主装配）	工位工装	感应
23	零件存在（主装配）	工位工装	感应

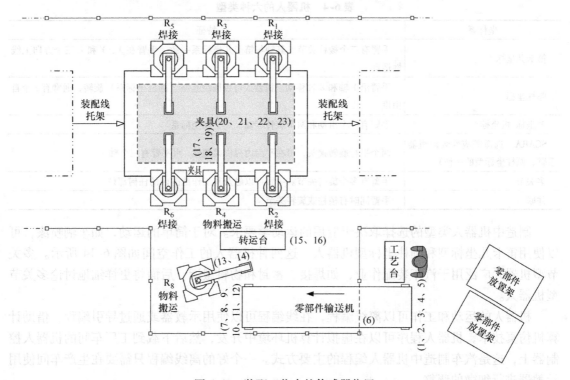

图6-13 装配工位中的传感器位置

从传感器获得的信息用于装配作业，这些传感信息引导装置模拟人工作业。以车门安装为例，车身在工位中的位置和车门开口的尺寸有一定程度的变化。当开始安装时，操作人员需要知道车辆的位置并检查门的开度等，然后将调整车门的位置和方向并将其安装到车辆上。

这种智能操作可以由具有传感功能的机器人以同样的方式执行。首先，测量车身的关键尺寸特性。然后，机器人可以依据实际与理论偏差的大小，通过模仿操作人员调整车门的位置和方向，来抵消安装误差。

在工艺规划中，这样的两步作业可以设计为两个工位。第一个工位专门用于测量和分析。测量信息和分析结果与其车辆识别码一起附在每个车身上。然后，利用从第一个工位传送来的数据信息，第二个工位中的机器人可以准确地将车门安装在车身上。

6.2 机器人应用

6.2.1 工业机器人概述

6.2.1.1 工业机器人的类型

工业机器人是一种可重复编程的多功能机械手，用于执行各种任务。工业机器人的主要部件是机械手、控制器和示教器。机器人的示教器是一个用户界面，如同一个计算机显示器和键盘。根据它们的坐标和运动学特征，机器人有六种类型，其特性见表6-4。

表6-4 机器人的六种类型

坐标系	特征
笛卡儿坐标	手臂有三个棱柱关节，其轴与笛卡儿坐标系一致。手臂在 X、Y 和 Z 三个方向上线性运动
圆柱坐标	手臂沿 Y 轴和 Z 轴移动。机器人可以围绕基座（圆柱坐标系）旋转，通常有3个自由度
球坐标/极坐标	手臂有一个滑动和两个旋转运动，一个极坐标系
SCARA（选择顺应性装配机器手臂，圆柱坐标型的一种）	两个平行旋转接头，可在平面内提供柔顺性。水平臂有三个轴
多关节	手臂有多个旋转关节。手臂可以触及其工作范围内的任何部位
并联	手臂同时有棱柱或旋转关节

制造中机器人类型的选择取决于应用的运动学要求。对于简单的运动，如车辆喷漆，可以使用笛卡儿坐标型和圆柱坐标型机器人，这两种机器人的工作空间如图6-14所示。多关节型机器人广泛用于汽车装配作业，如焊接、密封和物料搬运。后面将更详细地讨论多关节型机器人。

机器人的运动和工作可以离线编程，在线编程可以使用示教器或通过导引编程。借助计算机仿真技术，机器人程序可以在虚拟计算机环境中开发，然后下载到工厂车间的机器人控制器上，这是汽车制造中机器人编程的主要方式。一个好的离线编程只需要在生产车间使用示教器进行细微的调整。

尽管示教器具有完整的编程能力，但对于复杂的装配作业来说比较耗时。因此，通过示

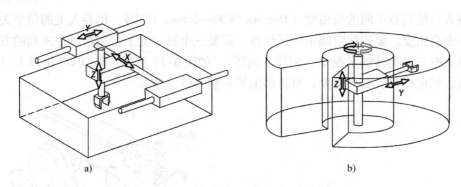

图 6-14 笛卡儿坐标型和圆柱坐标型工业机器人
a) 笛卡儿坐标型 b) 圆柱坐标型

教器进行编程通常是为了进行细微的改动。

导引编程是指操作人员抓住机器人手臂的一端,并向机器人展示完成一项任务所需做出的动作。机器人控制器记忆动作,以便在以后的操作中重复这些动作来完成相同的任务。导引编程可能适用于需要频繁更改程序的制造作业和测量中。

6.2.1.2 工业机器人特性

一个机器人可能有多个坐标系,其基础坐标系由机器人基座中心的 X 轴、Y 轴和 Z 轴组成。以一个双关节型的关节机器人为例,根据参数 α、β、γ、l_1 和 l_2,可以确定其手臂末端位置,如图 6-15a 所示。机器人手臂末端的运动自由度可以通过机器人活动关节实现。当机器人有多个关节时,终点位置的计算可能很复杂,如图 6-15b 所示。

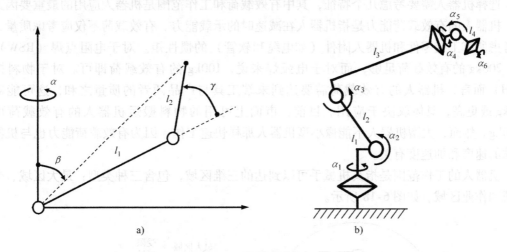

图 6-15 机器人基坐标

为了方便应用,机器人有局部坐标,如工具坐标和零件坐标,如图 6-16 所示。

机器人的工具坐标系可以位于工具法兰的中心,X 轴和 Y 轴平行于工具法兰表面,Z 轴垂直于法兰。工具坐标通常在编程中用于接近零件或从夹具中拾取零件。

机器人的零件坐标系位于零件尺寸定向的坐标中心。使用零件坐标可以允许机械手末端工装(EOAT),如焊枪等,根据零件的几何形状移动。

机器人可能具有不同的自由度（Degrees Of Freedoms，DOF）。机器人上的每个关节或轴都引入一个自由度。要到达空间中的任何点，需要三个轴。为了控制机械手末端的方向，关节式机器人有三个旋转轴（翻滚、俯仰、偏转），如图6-17所示。5-DOF机器人通常用于操作工具，如电焊机。如果需要，可以添加第6轴（或关节）。

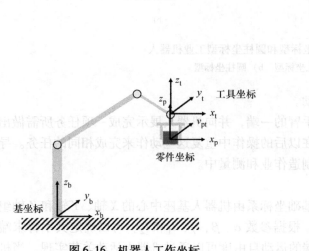

图6-16 机器人工作坐标

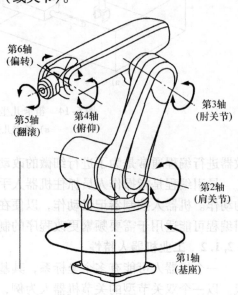

图6-17 关节式机器人及其自由度

选择机器人需要考虑几个特征，其中有效载荷和工作范围是机器人应用的最重要因素。

机器人的有效载荷能力是指机器人在减速时的承载能力。有效载荷不仅应考虑质量，还应考虑所有工装零件和机器人附件（如电缆和软管）的惯性矩。对于电阻点焊（RSW）来说，200kg的有效载荷足够，而对于电弧焊来说，100kg的有效载荷即可。对于物料搬运（MH）而言，机器人的有效载荷需要达到末端工具与产品两者的质量之和，这可能需要300kg或更高，具体取决于应用。目前，市面上可用的物料搬运机器人的有效载荷可达1200kg。然而，大型机器人不能像小型机器人那样快速工作，因为有效载荷能力也与机器人运动的速度和加速度有关。

机器人的工作范围是指其机械手可以到达的三维区域，包含三种类型：最大区域、受限区域和作业区域。如图6-18所示。

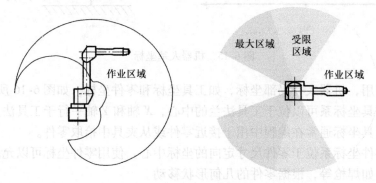

图6-18 机器人工作范围

第6章 自动和人工作业

最大区域是所有机器人部件可到达的范围,包括末端执行器、工件和附件,其半径可以超过3m。受限区域由限制装置控制,如限位开关或硬限位。作业区域是机器人在执行编程动作时的工作范围。

机器人选择的次要因素包括准确度、可重复性和分辨率。机器人的准确度是其在三维空间中准确移动到工作范围内所需位置的能力,受转矩等外部因素的影响,特别是当其机械手完全展开时,转矩等影响因素就显得更加重要。机器人的准确度可以表示为(0.28±0.005)mm[(0.011±0.0002)in],同样,机器人位置重复性可以表示为±0.02mm(±0.0008in)。机器人的编程分辨率是机器人程序中允许的最小位置增量,在线性轴上通常为0.127mm(0.005in)。另一方面,机器人的控制分辨率是反馈装置能够感知的最小位置变化,这通常以轴的角位移来衡量,如0.3°。现代机器人所能达到的精度等级可以满足甚至超过汽车装配制造的需求。

6.2.2 汽车装配中的机器人

机器人操作相较于人工作业具有更快、更可重复、更可靠等特性。机器人应用有助于提高产品质量的一致性、减少事故,并可以在危险的作业环境下执行任务。

由于汽车制造的工艺重复性特点,机器人在该领域的应用是一个很好的案例。例如,如果汽车的生产速率为60JPH,则每分钟都需要将零部件装入装配线,因此,在8h的生产中,零件加载的重复次数约为440次,其中不包括中断时间。因而,许多机器人被应用于汽车装配线上的各种操作。汽车装配厂中的大多数机器人都部署在车身装配车间。例如,梅赛德斯-奔驰位于美国亚拉巴马州塔斯卡卢萨的装配厂使用了1300台机器人,其中1150台机器人分配在车身装配车间[6-6]。

6.2.2.1 机器人应用的讨论

汽车装配作业中使用的大多数机器人用于焊接、喷漆、密封和物料搬运。表6-5列出了常见的机器人操作。

表6-5 机器人在汽车装配中的典型应用

装配	应用	末端执行器	智能程度(感知和思考)
车身(焊接)框架	电阻点焊(RSW)	焊枪	中
	电弧焊和激光焊	焊枪	中到高
	物料搬运(MH)	夹持器或末端执行器	中到高
	点胶(密封胶/黏合剂)	喷嘴装置	无到低
	精确定位	对接夹具	中到高
	冲孔	冲压装置	高
	切割	激光头或等离子头	中到高
	质量检验	传感器	中
车身涂漆	喷漆	喷头	无到低
	粉末涂料	粉头	无到低
	点胶(密封胶/隔声材料)	喷嘴装置	无到低
	质量检验	传感器	中
总装	物料搬运(MH)	夹具	中到高
	安装、插入和固定	带转矩工具的夹具	中到高
	质量检验	传感器	中

此外，机器人的工作模式可以根据其"感知"和"思考"的智能能力进行分类。例如，电阻点焊（RSW）机器人只需有限的反馈信息，就可以进行重复作业任务。对于电弧焊和激光焊，机器人需要知道目标连接的准确位置。在这种情况下，必须将传感和补偿功能合并到机器人中。同样地，为了拾取零件，机器人必须先知道零件的位置。如图6-19所示[6-7]，为了感知车辆部件，机器人通常需要两个传感器来确保感知结果的可靠性。为了获取如零件方向及防错防误的目的等附加信息，机器人需要更多传感器。基于传感数据，机器人可以对零件位置和方向的可能变化进行补偿或修正。在这种情况下，机器人足够智能，可以通过感知来了解工作条件的变化，并相应地进行自我调整。

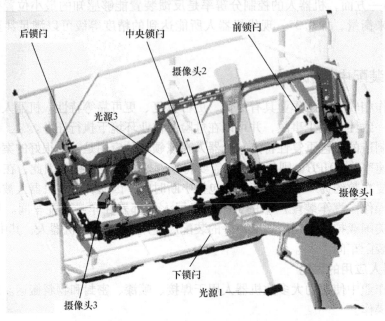

图6-19　具有感应功能的物料搬运机器人案例
（Vision Systems Design 提供）[6-7]

实际上，传感引导型的物料搬运机器人已经在20世纪80年代初投入生产[6-8]。由于工作环境的复杂性和感知目标的多样性，机器人的传感功能在设计时需要特别考虑，以确保应用的可靠性和鲁棒性。表6-5列出了机器人操作的智能或思维能力。如果可以降低产品设计、工艺规划和夹具功能的多样性，就可以相应地降低对机器人的能力要求。

6.2.2.2　机器人应用的优势

使用机器人的一个优势是工作效率高且成本低。从长远来看，对比两名工人或一个机器人装载大型车辆零件，使用机器人在经济上更合理。例如，在车辆喷漆这样的危险工作环境中，使用机器人是最佳选择，因为喷漆机器人只需要穿防护衣。因此，喷漆操作通常是全部使用机器人，如图6-20所示[6-9]。

目前的趋势是机器人在汽车制造中的应用会更多。通用汽车在1961年使用了1个机器人，而现在使用了约20000个机器人。对于大规模生产模式，30年前车身车间约有1000名生产工人，而现在约有100名，这个趋势与行业中每辆车装配花费的总体小时数减少一致。几乎所有车身装配和喷漆工艺的装配作业都可以通过机器人完成。换言之，没有操作员的车身

图6-20 机器人喷漆实例（Dürr Systems公司提供）[6-9]

装配车间和涂装车间在技术上是可实现的。然而，人们一直担心机器人正在取代越来越多的人力资源，导致生产就业率下降。

机器人的应用提高了维修技术人员的技能要求。这些技能包括机器人与控制系统之间的通信、机器人与操作员之间的接口以及机器人示教器上的故障排除信息。精心设计和集成的机器人应用程序可以减小对技术维护人员的培训要求，并减少教机器人如何作业的时间，此外还缩减了平均修复时间（MTTR）[6-10]。

6.2.3 机器人应用的安全考虑因素

与机器人应用相关的人身安全是制造业中的一个重要课题。机器人安全保证涉及专业人员在工程、生产、维护和编程工作中的共同努力。即使在喷漆室等完全由机器人作业的区域也应确保设备维护和机器人编程的安全性。

与机器人应用相关的常见危险有三种类型，包括在机器人作业区域内被移动的机器人击中、被困在机器人移动部件之间、被机器人掉落或弹出的工件或工具击中。

研究结果发现，大多数事故发生在非生产时间，如培训、编程、测试和维护期间。美国政府报告指出："瑞典和日本最近的研究表明，许多机器人事故不是在正常运行条件下发生的，而是在编程、调整、测试、清洁、检查和维修期间发生的。在许多操作中，操作员、程序员或纠正性维护人员可能暂时处于机器人工作范围内，此时机器人是上电状态，可以移动元件。"[6-11]

机器人安全的因素包括运动速度、运动的可预测性、危险区域和编程工作。作为预防措施，当机器人处于编程和调整的"示教模式"时，其速度被限制为正常工作速度的10%。一些汽车制造商在机器人编程期间禁止非机器人程序员进入其工作区域内。对用于教学和服务任务的机器人，如果在其安全防护区域内执行任务，需要有约0.5m（20in）的安全间距，这是因为在空间不足的情况下易发生被夹伤、挤压或卡住的危险。

在制造系统和工艺的开发中，必须将机器人安全措施作为开发成果中的内置保障。机器人保护有几种典型的技术，一种是围绕机器人工作范围的整个周边设置物理障碍或围栏。根据ISO 10218的要求，围栏高度应至少为1.4m（55in），最大离地间隙为0.18m（7in），而CSA Z434要求围栏高度为1.83m（72in）。进入受限区域必须通过安全门，当门打开时自动关闭机器人的正常运动。如上所述，在教学和维护期间，机器人的运动应限制在非常低的速度。此外，为了限制机器人的运动，可以通过设计实现强行硬停止。机器人的感应装置也可以用于检测人或物体进入其工作范围时，停止其自身的运动。

机器人安全有多种工业、国家和国际标准，包括美国职业安全与健康管理局（OSHA）出台的机器人安全指南（STD 01-12-002）、美国国家标准学会（ANSI）出台的工业机器人和机器人系统的安全要求（ANSI/RIZ R15.06-2012）以及国际标准化组织（ISO）出台的集成制造系统的安全性标准（ISO 11161）。

在这些标准中，明确规定了机器人安全的详细说明和要求。例如，ANSI规定了传感器安全应用的三个部署层级。第1级是在不考虑机器人位置的情况下，对入侵人员穿过作业区域边界的周界穿越检测；第2级是在作业区域内或作业区域边界和受限区域之间的区域进行入侵人员检测；第3级是为了实现作业区域内的入侵人员检测，而在机械手附近进行作业检测。标准中列出的所有要求必须在制造开发过程中实施。

6.2.4 高级协作机器人

传统上，机器人和操作人员在汽车装配线上工作时被障碍物隔开。即机器人被安置在封闭区域或者笼子里。机器人应用的一个新进展是机器人和人类并肩协作，两者之间没有物理屏障，如图6-21所示[6-12]。这种协作机器人可以被定义为设计用于在特定的共享工作区域内与人类直接交互的机器人。这种新型机器人已经在大众汽车和宝马的装配线上使用。

没有物理障碍的机器人具有显著优势，如为操作工人改进了人体工程学、提高了工艺可达性、扩展了自动化可能性、减小了占地面积。一项研究表明，其优势还包括改善零部件物流并缩短工作时间[6-13]。

协作机器人也给操作人员的安全带来了新的挑战。因此，对协作机器人提出了附加要求，以允许操作人员在相同的作业区域内工作。协作机器人应满足以下一些标准，其中第4点可能是最困难但也是最关键的：

1) 安全级监控停止：允许操作人员在机器人停止时与其交互，当操作人员离开协作工作区时恢复自动运行。

2) 人工引导：只有当机器人的动作受到操作人员的控制时，才允许机器人移动。

第 6 章 自动和人工作业

图 6-21　协作机器人的应用案例

（相同的机器人在新西兰的 TCI 创建 24/7 全天候自动化制造——经许可印刷）[6-12]

3）速度和分区监控：通过定义不同的安全区域，使机器人的速度因区域不同而改变。当操作人员出现在可能碰撞的区域时，会发出保护性停机。

4）功率和力量感知与限制：在机器人与操作人员发生偶然碰撞时，力量限制功能使之不会对人造成伤害。通过监控机器人电机的电流和编码器的位置来实现这种关键保护功能。当检测到可能由于碰撞引起的力矩或力增加时，机器人手臂立即安全停止。

协作机器人的安全问题已经在标准中得到了解决，这些标准包括 ISO 10218：2011（机器人和机器人设备的安全标准）、ANSI / RIA R15.06 – 2012（美国采用的 ISO 标准）、CSA Z434 – 14（加拿大采用的 ISO 标准）和 ISO / TS 15066：2016（协作机器人标准）。其中，有一个要求是当人员进入并停留在协作区域时，机器人应停止工作。人工引导操作时，允许有不同要求。

与传统机器人相比，协作机器人在工作人员意外进入其作业区域时，使用更多类型的先进传感器进行碰撞检测以避免碰撞。协作机器人的一个关键特征是区分故意接触或与人员的意外碰撞。机器人必须对人员的碰撞有更快的反应，因而协作机器人可能更昂贵。

因此，需要对工作环境进行特殊设计，以便为协作人员提供诸如视觉、听觉或触觉之类的不同交互接口。在工作场所设计中，需要考虑的主要变量包括机器人类型、运动路径、功率和受力能力、零件特征（如几何和质量）、装配工艺和末端执行器[6-14]。

除了安全问题外，协作机器人面临的其他挑战还包括机器人执行效率。它们需要在为工作人员设计的动态和不确定的环境中有效地执行其工作路径。机器人可以感知人员的运动，如走路和操作，以及动态的工作环境，从而在面向人员的环境中规划出有效的路径。这对移动的汽车装配线很重要。此外，机器人还应该能够将其意图传达给工作人员。

对协作机器人的安全性和特性的研究非常多，研究课题包括安全风险评估、信息处理、协作工作环境、机器人感知、机器人设计限制（速度和有效载荷）、人机交互过程、自主性和机动性。

6.3 人工作业的考虑因素

6.3.1 人工作业的特征

6.3.1.1 人工作业与自动作业

即便自动化和机器人具有显著的优势,并且其应用范围越来越广,但由于人工作业的独特特征,自动化和机器人仍无法取代汽车装配制造中的所有人工作业。与机器人相比,人更灵活、更具创新性,并且能够完成技术和经验密集型的任务。表6-6列出了自动化和人工作业的一些优势。

表6-6 自动化和人工作业的优势

自动化/机器人的优势	人工作业的优势
始终如一地执行重复性任务	对意外刺激的感知并适应变化
同时执行多个任务	制定问题解决方案
施加很大的功率和力	处理抽象问题
存储大量数据和快速数据检索	从经验中学习
快速进行计算和分析	根据不完整的数据做出困难的决策
在发达国家有长期的经济效益	开展研究
—	团队合作(集体智慧)

生产工人可根据其技能水平分为两类:普通操作工和技师。在车身车间,常见的普通操作工可以是零件装载工人,这类可动操作人员很容易被机器人取代。技师则是训练有素、技术过硬且经验丰富的员工,可以完成更复杂的工作,如车门装修和油漆修补。以汽车总装中技师在敞篷车上安装车门和侧围窗玻璃为例,将车门和侧围窗玻璃设置和安装到敞篷车顶部密封件的人工安装过程是一项对技能敏感的装配活动。生产操作员使用工装和量具将玻璃精确定位,这需要良好的经验和工艺技术,每辆车可能需要花费几分钟的操作时间。

在车辆总装车间,由于操作复杂性和频繁的变化,人工作业仍占主导地位,人工作业的例子如图6-22所示[6-15]。许多人工作业的自动化在技术上是可行的,但在经济上可能不合理,在小批量生产的高端车辆中经常可以看到这样的例子。高水平的自动化和机器人技术不适合小批量和技能密集型操作中的各种工作。

在复杂的技术工作、工程项目和运营管理中,计算机技术有助于但不能替代专业人员。例如,自动操作的调试需要由技术人员和工程师进行,设备维护由技术人员和技工执行。另一个例子是持续改进,这依赖于集体智慧和创造性的团队合作。因此,使用新技术可以减少但还不能完全消除专业劳动力。

6.3.1.2 学习曲线

制造系统开发通常意味着引入新的工艺和技术。因此,对生产作业人员和维护技术人员的培训是开发的一个组成部分。人工作业的一个重要考虑因素是人的学习曲线。学习曲线描述了掌握新操作或技能所需时间的学习进度率,通常以图形形式显示。

学习曲线理论很简单,重复相同的操作会减少在该操作上花费的时间或精力。换言之,当一个工人重复完成一项任务时,随着其对分配的任务越来越熟悉,所犯错误逐渐减少,完成任务的每个周期时间将不断减少,并且作业效率更高。

学习率(Learning Rate,LR)是对完成双倍数量或一半时间内相同数量的改进率的度

第6章 自动和人工作业

图 6-22 人工装配作业案例（福特提供）[6-15]

量。学习率通常假定为一个处于 80%~90% 之间的常数，100% 的学习率表示根本没有学习进展。学习率可以用不同方式建模，一种 Crawford 模型的方程等式为

$$T_N = T_1 N^m \quad m = \frac{\ln(LR)}{\ln 2} \tag{6-1}$$

式中，T_1 为第一次完成任务的时间；N 为完成任务的数量；T_N 为第 N 次完成任务的时间；m 为对数刻度坐标的斜率。

图 6-23 所示为学习曲线的一个例子。在这种情况下，第一次尝试需要 $T_1 = 80s$ 才能完成任务，LR = 90%，则 $m = -0.152$。如果完成任务所需的周期时间为 50s，那么所需重复练习的次数为 $N = 22$ 次。

实际上，学习曲线可以分为两部分：学习阶段和稳定状态。经过多次练习后，由于物理限制等各种

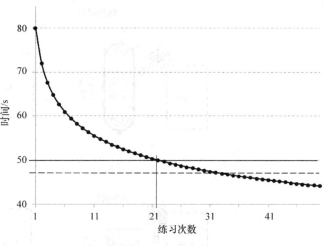

图 6-23 学习曲线的案例

因素，操作者的表现将平衡在一定的时间水平上，这个阶段可以成为学习曲线的稳定期。在设计中，学习曲线达到稳定期所消耗的时间低于所需时间至关重要。对于上面的例子，学习曲线达到稳定期所需时间为 47s。在制造开发和试验过程中，应确保所有生产人员和维护人员有足够的时间练习，以便在车辆投产前使完成新操作所需的时间达到设计要求。

6.3.2 工人安全保证

6.3.2.1 总体安全性

安全性是制造业中最重要的因素。历史数据表明:"与大多数其他行业的工人相比,这个行业的工人受伤和患病率更高。2003年,与行业相关的工伤和疾病案例中,汽车制造业每100名全职工人有15.2人,汽车车身和拖车制造业有12.2人,汽车零部件制造业有9.0人,而整个制造业人数为6.8人,整个私营部门人数为5.0人。"[6-16]

作为前提条件,将自动化技术引入汽车制造之前,必须对所有潜在的安全问题进行全面评估,以确保安全。安全保证的最佳方法是预防。制造工艺开发的目标之一是在所有作业中建立安全机制,尤其是人工作业。在开发过程中,根据对制造人员的影响将潜在的安全问题分为两类:一类是对生产操作员的影响,另一类是对技术人员的影响。

安全保证具有良好的商业意义。安全事故的直接成本包括用于治疗伤害或疾病的医疗费用、支付给受伤员工的赔偿金、损坏财产的修理或更换费用,以及可能的罚款和法律费用。另一方面,安全事故的间接成本包括更换工人和加班费用、管理时间和工程时间,以及其他调查、纠正事故原因、生产速率和质量降低、负面宣传和诉讼的费用。此外,任何安全事故都对员工的士气不利。

6.3.2.2 安全保证

人工零件装载和安装是汽车装配厂的常见操作。由于装配线一直在运行和移动,在大多数情况下,工人不能在没有特殊设计和布置的情况下直接将零部件装载到装配线上。为保证生产操作人员的安全,有各种安全措施。应使用某些类型的设备,作为操作人员和装配自动化之间的"接口"。这种人机接口的例子包括输送机、工作台和转台,如图6-24所示。

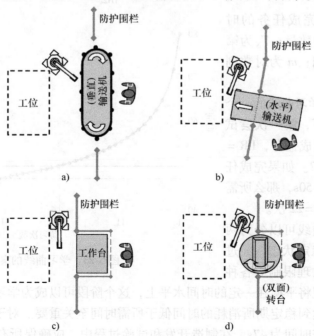

图6-24 机器人人工作业的安全保证设计

第6章 自动和人工作业

通常，人工作业位于机器人和设备自动操作区域的工作范围之外。机器人和自动操作由物理障碍和防护围栏封闭在特定区域。在输送机工作中，如图6-24a、b所示，操作人员将零部件装载到输送机上。在另一端，机器人获取零件，然后将它们运送到目的地位置。如果操作中设置了工作台，如图6-24c所示，操作人员在工作台上装载零部件。当操作人员返回安全区域后，机器人再进入工作台并获取零件。类似的情况还适用于转台的应用，如图6-24d所示，操作人员将零部件装在转台的一侧，然后向后移动以允许转台旋转。机器人在转台的另一侧工作。因此，使用输送机、转台或工作台实际上将自动操作与操作人员分开，以确保操作人员的人身安全。

作为一种预防措施，通常用传感装置检测进入危险区域的人。常用的设备有光幕传感器、安全垫和接近传感器。例如，在人工装载工位上，安装了光幕传感器、安全垫和安全扫描仪[6-17]。系统通过光幕传感器的信号判断操作人员是否进入工作区，通过安全垫的信号判断操作人员是否停留在工作区内。有了光幕传感器和安全垫的保护，装配线中的操作可以设计为人工和半自动两种情况，见表6-7。

表6-7 操作人员在工位的操作顺序

功能	人工方法	半自动方法
操作人员进入并工作	• "进入灯"亮 • 操作人员进入工作区 • 夹具辅助电源关闭 • 操作人员将零件装入夹具并根据需要执行操作	
检测完成并退出	• 操作人员确认过程完成 • 操作人员退出工作区 • 安全垫和光幕传感器确认操作人员退出	• 传感器检测零件到位并完成处理 • "完成灯"亮 • 操作人员退出工作区 • 安全垫和光幕传感器确认操作人员退出
工位回到自动模式	• 通过按下"循环复位"按钮起动循环开始，系统回到自动模式	• 系统等待（延迟计时器），如1s，然后自动回到自动模式

操作人员必须遵循预定义的顺序和要求，如果不遵守，如在"进入灯"亮之前进入工作区，警告声音/警示灯将被激活，并立即关闭设备电源以确保操作人员的安全。

安全保证必须设计到设备级别和工艺级别。对于技术人员，他们经常需要进入自动工作区进行维护和故障排除。为了确保安全，工作区的通道门必须设计成与设备的操作功能互锁。这意味着当安全门打开时，应关闭所有机器或将其置于安全模式。如上所述，机器人只能以低速工作，而其他设备在安全门打开时只能人工作业。

所有人工作业均设计有紧急停止功能，以防万一。另外，表6-8还列出了其他三种类型的开关用于人工作业。开关可以是按钮和拉绳的形式。一旦开关被激活，将触发某些视觉和语音信号以立即引起注意。

6.3.3 人体工程学考虑因素

6.3.3.1 人体工程学简介

人体工程学主要研究人和设备、工具和人工作业之间的关系。必须认识到并考虑人的能力和其局限性，以确保安全和有效作业。在系统和工艺开发的早期阶段应用人体工程学原理是一种积极主动的策略。它可以预防与体力劳动相关的伤害和疾病、控制肌肉骨骼疾病、提高员工士气，并优化工作效率和产品质量。据报道，一个不符合人体工程学的工位每年花费9万欧元，用于补偿旷工、人员流动、培训新员工等[6-18]。

表6-8 生产操作员常用开关按钮

类型	功能说明
紧急停止	快速停止操作并立即关闭电源
循环起动/停止	由于多种原因起动和停止某些设备
缺少材料	安排物流获取需要零件
主管呼叫	在任何类型的非紧急问题上寻求帮助

任何人工作业都应该以人体测量学为基础进行研究，人体测量学是研究人体尺寸的科学。人体的体型多种多样，表6-9列出了一些人体尺寸数据。假设人体尺寸服从正态分布，那么人工作业应基于最常见的人体尺寸范围来设计。例如，工作空间在常规设计中应该适应90%的人群或者适应从第5百分位女性到第95百分位男性的人体尺寸范围。此外，工作条件应以第5百分位女性人体尺寸可达到距离与第95百分位男性人体尺寸净空间为基础来设计，同时以第50百分位女性的体力能力作为重要的设计参考指标。

表6-9 符合人体工程学的人体尺寸

性别	男					
百分比	5%		50%		95%	
单位	in	cm	in	cm	in	cm
身高	64.1	162.8	68.7	174.5	73.2	185.9
立姿眼高	61.8	157	66	167.6	70.25	178.4
立姿前伸范围	28.05	71.2	30.5	77.5	32.9	83.6
性别	女					
百分比	5%		50%		95%	
单位	in	cm	in	cm	in	cm
身高	59.4	150.9	63.45	161.2	67.6	171.7
立姿眼高	56.6	143.8	60.15	152.8	64.75	164.5
立姿前伸范围	25.85	65.7	27.9	70.9	30.05	76.3

6.3.3.2 人体工程学要求

人工装配作业的主要人体工程学因素是施加力、身体姿势和重复频率。

完成组装操作所需的施加力是主要的人体工程学因素。力的类型包括提升、推/拉、搬运、保持、挤压、施加力矩及其可能的组合。表6-10列出了常用的人体工程学的施加力要求，所有装配作业的人体工程学力的要求可以列出数页纸。

第二个因素是身体姿势，即身体各部分（如四肢、躯干、头部、手、手臂和肩膀）在执行工作时彼此的相对位置。同样，工作姿势也有若干人体工程学要求，表6-11列出了人体姿势位置的常见推荐范围。在大多数情况下，通过设计适当的工作平台，可以将姿势位置

第6章 自动和人工作业

的"避免"范围改善到"推荐"范围内。

表6-10 汽车装配的人体工程学力的要求

类别	操作	建议
施加力	单手垂直推/拉	<71N (16lb)
	双手垂直推/拉	<106N (24lb)
	单手水平推/拉	<67N (15lb)
	双手水平推/拉初始	<195N (44lb)
	双手水平推/拉持续	<106N (24lb)
	指尖	<4.5kg (10lb)
举升/搬运	单手提升	<4.5kg (10lb)
	双手提升	<9kg (20lb)
	双手搬运/转运	<13.6kg (30lb)
施加力矩	直角钻	<50N·m (36.9ft-lb)
	手枪钻	<3N·m (2.2ft-lb)
	内嵌钻	<1.6N·m (1.2ft-lb)

表6-11 汽车装配的人体工程学姿势要求

类别	腰部弯曲		腰部旋转		手臂高度	
范围	避免 15°~30°	建议 0°~15°	避免 15°~45°	建议 0°~15°	避免在肩膀的高度	建议 腰部高度
类别	膝关节屈伸		手腕旋转		工作范围	
范围	避免 30°~60°	建议 0°~30°	避免 90°~180°	建议 0°~90°	避免 45°~90°	建议 0°~45°

实际操作中还有其他姿势要求。当操作人员在作业期间站立时,最佳垂直工作区域为914~1219mm(36~48ft)。对于背部和颈部伸展,向后应小于10°,而向前弯曲应小于30°。肩部外展应小于90°,而手腕应小于45°。

此外,脚踝中点与手之间的水平伸展距离应小于508mm(20in)。在这一范围内,中心区域是最佳的工作区域,也称黄金地带(图6-25)。在图6-25中,R_1和R_2可以是508mm(20in)和711mm(28in)。黄金地带的中心角(α)可以是60°。在操作设计中,应避免超出最佳、良好和可接受的三个区域。优选的工作区也可根据双人工作或单人工作来定义,因而工作区域可分为双手区域、单手可达区域和单手伸展区域。

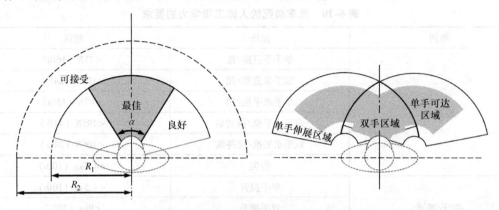

图6-25 符合人体工程学的工作区域

作为人体工程学的第三个因素,移动重复的频率是在作业中重复相同或类似动作的速率。汽车制造是一个重复过程,如果装配线的周期时间为60s,并且每个循环有四个类似操作,如紧固螺栓,则操作频率为4次/min。一般而言,应尽可能地解决和减少人工作业的重复频率。

对于高频率的重复操作,应该降低所施加力的大小。例如,最大75N(17lb)的力可以按3次/min重复施加,而25N(6lb)的力则应按10次/min重复施加。此外,结合频率和姿势因素,肘部超过肩部水平的工作应少于整个工作周期的50%。表6-12列出了与重复频率相关的人体工程学要求的一些例子。

表6-12 重复操作的一些人体工程学要求

应用	需求
单手手指/拇指用力	<6次/min
每只手/手臂用力	<10次/min
手持工具	<2.9N·m (26in-lb)
内嵌钻工具	<1.6N·m (14in-lb)

另一个人体工程学因素是一个作业循环所需的持续时间。通常情况下,生产作业的时间是8h,但可能延长2h。由于疲劳是影响工人安全和产品质量的重要因素,因而设计生产计划时每操作2h需要休息10~12min。

应该注意的是,大多数符合人体工程学的偏好都是"直接"的。例如,装配作业不应设计有需要频繁攀爬的工作,如需要通过台阶才能通往平台。其他例子如避免长距离搬运零件、避免有超过50%的周期时间需要保持笨拙运动/静止的身体姿态。

操作人员的工作负荷可以通过多种方式进行评估,如最大耗氧量(通常称为VO_2 max)和心率(HR)。VO_2 max和HR之间存在一些关系,常用的计算式为

$$VO_2 \max = 15.3 \frac{HR_{max}}{HR_{min}} \quad (mL/kg/min) \qquad (6-2)$$

装配工作的最大耗氧量应小于28%[6-19],并且操作人员的心率不超过正常的30%,这通常不是一个问题,因为在考虑力和其他因素时已经考虑到了这一点。如果某一特定作业是

劳动密集型的，则应进行人体工程学分析，并设计一个辅助机制。

如果允许，还可以考虑其他人体工程学因素，如手或任何人体部位的接触压力、振动和温度。

6.3.3.3 人体工程学设计和改进

在工艺规划中，通常基于计算机模拟开展关键区域和作业的人体工程学研究。人体工程学研究可在以下几个方面发挥重要作用：

- 评估作业的关键方面，如可行性验证和人体工程学问题。
- 工艺开发中的作业建议和优化。
- 协助发展工作培训。

人体工程学研究可以分两步进行。第一步是根据人体工程学标准，利用上述原则和要求，确定人体工程学问题。这类研究通常在工艺规划阶段通过计算机模拟进行。在实践中，根据人体工程学评估，人工装配作业分为三个人体工程学级别，即红色、黄色和绿色。表6-13列出了三个级别的人体工程学条件。

表6-13 人体工程学评估的操作条件

状态	描述
绿色（推荐）	符合人体工程学要求，具有较小的风险；对所有健康员工都是可管理的
黄色（尽可能避免）	有一定的失调风险；可接受的补救措施，如轮班
红色（不接受）	违反人体工程学要求，可能是危险的，有很大的受伤风险；需要预防工艺变更，增加辅助工具等

人体工程学研究的第二步是评估最终用户的ERGO辅助，这被称为参与式人体工程学。在新车试产和投产期间，关键作业需要由工程团队和生产团队进行实际生产验证。

如果作业不符合人体工程学要求，则可能需要额外的人体工程学设备。例如，应该为重载作业提供电动工具，有时称为"ERGO辅助"。在第二步中，工程师和生产操作员都要测试ERGO辅助设计和功能，并提供改进反馈。此外，产品工程的参与增加了改变产品的可能性，以解决未来生产中的人体工程学问题。

ERGO辅助有多种类型、设计和配置。为了处理重型或大型部件，如仪表板、发动机缸体、支柱和变速器，可以使用伺服驱动的ERGO辅助装置。与气动平衡机和提升机相比，伺服ERGO辅助提供了更合适的速度、直观的控制、精准和半自主编程能力。据报道，伺服ERGO辅助装置有助于提高生产效率和产品质量，交互性好且成本效益高[6-20]。

工作姿势主要由装配作业决定，可以使用专门设计的装置避免出现非优选姿势以外的姿势。考虑到这些要求，汽车总装线的安装过程要求使用符合人体工程学的设备来改善姿态位置。图6-26所示为生产操作员的悬臂椅，当工人在车内走动和工作时，椅子为他们提供了一种更好的姿势。

一项详细研究表明[6-21]，当操作人员在前方区域工作时，悬臂椅可以减小脊柱负荷和肩部肌肉活动；在中间区域工作时，椅子可减小脊柱负荷区域；然而，在车内后部区域工作时，椅子不仅不会改变脊柱负荷，反而增加肩部肌肉活动。这种符合人体工程学的设备降低了生产操作员背部和肩部产生疾病的风险，有助于提高装配作业的质量。

在生产环境中，轮岗是提供人体工程学的一种有效途径，该方式是多数汽车制造企业普

图 6-26 人体工程学中姿势改善的实例（FCA 提供）

遍采用的工作方式。一个很好的做法是，生产工人每2h在其生产区域内换一次不同的任务，以减小人体工程学疲劳。

6.4 练习

6.4.1 复习问题

1. 阐述主要汽车制造业务的自动化水平。
2. 描述制造自动化的关键要素。
3. 阐述 PLC 梯形逻辑图的基本元素。
4. 解释汽车制造中的传感器类型。
5. 阐述汽车制造中的传感器应用。
6. 描述汽车制造中的机器人类型。
7. 解释机器人的自由度。
8. 讨论机器人第七轴机构的应用。
9. 描述机器人应用的主要特征。
10. 阐述协作机器人。
11. 讨论机器人应用的安全问题和措施。
12. 比较自动操作和人工作业的优点。
13. 解释人工作业的学习曲线。
14. 列出人工作业工位的安全措施。
15. 定义人工装配作业的基本人体工程学要求。

第 6 章　自动和人工作业

6.4.2　研究课题

1. 高水平自动化的经济合理性。
2. 制造过程的传感器选择。
3. 机器人在汽车制造中的应用。
4. 协作机器人的优势。
5. 高水平的自动化和系统柔性。
6. 学习曲线在重复人工作业中的应用。
7. 人工作业的人体工程学改进。

6.5　参考文献

6-1.　Weissler, P. "VW's New U.S. Plant Employs Innovative Paint System," 2011. Available from: http://articles.sae.org/9927. Accessed July 2011.

6-2.　International Federation of Robotics. "World Robotics 2015 Industrial Robots," 2015. Available from: http://www.ifr.org/industrial-robots/statistics. Accessed May 2016.

6-3.　Winters, J. 2016. "The IIoT is on the Way ... and Here Today," Mechanical Engineering, p. 30–31. ProQuest: Ann Harbor, MI.

6-4.　Gorlach, I., et al. "Optimal Level of Automation in the Automotive Industry," Engineering Letters 16:1, 2008. Advance Online Publication.

6-5.　Birch, S. "Building the V8 power behind McLaren's MP4-12C supercar," 2011. Available from: http://articles.sae.org/10513. Accessed January 2012.

6-6.　Mercedes-Benz U.S. International, Inc. Available from: http://www.mbusi.com/factory. Accessed July 19, 2013.

6-7.　Hardin, R.W. 2005. "Vision-Guided Robots Rack Auto Parts," Vision Systems Design: North America, UK.

6-8.　Vander Plas, T.W. 1985. "A Vision-Guided Robot on the Automotive Final Assembly Line: Justification, Installation and Implementation Issues." SME Technical Paper MS85-218.

6-9.　Available from: http://www.durr-news.com/fileadmin/_processed_/csm_Roboter_erhoeht_BS_kleiner_433c335848.jpg. Accessed January 2015.

6-10.　Suita, K. et al. 2003. "Integrated Robot System Operation for Achieving High Productivity." SAE Paper No.2003-01-2842, SAE International, Warrendale, PA, USA.

6-11.　Occupational Safety and Health Administration. "Guidelines for Robotics Safety," STD 01-12-002–PUB 8-1.3. 1987. United States Department of Labor: Washington, DC. Available from: http://www.osha.gov/pls/oshaweb/owadisp.show_document?p_table=DIRECTIVES&p_id=1703. Accessed October 25, 2007.

6-12.　https://universal-robots.com/case-stories/tci-new-zealand.

6-13. Grahn, S., et al. "Potential Advantages Using Large Anthropomorphic Robots in Human-Robot Collaborative, Hand Guided Assembly," *Procedia CIRP* 44(2016):281–286, 2016.

6-14. Michalos, G., et al. "Design Considerations for Safe Human-Robot Collaborative Workplaces," *Procedia CIRP* 37:248–253, 2015.

6-15. Birch, S. "2015 Mondeo Launch Shows Flexibility, Challenges of One Ford Strategy." 2015. Available from: http://articles.sae.org/13864. Accessed March 2015.

6-16. Bureau of Labor Statistics, U.S. Department of Labor. 2006. "Career Guide to Industries," 2006–2007 Edition, Bulletin 2601. p.66. U.S. Government Printing Office: Washington, DC.

6-17. Ponticel, P. "DCX Research Advances Shop Safety, Paint Processes," *Automotive Engineering International* 155(2):57, 2007.

6-18. Sundin, A., et al. "A Different Perspective in Participatory Ergonomics in Product Development Improves Assembly Work in the Automotive Industry," *International Journal of Industrial Ergonomics* 33(1): 1–14, 2004.

6-19. Velásquez, J., et al. "Maximum Acceptable Work Time for the Upper Limbs Task and Lower Limbs Task," 6th International Conference on Applied Human Factors and Ergonomics (AHFE 2015) and the Affiliated Conferences, Las Vegas, NV, July 26–30, 2015.

6-20. Colgate, J.E., et al. "Intelligent Assist Devices in Industrial Applications: A Review," IEEE/RSJ International Conference on Intelligent Robots and Systems, Las Vegas, Nevada, USA 3: 2516–2521, 2003.

6-21. Ferguson, S.A., et al. "Musculoskeletal Disorder Risk during Automotive Assembly: Current Vs. Seated," *Applied Ergonomics* 43(4):671–678, 2012.

第 7 章

辅助功能的设计与布局

一些与生产相关的活动或功能，如物料搬运和质量检查，不会改变组装零件或者为产品创造价值。但是，如果没有这些功能，生产或不能运行，或可能存在问题。基于精益制造准则，这些活动被称为增值业务，因为它们对制造运营或者其他辅助功能很有用。因此，这类辅助功能的设计与规划仍然是制造系统开发必不可少的组成部分。

7.1 系统缓冲区

7.1.1 制造系统中的缓冲区

制造系统的缓冲区可以定义为能够累积在制品单元的辅助子系统。如图 7-1 所示，冲压（S）零件、动力传动单元（PT）及部件（C）都有缓冲区，以满足汽车装配作业的要求。在一个汽车装配厂中，车身框架和涂装作业之间有缓冲区（B），涂装作业和总装之间有缓冲区（P）。

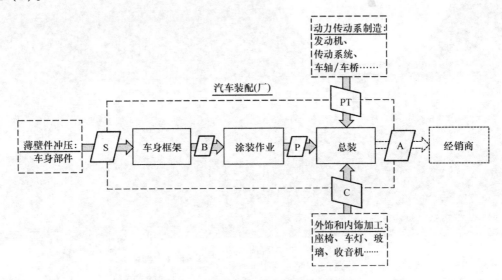

图 7-1　汽车装配生产中的系统缓冲区

显然，设置缓冲区是自然而然的事情，因为生产作业发生在不同的位置，彼此间需要进行物料传送。传送功能也被证明是必需的，以便使在制品单元可以从一个当前的作业位置顺利移动到下一个作业位置。此外，由于场地限制以及其他原因，大型制造系统通常被分解成更小的子装配线。图 7-2 所示的汽车涂装车间有 10 个缓冲区（$B_1 \sim B_{10}$）。

7.1.2 缓冲区对产量的影响

缓冲区解耦制造系统，使得子系统相对独立。当子装配线因故障短期停机时，缓冲区中的在制品单元可以保证下游装配线的持续运行，这是缓冲区的基本功能，以减轻子系统（设备或作业）的故障对其他系统的影响。

图 7-3 所示为一个拥有两个子系统（装配线）A 和 B 的简单系统，子系统之间有一个缓冲区。同时为了简化讨论，可以假定两条装配线 A 和 B 都是完全平衡的。

第7章 辅助功能的设计与布局

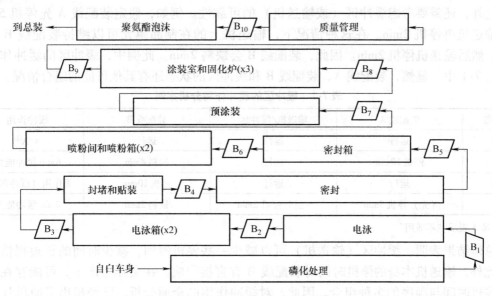

图7-2 涂装车间缓冲区配置实例

从生产运营的角度看,这个制造系统中有三种可能的非工作(停机)情况,分别是装配线A停机、装配线B停机或者缓冲区停机。两条装配线同时停机的情况一般不太可能发生。

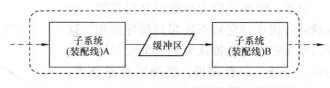

图7-3 一个带有缓冲区的简单制造系统

正常生产中,缓冲区中存有一些在制品单元。当装配线A停机时,装配线B可以持续运转,直到缓冲区为空,然后因缺料而停机。当装配线A恢复作业后,装配线B在获得来自缓冲区的第一个零件后再次开始运行。换言之,这两条装配线不会立即相互影响。缓冲区可以提供缓冲作用,以减轻装配线A停机造成的影响。显然,如果缓冲区没有在制品,就没有缓冲作用。

对于上述这种简单情况,缓冲区的缓冲作用可以定量分析。假设装配线A停机10min,缓冲区中的在制品单元数量可以使装配线B持续运行7min,然后由于缓冲区中没有在制品而处于缺料状态。如果一个在制品单元从缓冲区一端移动到另一端需要1min,那么装配线B的实际停机时间是 $(10-7+1)$ min $=4$ min。

对于其他情况也可以进行类似的分析。如果装配线B停机10min,那么装配线A可以连续运行几分钟来填充缓冲区,直到缓冲区满为止。当装配线B再次运行时,装配线A将恢复作业,并将在制品单元输送到缓冲区。换言之,缓冲区有效降低了装配线B停机对装配线A的影响。缓冲区的缓冲效果取决于装配线B停机前,缓冲区上在制品单元的数量。另一个值得注意的现象是,这种情况下,如果缓冲区是满的,这可以为下次装配线A停机提供更好的缓冲作用。

然而,如果装配线B停机10min,无论装配线A是否运行,由装配线A和装配线B组成的整个系统在10min内都没有产出。这一观察结果显示了缓冲区位置的重要性。

此外，还需要考虑缓冲区（或输送机）的可靠性。例如，假定装配线 A 先停机 5min，然后输送机再停机 2min。在这种情况下，输送机上的在制品单元可以维持装配线 B 运行 5min，然后输送机停机 2min。因此，装配线 B 会缺料 2min。此例中，缓冲区的缓冲作用概括在表 7-1 中。显然，装配线 A、装配线 B 和缓冲区的状态还有其他可能的组合情况。

表 7-1 缓冲区的缓冲作用分析案例

状态	装配线 A	输送机/缓冲区	装配线 B	缓冲作用
0	运行	运行	运行	N/A[①]
1	停机 10min	运行	缺料 4min	6min 缓冲能力
2	运行	运行	停机 10min	无作用（缓冲区满）
3	（先）停机 5min	（后）停机 2min	缺料 2min	2min 缓冲能力

① N/A 表示"不适用"

总体结果表明，缓冲区（输送机）可以减少一些停机时间，减少时间的长短视情况而定。此外，输送机本身的停机时间对装配线 B 有直接影响。在实际生产中，可能存在子系统的停机时间与顺序的多种组合。因此，对缓冲作用的全面分析，已经超出了简单计算的范畴。

显然，缓冲区的大小或容量很重要。如果缓冲区很小，它就不能起到缓冲作用，这样两条装配线应该被认为是一个没有缓冲区的单一系统。一般来说，缓冲区容量越大，生产产量越高（图 7-4）。

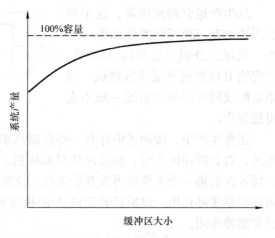

图 7-4 缓冲区大小与系统产量的关系

7.1.3 缓冲区规划

在缓冲能力的设计中，需要考虑多种因素，包括上游系统可靠性、缓冲区可靠性、输送机上零件的输送速度、生产速率、成本和工艺柔性。此外，占地面积也是一个需要考虑的因素，缓冲区可以布置在不同的高度上。

7.1.3.1 缓冲区特征

在缓冲区规划中，需要考虑两个主要问题：一个是缓冲区位置，另一个是缓冲区大小。因此，缓冲功能和缓冲能力是系统设计的一部分。作为系统的一项辅助功能，缓冲区位置的设置通常依赖于工艺可靠性和工艺流程，可以在相对不可靠的工艺流程或子系统之后分配缓冲区。

由于子系统位置不同，它们之间通常会有一条输送线。两条装配线之间的输送线长度为 6.1~45.7m（20~150ft）。因此，这种输送方式已经有了缓冲功能。在这种情况下，缓冲区的规划重点应该是缓冲区的最佳大小，即能承载在制品单元的托架数量。

利用缓冲区，能够将长装配线分为两部分，这也为系统布局和设施规划提供了良好的柔性，以满足占地面积的限制。缓冲区也可以设计成装配线，如图 7-5 所示。在这种情况下，缓冲区可以容纳多达 10 个在制品单元。

第7章 辅助功能的设计与布局

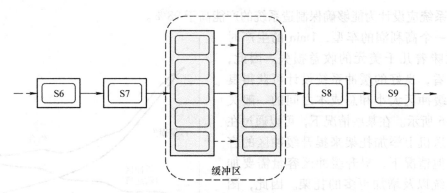

图 7-5 长装配线分割为两个部分的案例

输送线上托架的运行速度也是一个需要考虑的因素，这取决于输送线的设计和要求。典型的输送速度为 7.6～9.1m/min（25～30ft/min），如车身车间和涂装作业之间的长距离输送，使用链式输送机。对于长距离输送，搬运托架可能以 18.3m/min（60ft/min）的速度或更快的速度进行输送。

7.1.3.2 关于缓冲区大小的思考

缓冲区的大小应该能够覆盖其直接上游子系统的正常停机时间。上面的例子（图 7-3）可以用来解释如何设计缓冲区大小，装配线 A 和装配线 B 的生产速率都是 60JPH，装配线 A 可能停机 5min，缓冲区上的在制品输送时间是 1min，同时假设缓冲区是完全可靠的，并且始终充满在制品单元。在这种假设下，缓冲区的设计容量应为 6 个在制品单元，以覆盖装配线 A 的 5min 停机时间。

然而，在生产过程中，缓冲区中的在制品单元的数量是波动的，且每分钟都在变化。因此，实际上一般假设缓冲区为 50% 满载，这样上述例子的缓冲区满容量应为 12 个在制品单元。

如上所述，缓冲区可以覆盖其上游子系统的一些停机时间。因此，在一个大系统中，位于上游的缓冲区容量可以设计得小些，因为它们要覆盖的子系统较少。

除了覆盖停机时间之外，缓冲区还可能设计成覆盖计划内的非生产时间，如人工作业中的休息时间，其大小通常约为生产时间的 5%。换言之，生产工人在 8h 生产换班期间，可有 2 次 12min 的休息时间，此外还有 30min 的无薪午餐时间。缓冲区（2 条装配线之间的输送机，如零件供应输送机）容量大小可以设计为能满足在 12min 休息时间内维持生产运行。如果在正常生产过程中缓冲区处于半负荷状态，则其设计容量应为高于 24min 生产的在制品单元。如果需要 30min 的午餐时间，则缓冲区容量大小应为 60min 内生产的在制品单元。如此大的缓冲区，意味着对输送系统的初始投资很高。

7.1.3.3 缓冲区的成本及柔性

与运营、维护以及在制品等相关的前期投资成本也可能较高。例如，缓冲区的初始成本包括输送系统及其托架。对于一台 25 万美元的输送机以及 25 台托架（2000 美元/台）来说，缓冲区成本高达 30 万美元。此外，运营成本还包括维护活动、备件和输送机上在制品单元的成本。然而，在大多数情况下，在制品的输送成本已经包括在生产作业系统中。

缓冲系统的实际财务影响取决于具体情况。根据经验，在充分考虑系统可靠性的情况下，缓冲系统应设计为能够确保制造系统的产能高于98%。

对于一个高利润的车型，1min 的生产时间损失意味着几千美元的收益损失。因此，从长远来看，良好的缓冲系统设计可获得良好回报。缓冲区大小和总成本之间的一般关系如图7-6 所示。在某些情况下，可以通过在现有的输送机上添加托架来提升缓冲区的容量。在其他情况下，提升缓冲区容量需要加长输送系统以及增加更多的托架。因此，图7-6 中缓冲区的成本趋势是一条波浪线。如果知道缓冲区所覆盖停机时间的详细成本，则不难计算出输送系统的最佳缓冲区大小及成本回收时间。

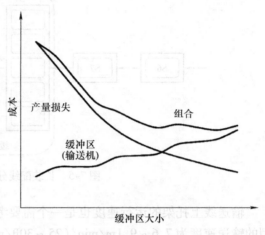

图7-6 缓冲区大小及成本的关系

柔性是另一个需要关注的因素。输送机应该能够承载不同类型和尺寸的在制品单元，符合整个制造系统的柔性需求。当不同产品在制造系统中随机混合时，如何有效排序是缓冲区柔性面临的问题。此外，还需同时考虑车型序列的改变，如从装配线上添加或移除一种车型。显然，缓冲区的柔性要求增加了缓冲区中检测和控制在制品单元的复杂性。

汽车生产的平均周期时间与缓冲区中在制品单元的平均数量成正比。当系统中存在较大缓冲区时，周期时间会很长。因此，在可行的情况下，可以在系统中为一条长输送路线设计一条捷径，这可以减少紧急特殊车型订单的周期时间，并提高作业柔性。

7.1.3.4 缓冲区与生产速率

此外，与缓冲区大小设计相关，上游系统的生产速率可以设计为略高于下游系统的生产速率 1~3JPH。图 7-7 所示为一个案例。

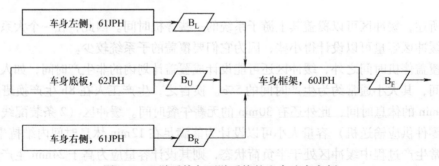

图7-7 上游系统与下游系统的生产速率案例

在该设计中，系统无故障运行一段时间后，缓冲区 B_L、B_U 和 B_R 将被完全填满。满缓冲区有助于减轻上游系统停机造成的影响。例如，在车身底板装配线因故障停机几分钟的情况下，满缓冲区 B_U 可以在不中断作业的情况下给车身框架供给车身底板。相反的，如果车身底板装配线和车身框架装配线被设计成以相同的生产速率运行，那么缓冲区 B_U 在生产过程中不可能填满。换言之，当车身底板装配线因故障停机几分钟时，缓冲区 B_U 中的在制品数量减少，如果车身底板和车身框架装配线的生产速率一样，则在车身框架装配线产生故障

第7章 辅助功能的设计与布局

而停机前,缓冲区 B_U 中的在制品数量没有机会达到满容量。

工厂中整车装配作业可以采用相同的理念进行设计。例如,总装车间的生产速率比涂装车间的慢,而涂装车间的生产速率可以设置得比车身框架慢。显然,将上游系统设计成具有较高的生产速率,在经济上是有代价的,不同生产速率的设计决策应依据系统可靠性分析和计算机仿真的结果而定。

7.1.3.5 缓冲区设计分析

工艺流程和设备安装有很多变型且可靠性等级各异。在考虑各种影响因素和约束的情况下,缓冲区容量的设计和优化是复杂的,建立一个通用的缓冲区容量优化公式是非常困难的。实际制造系统的缓冲区容量优化设计分析是无法通过简单分析来实现的。目前,计算机离散事件仿真是充分考虑缓冲区规划的唯一途径。

装配线可靠性可以基于历史数据或相似装配线来获得,每件设备的可靠性可以由其制造商提供。在初始仿真研究中,通常假设所有装配线的时间周期是一样的。因此,装配线在相同生产速率下的仿真结果将显示整个系统的瓶颈。在识别出系统瓶颈之后,可以讨论如何解决这些问题,如提高较慢装配线的输送速度或者建立更大的缓冲区。

图 7-8 所示为两条装配线之间缓冲区状态的案例。图 7-8a 所示为容量为 10 个单元的缓冲区中在制品单元的数量,图 7-8b 所示为容量为 5 个单元缓冲区的情况。使用 10 个单元容量时,缓冲区为空、下游装配线缺料的可能性要比使用 5 个单元容量时小得多。因此,这种情况下,最好使用 10 个单元容量的缓冲区。

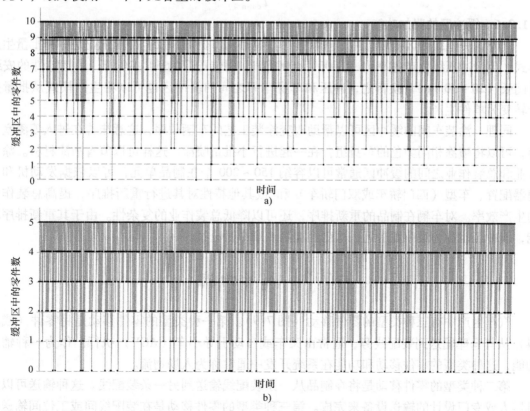

图 7-8 缓冲区仿真结果案例

此外，仿真结果有助于制定维护计划。例如，熟练的技术人员可以减少响应时间或平均修复时间。

目前，已经开展了较多缓冲区能力的相关研究，如缓冲区的规划、优化等。表7-2列出了其中一个研究[7-1]，给出了一条拥有15个或更多机器人的串联装配线缓冲区的近似计算结果。

表7-2 缓冲区大小的研究结果

e	$E=0.85$	$E=0.90$	$E=0.95$
0.85	3.8	5.5	10.5
0.90	3.0	4.5	8.0
0.95	2.5	3.2	4.5

表7-2中，$e=\dfrac{T_{up}}{T_{up}+T_{down}}$，其中$e$是机器效率，$T_{up}$是机器的运行时间，$T_{down}$是机器的停机时间，$E$是装配线效率，其具体计算式为

$$E = \frac{缓冲区容量为k时的生产速率}{缓冲区容量无限大时的生产速率} \tag{7-1}$$

$$k = \frac{缓冲区容量N（单元）}{T_{down}} \tag{7-2}$$

7.1.3.6 缓冲区的附加功能

此外，一些缓冲区被设计用于重新排序在制品流。例如，钣金冲压作业是一种批量生产模式，因为冲压线生产速率高（3000～4000JPH，而装配厂为50～70JPH），且零件的安装时间长（20～30min）。换言之，冲压和车身车间之间的缓冲区也可以将生产模式从批量生产转变为单件生产。

同理，涂装车间的缓冲区可以帮助改变涂装工艺的车辆顺序，这意味着在进入喷漆室之前，可以将喷涂相同颜色的车身组合在一起进行小批量喷涂，这样可以节省油漆材料。涂装作业和总装作业之间的缓冲区通常可以容纳150～200个在制品单元，可以依据发动机和变速器配置、车型（四门轿车或双门轿车）和/或其他特性对其进行重新排序，提高总装作业的生产效率。对车辆在制品的重新排序，还可以降低总装作业的复杂性。由于其重新排序功能，缓冲区也称为集中配送区，这已经在第4章中讨论过。

7.2 入场物流

汽车生产中有三种类型的零件移动（图7-9）。第一种类型的零件移动是将零件（或材料）从其仓库输送到装配线旁，通常由叉车或自动引导小车（AGV）执行。作为一种辅助功能，这种类型的零件移动和功能在系统开发中通常称为入场物流。

第二种类型的零件移动是将在制品从一条装配线输送到另一条装配线。这种输送可以由机器人或专门设计的输送设备来完成。第三种类型的零件移动是在装配线间或工位间输送在制品。后两种类型的零件移动通常是工艺规划的一个组成部分，将在第7-3节中深入讨论。

第 7 章 辅助功能的设计与布局

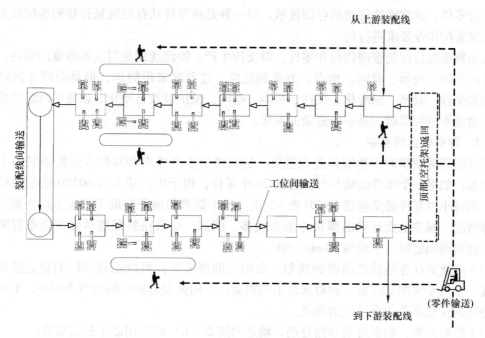

图 7-9 装配线上的零件移动

7.2.1 来料和零件输送

7.2.1.1 入场物流功能

来料和零件的输送是一项关键的、辅助性的作业活动。输送活动包括移动、搬运、储存和分发物料及零件。如图 7-10 所示，叉车有两条路线。一种是从接收码头的中型货车上卸

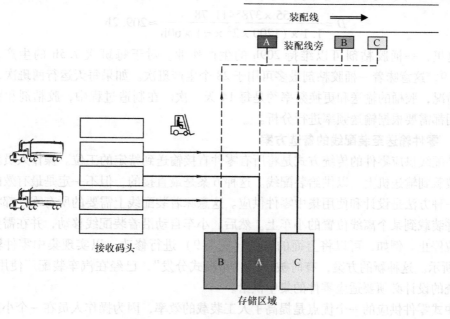

图 7-10 零件内部输送路线案例

197

载传入的零件,并将零件移动到存储区域。另一种是将零件从存储区域转移到装配线旁。后者是根据装配作业要求进行的。

入场物流的目标是管理物料和零件,以支持生产。物流规划是对功能维度的描述,如输送零件的原因、内容、时间、地点、方式和对象。这看起来很简单,但是必须考虑许多因素,如安全性、效率、标准化、柔性、成本、空间、维护以及自动化,以便实时输送数百个零件。物流本身可以看成是一个复杂的系统。

7.2.1.2 零件输送的频率

零件输送的频率对于物流作业很重要,这取决于生产速率和零件在运输集装箱中的密度。例如,如果一个零件运输架可以容纳20个零件,用于生产速率为60JPH装配线的零件输送,则每小时零件必须输送60/20次=3次。这个简单的例子有助于理解工厂中繁忙的叉车运输情况。减少地面运输的解决方案有很多,例如,如果在装配线两侧可以布置两个机架,则输送间隔缩短一半或每40min一次。

另一项重要任务是输送路线的规划。在给定的要求下,可以规划不同的输送路线。然而,在一个汽车装配车间里,面对来自不同密度、不同类型运输架的数百个零件,如何进行运输路线的优化将是一个巨大的挑战。

对于原始来料,如密封剂和黏合剂,输送间隔 D(h)可以用以下公式估算:

$$D = \frac{V}{kvr} \tag{7-3}$$

式中,V 为容器中的材料体积;v 为工位中作业所需的材料体积;r 为以 JPH 衡量的装配线生产速率;k 为考虑清洗、测试和其他用途的修正系数,$k = 1.05 \sim 1.25$。

例如,在一个60JPH生产速率的工位中,将1200mm(长度)和4mm(直径)的胶珠通过机器人作业涂在一个车辆在制品上。通常使用一桶55gal的胶粘剂(1gal = 3785411.78mm^3)。设 $k = 1.1$,则

$$D = \frac{55 \times 3785411.78}{1.1 \times (1200 \times 2^2 \times \pi) \times 60h} \approx 209.2h$$

在这里,一桶胶粘剂可以维持209h的生产作业。对于每班次7.5h的生产,209.2/7.5 = 27.9,这意味着一桶胶粘剂最多可用于28个生产班次。如果每天运行两班次,那么对于这种情况,胶桶的输送和更换频率约是每14天一次。在制造过程中,胶粘剂和密封胶的所有应用都需要根据输送频率进行分析。

7.2.1.3 零件输送至装配线的备选方案

向装配线供应零件的传统方式是将所有零件直接输送到特定的工位。操作人员获取零件并将其装载到输送机上,以供给装配线。这种方案是最直接的,但不一定是最有效的。

另一种方法是设计和使用集中零件供应。这意味着装配线上需要的所有零件都将被集中起来,并装载到某个离线位置的小车上。然后,小车自动沿着装配线移动,并在需要零件的每个工位停止。例如,可以将上面的案例(图7-9)进行修改,以实现集中零件输送,如图7-11所示。这种新的方案,有时被称为"市场式分发",已经在汽车装配厂使用。显然,装配系统的设计必须要适应零件的集中供给。

集中式零件供应的一个优点是提高了人工装载的效率,因为操作人员在一个小区域内一起工作,而不是单独分散到不同的位置,这样可以减小从获得零件并将其装载到小车上的步

第 7 章 辅助功能的设计与布局

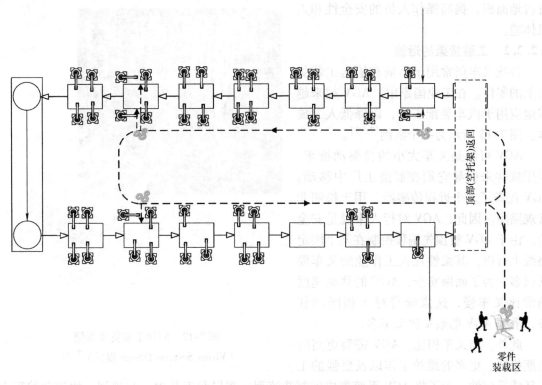

图 7-11 零件集中装载和输送到装配线

行距离。此外,由于不需要在装配线旁存放零件,装配线的占地面积可以更小。例如,本田武汉发动机厂[7-2]的占地面积比传统系统减小了 30%,并将装配线长度缩短了近 30%。该工厂中,规划了一个零件装载区域,并配置了一台用于输送所有发动机附件的特殊小车。操作人员收集零件并将其装载到小车上,然后将小车和发动机送至装配线。

当制造工艺流程初步确定后,就可以开始规划物流工程,物流功能应完全整合到制造系统中。如前所述,物流不会为最终客户创造价值,因此应尽可能减少其活动。

7.2.2 工装货架和运输

7.2.2.1 零件工装货架

零件和子装配体从一个地方运输到另一个地方(有时需要从一个工厂运输到另一个工厂)的过程中,零件运输容器或货架是必不可少的。因此,工装货架及其装卸设备在制造物流中起着不可或缺的作用。

物流工程的一项任务是设计零件工装货架。零件工装货架应适当地容纳零件,以便存储和装运期间使用(图 7-12)[7-3]。工装货架设计还应确保装入、运输和卸下整个过程中零件的质量。

为了降低存储和运输成本,货架的设计应使零件存储密度达到最大。如果装卸操作是人工的,则在货架设计和试验期间,必须解决所有潜在的安全风险和人体工程学问题。由于工装货架上所载零件的数量有限,在生产过程中需要频繁更换。因此,经常使用一种工装货架搬运设备(可以自动移动多个工装货架为装配线供料[7-4]),以降低工装货架输送频率、节省占地面积，提高操作人员的安全性和人机体验。

7.2.2.2 工装货架的运输

传统叉车仍常用于运输和输送工装货架上的零件。在工业国家中，AGV 越来越多地应用于汽车装配工厂，以降低人工成本。图 7-13 所示为一个案例[7-5]。

AGV 可以是叉车大小的自驱动推车，利用软件来引导它们在制造工厂中移动。AGV 配备了多个近程传感器，用于检测非常规路障。因此，AGV 对行人来说是安全的。由于 AGV 被预先编程控制在某个固定路线上行进，其柔性比人工作业的叉车要低很多。为了确保安全，AGV 的移动速度通常比叉车慢，这意味着对于相同的任务，需要 AGV 的数量比叉车多。

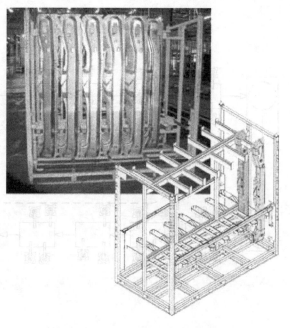

图 7-12　零件工装货架案例
（Vision Systems Design 提供）[7-3]

此外，与叉车相比，AGV 需要更高的前期投资、更多的维护工作以及更强的工厂环境适应性。为了将 AGV 系统集成到制造流程、布局和工艺中，在规划、协调和编程方面需要巨大的投入，因为 AGV 的自学习能力明显低于叉车驾驶员。

图 7-13　AGV 的机架更换案例（JBT 公司提供）

7.2.3　零件及在制品跟踪

在装配作业中，必须跟踪车辆零件，特别是与不同类型和型号相关联的零件。当前，条形码和射频识别(RFID)技术广泛应用于汽车制造过程中的零件跟踪。

7.2.3.1 条形码

条形码被认为是一种可靠的自动识别形式。常用的是线性条形码,有两种类型:一种是 Code 39 码,只由数字组成;另一种是 Code 128 码,由数字和字母组成,如图 7-14 所示[7-6]。对于复杂的信息跟踪和处理,可以使用二维条形码。

图 7-14 条形码实例(AIAG 提供)[7-6]

纸质条形码标签可用于车身车间和总装车间。然而,在涂装车间,普通的纸质条形码标签以及 RFID 标签可能不太好用,因为涂装车间的生产环境较为恶劣,包括腐蚀性清洗机、化学浸泡槽和高温炉。为了跟踪涂装车间的在制品单元,将车辆信息与输送带上由钢板制成的代码标签相关联,这样在涂装车间便可以很容易地识别在制品单元。

7.2.3.2 RFID

不同于光学条形码技术,RFID 采用低功耗射频技术识别物体。RFID 系统由两个基本子装配体组成,即 RFID 读卡器(或收发器,约 100 美元)和 RFID 标签(或应答器,每个 0.05~1.50 美元)。一个 RFID 系统有多个读卡器,这些读卡器连接到一个计算机系统。

相比传统的条形码方法,RFID 具有更强的能力和更多的功能。表 7-3 列出了传统条形码和 RFID 的主要区别。

表 7-3 条形码与 RFID 应用的比较

特征	条形码	RFID
需要读取	是	否
通过多层非金属的可读性	否	是
多标签读取	否	是
恶劣环境适应性	低	中等
数据存储量	低	高
更新及编程能力	否	是
成本	低	中等

RFID 标签含有一个集成芯片和一个天线,如纸一样薄。大多数标签都是被动的,这意味着它们需要被读卡器激活。RFID 读卡器通过发射电磁波来将能量传递给标签,以激活无

源标签并对其进行充电。标签还可以接收数据/命令信号并做出相应的响应。然后，读卡器接收到标签的响应，处理数据，并通过无线网络将信息发送到主机系统。此外，还有一些类型的可写入标签，可以保存更多的信息，并且可以根据需要更新或更改信息。

与基于条形码的数据采集不同，RFID 系统可以读取标签上的信息，而不需要视线。但是，RFID 读卡器必须具有适当方向的天线，并避免可能来自其他读卡器的干扰。RFID 的可靠性会受到电磁环境的影响，如焊枪产生的电磁场干扰，这可以通过将天线安装在标签附近并增加天线的信号强度来解决[7-7]。与生产环境相关的其他因素包括温度、零件振动和零件移动速度，因而在考虑使用 RFID 时，应考虑所有的环境因素。

RFID 早期是专为特定的制造和物流过程设计的。例如，在 21 世纪初，沃尔沃在其工厂拥有约 10 个不同的 RFID 系统[7-8]。在汽车制造中，RFID 应用的一个趋势是拥有可以跨越所有生产环境的单一 RFID 框架，另一个发展趋势是标签可重复使用。例如，每个车身都配备一个活动 RFID 标签，其中包含车辆 ID 号和进入总装车间时预定义的任务。在车辆制造完成并运送到经销商后，可以拆下标签，并重复使用。

RFID 已广泛应用于汽车制造业，以便实时查看已完成车辆、子装配体和零件的库存。RFID 方法已被扩展应用到整个企业系统，包括供应链和 PLM。

7.2.3.3 在制品跟踪

在装配过程中，需要跟踪正在制造的车辆，所捕获的信息包括它们的型号、颜色和选装内容等。靠近涂装车间的白车身通过积放式悬挂输送机（简称 P&F）输送，然后车身被装载到涂装车间的 P&F 输送机上，其托架上装有条形码标签。在涂装车间的生产过程中，车身的输送需要多次切换输送机，每次切换，车辆信息也被传送给新输送系统。在喷漆室中，车辆数据被输送给涂装机器人，以确保每个车辆颜色和喷涂路径的正确性。整个跟踪系统是全自动的，消除了人工作业错误的可能性。

跟踪功能还集成了其他产品及工艺信息，如质量检测结果。质量检测结果用以确定正确的工艺路线决策，即车辆在制品应该被输送到维修路线还是下一个工艺线。无论哪种方式，都必须对车辆信息持续跟踪。车辆信息跟踪也是实现系统柔性的重要因素。

7.2.4 设施功能

制造系统的一些功能与车辆装配作业无直接联系，如建筑和主要输送系统。这些项目被视为设施，而不是装配工具。

生产工艺流程对设施规划有很大影响。设施规划的假设是建立在主要工艺流程、主要设备布局、所有操作活动之间的相互关系、期望的柔性、生产工人数量等基础上的。此外，设施规划需要考虑空间可拓展性、安全性以及维护要求。换言之，在制造业的某些领域，设施规划和工艺规划可以相互重叠。具体的工作任务分配取决于项目。

总体布局规划是设施规划的一部分，考虑了所有工厂部门的功能，其重点是作业过程中人员的活动和物料的移动。入场物流需要很大的占地空间。在车身车间中，大部分区域是预留给钣金件的。在总装车间中，发动机、仪表板等需要很大的占地空间。此外，必须预留接收它们的空间，如工厂内运输和装配线旁的存储区域。一个确定入场物流所需区域大小的有效方法是在考虑所有制造因素（如品种、周期时间、产量和入场物流）的基础上，进行分析和计算机仿真。

第 7 章 辅助功能的设计与布局

对于一些设施,可能不难确定它们的位置和所需的空间。一些设施与制造作业没有直接关系,如通道应基于输送流和输送类型进行布局,以支撑制造作业,其重要的功能包括为装配线供给物料和零件,在需要时将车辆抽取或加入装配线。表 7-4 给出了通道宽度要求的案例,另一个例子是洗手间的位置和大小是由车间上的劳动力数量和分布决定的,洗手间应该在 2min 步行距离内。

表 7-4 最小通道宽度要求

交通工具类型	通道宽度
大型叉车	3.4m (11ft)
小型叉车	2.8m (9ft)
窄型叉车/AGV	1.8m (6ft)
人工叉车	1.5m (5ft)
员工	0.9m (3ft)

7.3 装配作业中零件和在制品运输

输送功能是制造系统中工位或装配线层面上不可或缺的组成部分。零件和在制品输送有两种情况,一种是从一个装配线到下一个装配线,另一种是装配线上工位与工位间的输送。后者可以分为不同类型,即从一个自动工位到另一个自动工位、从一个人工工位到另一个自动工位,或者反之。显然,所有输送功能是制造作业保持持续的基本功能。

7.3.1 零件输送机

零件输送机广泛应用于汽车装配线。一个常见的例子是将人工作业连接到自动工位的输送机。生产工人完成装配任务后,将零件装载到输送机上,输送机将零件传送到自动工位。常见的输送机称为托架输送机,它有许多托架(或运载器)。输送机上的托架通常是相同的,并装有相同的零件。图 7-15[7-9] 所示为输送机的一个例子。

这种输送机上的托架之间有一个固定的间距,无论是否有零件都可以一起移动。在输送机的一端,工人将零件装载到空托架上,在另一端,零件由传感器检测,然后由机器人拾取。有时,这种类型的输送机可以称为"分度"或固定间距输送机。

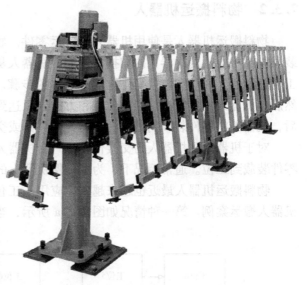

图 7-15 零件托架分度输送机案例
(Easom Automation 公司授权使用)[7-9]

托架在输送机上的移动可以用另一种方式设计。该种设计中,托架只有在装载 1 个或多个零件后才能向前移动，否则，空托架在装载位置等待。装载后，托架在输送机上向前移动，下一个空托架开始准备零件装载。这种操作模式可以称为"累积"，而相应的输送机称为积放式输送机。图 7-16[7-10]所示为一种积放式输送机。

图 7-16 一种零件托架积放式输送机

如果输送机需要承载不同的零件，则积放式设计可能更合适，空托架可以设计为满足装载特定零件的需求。生产工人获取零件信息并选择要装载的正确零件。通常情况下，在装载托架向前移动之前，验证传感器已经完成检测，以确保零件装载符合要求。此外，托架移动可以设计为由工人按下按钮来起动，以确保工人的安全。相比之下，分度输送机很难设计成不同托架以放置不同零件。

7.3.2 物料搬运机器人

物料搬运机器人是使用机器人来搬运零件。物料搬运机器人的典型功能是传输、卸载/装载以及机器人到机器人的切换。例如，机器人从工装货架上拾取零件，然后将其装入装配工位。机器人卸载和装载操作有三个简单的步骤。首先，机器人需要知道零件的当前位置；然后，机器人调整其夹持器的位置和方向，以达到并夹持零件；第三步，在到达指定位置之后，机器人将零件装载到另一台机器人的夹具或交接台上。

对于机器人到机器人的交接作业，一台机器人将一个零件交给另一台机器人，后者将该零件装载到工位。通常情况下，为了确保机器人的操作，需要安装一个交接台。

物料搬运机器人最近也越来越多地应用于工位与工位之间的输送。图 7-17 所示为两个机器人搬运案例。第一种情况如图 7-17a 所示，当两个工位距离较近时，机器人直接输送。

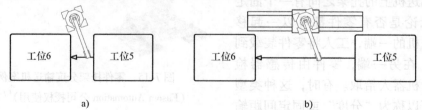

图 7-17 工位间机器人零件输送图示
a）机器人输送 b）第七轴导轨机器人输送

第 7 章 辅助功能的设计与布局

第二种情况如图 7-17b 所示,有一台机器人在轨道上移动,通常称为第七轴导轨,当两个工位之间的距离超过机器人的工作范围时使用这种导轨。

如果两条装配线相距不远,机器人也可以用于装配线之间的零件输送。图 7-18 所示为两个机器人用于两条装配线之间的零件输送。两条装配线之间设置了工位,不仅可以用作交接台,还可进行装配作业。

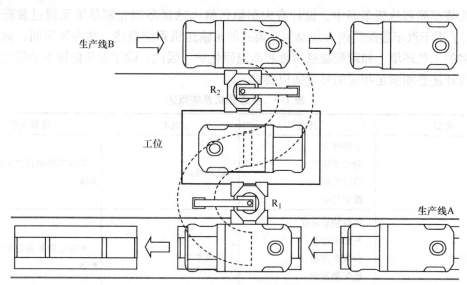

图 7-18 装配线之间的物料搬运机器人案例

在该案例中,物料搬运机器人的操作步骤包括机器人 R_1 从装配线 A 拾取子装配体并将其装载到工位夹具上;机器人 R_1 在工位中的操作完成后,机器人 R_2 拾取子装配体并将其装载到装配线 B 上。

7.3.3 大型输送系统

7.3.3.1 大型输送机的特点

用于长距离输送的系统常被称为主输送机,如车间之间或主装配系统之间的输送系统。图 7-19 所示为汽车装配厂的三个车间之间的输送系统。第 4 章已经对这种主要输送系统的需求进行了讨论。

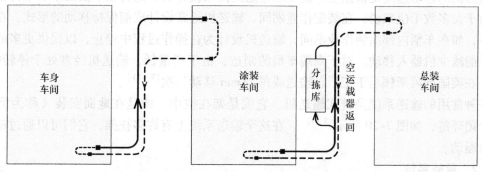

图 7-19 某装配厂三个车间之间的主输送机系统

通常，这样的输送系统可以承载约 200 个车辆在制品单元并将其输送到下一个工序。在完成在制品输送后，空的托架将返回。因此，这样的输送系统形成一个大的回路。

涂装车间和总装车间之间的输送机通常有一个集中配送区，该集中配送区用于对不同总装工艺的车辆在制品进行分类。涂装作业的集中配送区可以设计到涂装车间内，在底漆工艺之前。

在涂装车间和总装车间中，设计有大型输送机以输送车辆在制品单元通过装配线。表7-5 给出了用于汽车装配厂内大规模生产模式的主输送机系统概述。在涂装车间，输送机要经过恶劣的工艺环境，如磷酸盐浸渍罐和高温固化炉。因此，除了通用的输送功能之外，输送系统设计还必须满足相应的环境适应要求。

表 7-5 主输送机系统概述

类型	特点	成本	典型应用
单轨式	不停移动 分度无累积 高度可调 维护简单	成本很低	车身车间和总装车间的子装配体
电动单轨式	速度快且可变 托架可停止 分度有累积 托架数量少 控制复杂	高成本	车身车间和总装车间的子装配体
积放式（P&F）	链到链之间的转移能力 运输工具的停止能力 工件累积 架空或落地安装 高度可调	低成本	涂装车间和总装车间的子装配体，或车身、涂装、总装车间某一个的子装配体
非精密定位随行托架（Skillet，简称非精密托架）	运载器可停止	中/高成本	总装车间修整底盘装配线
大型地面输送（Flat-top）系统	移动到地面进行操作	中成本	总装车间最终装配线

输送机的移动速度是根据生产速率和输送距离来设计的，这将在下面的章节中讨论。此外，对于大多数工位来说，在装配作业期间，输送机通常设计成能保持移动的形式。在某些情况下，如在车辆内部涂装作业期间，输送机设计为在操作过程中停止，以提供更多的作业时间并能减少机器人移动。对于高端车型的制造，由于产量低，输送机经常处于停转模式。例如，在英国的阿斯顿马丁工厂，输送线每 28min 移动一次[7-11]。

一种常用的输送系统是链式输送机。它或是架在空中，或是在地面安装（称为倒置），有一个闭环链，如图 7-20 所示[7-12]。在这个输送系统上有许多托架，它们可以通过链条驱动或自驱动。

7.3.3.2 单轨系统

一种简单的输送机被称为单轨输送系统。它有一个架空安装的单轨/轨道，台车或托架

第7章 辅助功能的设计与布局

图7-20 汽车装配输送实例（Dürr系统公司提供）[7-12]

悬挂在上面。轮式台车在轨道上滚动，在通过顺序作业或越过装配线时，零件或子装配体悬挂在台车上。由于轨道通常是用工字钢设计的，这种类型的输送机称为工字钢输送机。

由于结构简单，单轨输送机只能连续不停地移动，输送速度通常小于18m/min（60ft/min）。任何装配过程，如零件装载，必须快速进行。此外，单轨系统在分度模式下运行，不具备在输送机上累积零件的能力。单轨系统价格低廉，维修简单。

为了提高零件输送的效率和柔性，单轨上的单个台车可以通过车载控制器来驱动，而不是使用集中的链条系统。这种类型被称为电动单轨输送系统。在这种系统中，每个台车都有自己的动力装置，如图7-21所示[7-13]。每个电动台车可以有不同的速度，允许托架加速、减速或蠕动到装配工位的准确位置。电动输送机的传输速度可以达到183m/min（600ft/min）。高速输送特别适用于非工艺操作，如建立生产区和累积缓冲区。采用电动单轨输送机还可以提高工艺的柔性，但价格多变且成本高。

7.3.3.3 积放式悬挂输送系统

更常用的链式输送机称为积放式悬挂输送机（P&F输送机）。P&F输送机由两条独立的轨道组成，一条是带有电机驱动链的动力轨道（或牵引轨道），另一条是平行于动力轨道的无动力轨道（或承载轨道）。托架在无动力轨道上行驶，并由动力轨道驱动。通过两个轨道，托架可以与动力轨道中的动力链接合和脱离。连接器通常被称为驱动器，与动力链上的电机结合并驱动托架。

因此，当P&F托架脱离动力轨道中的持续运动链时，可以停止运行。通过同样的方法，托架可以转移到另一条链上并积累。这些特性为装载/卸载、装配作业以及传送到另一条装配线提供了良好的柔性。这是P&F输送机广泛应用于主装配线和车间之间的主要原因，其输送速度通常小于18m/min（60ft/min）。

图 7-21 电动单轨输送机
（美国密歇根州威克瑟姆 Central Conveyor 公司提供）[7-13]

从设计角度来看，P&F 输送机可以分段设计，可分为长距离输送段，或以不同高度输送并可改变输送方向。输送段一般为直线布置，当需要转弯时，需要一个单独的区段来改变方向。图 7-22[7-14] 所示为倒置 P&F 输送机的应用实例。

图 7-22 P&F 输送机的应用
（美国密歇根州威克瑟姆 Central Conveyor 公司提供）[7-14]

第7章 辅助功能的设计与布局

一种新的托架驱动机制是通过摩擦力进行驱动，称为摩擦驱动（Friction Drive，FD），它不再需要链条。FD 输送机上的托架不是由链条牵引的，而是由与托架的承载杆接触的摩擦轮驱动（图7-23）[7-15]。在图7-23中，摩擦轮被黄色的盒子所覆盖。FD 输送机设计为与其他类型的输送机兼容，以便其可以与传统的 P&F 系统连接。这有助于新的 FD 输送机合并到现有的制造系统中。

与 P&F 链式输送机相比，FD 输送机具有设备成本低、能耗低、运行平稳、无链条油污染等优点。FD 托架仅在其存在和需要时才运行，这有利于降低运营成本和维护成本。FD 输送机的托架可以快速移动，速度可达 73m/min（240ft/min）。此外，托架也可以向后移动。安装模块化 FD 输送机比传统的链式输送机更容易。在摩擦力驱动下，需要解决由橡胶类材料制成的车轮的磨损问题，特别是在洁净程度非常高的涂装车间环境中。

图 7-23 FD 输送机的应用实例
（美国密歇根州威克瑟姆 Central Conveyor 公司提供）[7-15]

7.3.3.4 总装中的输送机

在车辆总装车间，大多数装配作业是在地面上进行的。生产工人行走、站立在地面或输送机表面上进行装配工作，并将装配完成的车辆卸离输送机。为了满足这样的要求，输送系统应设计在紧靠地板的平面上。其主要有两种类型，一种称为非精密托架系统，另一种称为大型地面输送（Flat-top）系统。

非精密托架（或托架）的工作表面与地面齐平，驱动系统在一个凹坑下。车辆在制品放在非精密托架上，生产工人与车辆一起行进。可以根据工作要求设计不同的非精密托架，其典型尺寸为 1.8m×3.6m~3m×6m（6ft×12ft~10ft×20ft）。非精密托架的驱动机制可能不同，如一些非精密托架是由摩擦轮驱动推动的，该摩擦轮驱动器在工作区的开始处挤压非精密托架的侧面，并推动前进。非精密托架系统设计用于连续运行，但在必要时可以停止，其传输速度可达37m/min（120ft/min），传输速度不仅取决于生产速率，还取决于非精密托架的长度。

大型地面输送系统如同在地板上移动的平板（图7-24）[7-16]。平板与安装在凹坑中的双股滚子链相连，链条配备外侧大直径法兰车轮，在轨道上运行。作为链条和大型地面输送平板的替代品，大型地面输送机可以是带式输送机。大型地面输送系统和非精密托架输送系统一样，既不能改变输送高度，也不能积累产品。

图7-24　在车辆最终装配环节的大型地面输送机案例
（美国密歇根州威克瑟姆Central Conveyor公司提供）[7-16]

在大多数情况下，传统的P&F输送机发挥主要作用，将在制品从一条装配线转移到另一条装配线。为了保持生产的连续性，需要连接不同类型的输送机，如在底盘装配线之后，P&F输送机将在制品输送到使用大型地面输送机的最终装配线。图7-25所示为两种不同类型输送机之间的这种协调。

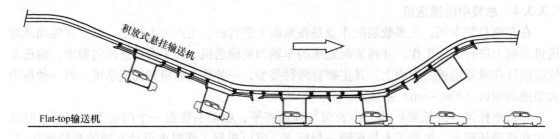

图7-25　从典型的积放式悬挂输送机到最终的大型地面输送机的在制品转移示意图

第 7 章 辅助功能的设计与布局

7.4 内置质量保证

7.4.1 质量保证规划

原则上，质量保证（Quality Assurance，QA）是一种设计和规划工作，以防止制造过程中的质量问题或缺陷。在产品设计和制造工艺规划过程中，应考虑并实施预防机制。图 7-26 所示为几个与设计和规划相关的质量保证任务，有了质量保证措施，质量问题将不太可能发生，或者即使在生产中发生，也可以很容易解决。

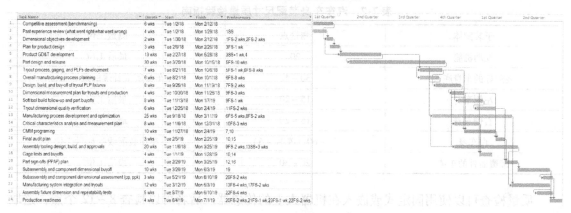

图 7-26 尺寸质量的任务规划案例

相比之下，生产中的质量控制，如监控和根源分析，是运营管理的一部分。这些努力更多地是为了保持良好的质量而不是为了预防。

作为质量保证的一个重要步骤，质量检查应该集成到制造系统中。质量检查可以依赖于作业，这意味着检查是针对车辆和主要子装配体的特定和重要特征而设计的。例如，如果一个装配过程是焊接，那么质量检查就是对焊接质量的检验。

在制造过程中，对来料和在制品单元的质量检查可被视为质量保证的必要条件。例如，在线监测和检查为改进提供必要的质量信息和实时反馈。如果不进行在线检查，车辆缺陷可能在装配系统末端处最终检查时才被发现，甚至是由客户发现。因此，质量检查对于防止将缺陷产品传递到下游操作非常重要，否则可能导致更严重的问题，如昂贵的生产停机和缺陷修复。

监测车身尺寸质量可以在装配线的线上或线下进行。在不受周期时间约束的情况下，线下检测可以查出更多的特征和细节。三坐标测量机（CMM）通常用于线下测量车身和主要部件的尺寸。使用三坐标测量机检查较精确，但很耗时。

在使用新开发的热补偿技术和空调环境温度维持在 18~27℃（65~80℉）的新工厂之后，大多数的三坐标测量机可以很好地补偿温度波动。在动力总成系统的制造中，很多零件都是铝合金，加工后的零件温度往往是影响三坐标测量机测量准确度的一个因素。

优先选择在线检查是因为它能够完全实时检查，以确保子装配体和车辆的质量。在线检查技术受周期时间的影响。因此，在线质量检查通常局限于子装配体和车辆的关键特征检测。表7-6列出了车身子装配体的这些特征，表7-7列出了在线尺寸质量检查的常用对策。

表7-6 汽车车身装配的关键特征

特征	位置	尺寸
定位（主定位点）孔	√	√
配合面	√	×
附着面	√	√
联接螺柱	√	×
间隙与过盈	×	√

表7-7 汽车车身装配尺寸质量检验指南

子装配体	测量点	测量工位
发动机舱	20	最后工位
装配好的车身底板	30~40	车身底板补焊的最后工位
左侧车身	15~20	最后工位
右侧车身	15~20	最后工位
白车身	50~60（车顶+6）	车顶装配线的最后工位
带覆盖件的车体	20~30	最后工位

质量检查可以使用固定式或嵌入在机器人上的传感器。后者可以检查8~12个点，这取决于装配线的周期时间。通常情况下，对整车进行尺寸质量检测需要四个机器人。显然，采用机器人方案减少了传感器的数量，但是使用机器人会增加成本。

小型和便携式三坐标测量机可以安装在装配线旁。例如，带有测量工位的分支可以集成到装配线中。由于时间限制，现场三坐标测量机无法对全部产品进行检查。表7-8列出了不同测量系统的在线检查功能。

表7-8 在线检查功能的比较

方法	现场三坐标测量机	固定式传感器	机器人传感器
速度	慢	快	中
准确度	0.01mm	0.05mm	0.1mm
柔性	中	低	高

7.4.2 返工和抽取功能

7.4.2.1 装配系统中的返工回路

装配线中的质量保证功能还包括再加工功能、维修功能，以及用于离线质量检查的抽取功能。

对于关键的质量特征和特性，通常认为有必要在装配作业后立即进行检查，以便及时发现质量问题，并相应安排返工（返修或再加工）。返工不一定要在下一个工位中进行，但返工必须在仍可修复前安排到特定的位置。

一种设计方案是设计维修环路并集成到装配线中。图7-27所示为一种反向环的设计方式。对于这种情况,当 S7 中的检查表明 S5 中的操作不满足质量要求时,将缺陷在制品输送到维修工位 S6。维修反向环使产品质量得到了保证,因为返修后的产品将再次被检查。

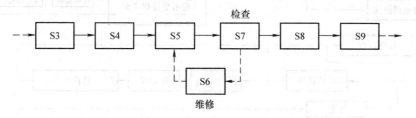

图 7-27 具有反向维修/返工环的装配线

另一种设计方案是前向环设计(图 7-28)。类似地,质量检查 S6 可以从 S5 的操作中找到缺陷在制品,然后将其输送到 S7 进行维修。显然,前向环的方式无法进行再次检查,不能确保返修后的在制品质量。

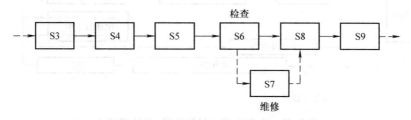

图 7-28 带有前向支持/离线检查的分支/工位的串联装配线

一个真实的例子是车顶钣金安装之前的黏合剂配送操作。如果发现在制品单元上配送的黏合剂不足,则将该单元发送到 S7。当分配装备 S5 出现偶然故障时,S7 还可以作为人工备用工位,以保持生产运行。

在规划此类维修或再处理工位时,必须考虑潜在的问题及其发生频率。在几乎所有的情况下,此类维修或再加工操作都是人工的,因此速度较慢,用于不经常需要的情况。如果一个潜在的问题很少出现,如最多每小时出现一次,那么这种一站式维修是合适的。然而,一些质量问题可能更常见,或者多个有缺陷的单元可能连续出现。在这种情况下,回路分支需要设置多个工位以满足生产产量要求。

维修环路应该设计在几乎所有汽车装配作业车间内,即车身车间、涂装车间和总装车间。由于汽车涂装工艺对下游涂装工艺和涂装质量至关重要,因此通常将修补/再处理回路设计在紧随关键工艺之后。图 7-29 所示为一个涂装车间,修补和再处理区域被加上阴影突出显示。

由于维修需要时间,主要维修回路通常设计为离线。例如,涂装维修需要不同类型的工艺,这取决于质量问题的类型和严重程度。图 7-30 所示为涂装操作的检查和维修流程。对于这个案例,必须考虑几种情况,如需要大修、最终质量确认失败、需要重新涂装。因此,系统中设计了多个环路。

7.4.2.2 抽取/再加入通路

几乎所有主要子系统都需要抽取/再加入通路。抽取/再加入通路是多功能的,可用于离线质量检查、移除所需的维修单元、检查或维修后再加入单元及加入先导车辆单元。

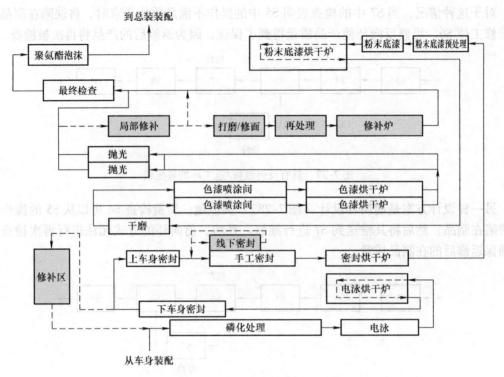

图 7-29 汽车涂装车间的维修/再处理循环

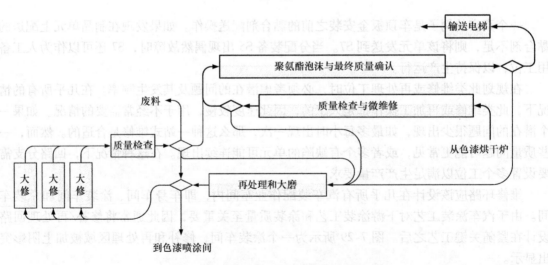

图 7-30 涂装检查及维修/再处理环路案例

抽取/再加入工位被认为是装配线的一部分,这种工位通常被设计为按需操作。抽取/再加入工位通常位于装配线的末端,如图 7-31 所示。此外,抽取工位应位于重要质量特征将被其他零件所封闭的工位之前。在系统设计和装配线配置的早期阶段,应该对这些位置进行规划。

对于抽取/再加入工位,应考虑特殊的设计因素。针对不同的车辆型号和各种装配选项,应设置多个开关和传感器。当选择具有特定型号和选项的在制品时,如选择带有天窗的双门

第 7 章 辅助功能的设计与布局

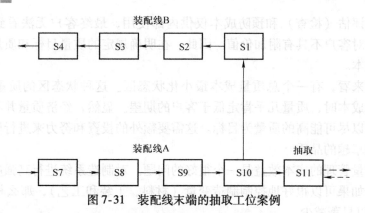

图 7-31 装配线末端的抽取工位案例

轿车时,装配线一直运行,直到指定的单元被自动抽取出来。

当再加入在制品单元时,其车型和选项通常是人工输入的,输入信息由传感器来验证。提取车型/选项并加入不同的车型/选项对于生产控制来说可能是一个挑战,因为所有下游装配作业都需要根据新的工艺序列进行相应的调整。装配系统中的车型不匹配通常是生产控制的噩梦。

此外,质量检查员可以在一个抽取工位工作,而其他工位继续运行。因此,为了安全起见,抽取工位应该位于与相邻自动化工艺分开的单独区域中。

7.4.3 质量保证的成本因素

7.4.3.1 质量成本的概念

质量检查、再加工和其他质量改进活动并非免费。总质量成本包括两个主要部分:由于质量差而造成的成本及为了获得良好的质量而产生的成本。前者可以进一步分为两类:内部故障成本和外部故障成本,后者包含评估和预防成本。可以理解的是,高预防成本可以降低故障成本,从而降低与质量相关的总成本。成本之间的一般关系如图 7-32 所示。

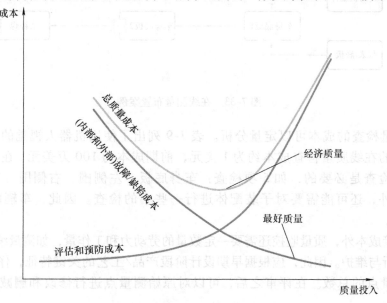

图 7-32 质量与成本的一般关系

此外，质量评估（检查）和预防成本仅供内部使用，最终客户无法看到。因此，这些成本可能被视为对客户不具有附加价值。因此，在明确规定的质量目标和质量保证下，应优化生产运营的成本。

从经济角度来看，有一个总质量成本最小化状态区。这种状态区的质量可称为经济质量。当追求最低成本时，质量几乎肯定低于客户的期望。显然，经济质量并不是最好的。对于高端产品，应以尽可能高的质量为目标。这需要额外的投资和努力来进行质量检查、维护和改进，以实现卓越的品质。

如何提高质量管理的成本效益是一个很好的问题。对制造系统进行高强度监控的必要性还是有争议的。如果可以很好地控制制造变量（材料、工装和工艺），那么相应的质量工作（如检查）也可以显著减少。

7.4.3.2 质量成本的讨论

如下为一个用于讨论的真实案例。在车身底板装配系统中，某车型需要建立6个在线监测系统（图7-33），而对于同一工厂内的新车型，只需配置2个这样的监控系统。显然，新车型系统的质量监控成本降低了。质量检查的优化可能仍存在争议，如在增补焊装配线末端设置检查工位的必要性是值得讨论的。

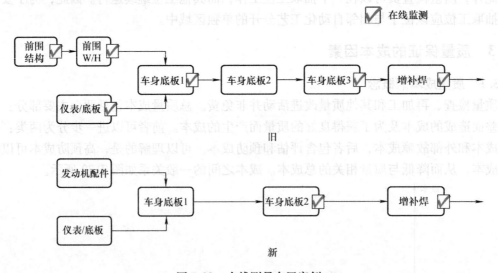

图 7-33　在线测量布置案例

在线质量检查的成本可以定量分析。表7-9列出了使用机器人视觉的案例。评估显示，每辆车的在线质量检查成本约为1美元，前期成本为100万美元。在车身车间有若干个这样的检查是必要的，如5项检查：车身底板、左侧围、右侧围、车身框架和车顶安装。此外，还可能需要对子装配体进行一些小的检查。因此，车辆的质量检查成本是很高的。

除了直接成本外，质量监控还需要一定数量的劳动力和工作量，如测量编程、数据库管理及数据分析与维护。因此，应根据早期设计阶段产品/工艺的关键特征，仔细研究每个检测工位和测量点的总数。在评审之后，可以对原始测量点进行修改和删减，以进行批量生产[7-17]。

表 7-9　在线检测成本分析案例

		每年	每五年
	产量	250000	1250000
购置成本	视觉设备	800000 美元	800000 美元
	工位和工装	100000 美元	100000 美元
	4 台机器人	120000 美元	120000 美元
	集成与安装	50000 美元	50000 美元
运营成本	维修	10000 美元	50000 美元
	监管	10000 美元	50000 美元
	操作	5000 美元	25000 美元
5 年内总成本			1195000 美元
5 年内单位产品成本			0.96 美元/辆

7.5　练习

7.5.1　复习问题

1. 阐述系统缓冲区的预期功能。
2. 讨论缓冲区规划在汽车制造作业中的应用。
3. 阐述缓冲区对其上游和下游系统的影响。
4. 讨论缓冲区大小与产量之间的基本关系。
5. 讨论制造系统中装配线具有不同 JPH 水平的原因。
6. 阐述汽车装配入场物流的基本要素。
7. 讨论制造过程中的三种材料/在制品移动。
8. 阐述如何确定零件输送到装配线的频率。
9. 阐述零件输送架和输送架搬运设备。
10. 阐述条形码或 RFID 在汽车制造中的应用。
11. 描述不同形式的零件供给配置和输送机。
12. 描述使用机器人进行零件/在制品的装载/卸载操作。
13. 阐述大型输送系统。
14. 描述制造系统中的质量保证功能。
15. 阐述工艺布局设计中质量保证的考虑因素。
16. 讨论产品质量保证中的成本因素。

7.5.2　研究课题

1. 确定缓冲区大小以获得最佳产量。
2. 系统缓冲区的长期成本效益分析。
3. 缓冲区规划的最新进展。

4. 汽车装配制造中入场物流的关键问题。
5. 汽车制造业的 RFID 最新进展。
6. 零件输送系统的发展。
7. AGV 和叉车的应用比较。
8. 汽车制造业中的 RFID 应用。
9. 制造系统发展的质量保证。

7.6 参考文献

7-1. Enginarlar, E., et al. "How Lean Can Lean Buffers Be?" *IIE Transactions* 37(4):333–342, 2005.

7-2. "Associates Created Honda's First Full Parts-Set Delivery System for Automobile Engine Assembly." Available from: http://world.honda.com/environment/face/case25. Accessed July 27, 2013.

7-3. Bolhouse, V. "Developing Vision-Guided Robotic Workcells," *Vision Systems Design* 12(12):25–30, 2007.

7-4. Orchid Automation. "Rack Handling & Mass Storage Systems," 2008. Available from: www.orchidautomation.com. Accessed October 2008.

7-5. JBT Corporation. "Automated Parts Assembly, Automated Control Systems: AGVs for Automobile Manufacturing." Available from: www.jbtc-agv.com. Accessed October 2008.

7-6. Dublin, B.E. "Bar Code 101," AIAG Auto-Tech 2005 Conference, August 29, 2005, Detroit MI, USA. (From the Trading Partner Labels Implementation Guideline (B-10) Edition 3.00, 2004. Reprinted with permission of AIAG (Automotive Industry Action Group). AIAG makes no representation or warranty as to the accuracy or usefulness of its materials when presented in contexts, with other materials, or for uses, other than as originally published by AIAG. For additional information, or to purchase the referenced AIAG publication, contact AIAG at (248) 358-3003 or www.aiag.org.)

7-7. Makris, S., et al. "RFID Driven Robotic Assembly for Random Mix Manufacturing," *Robotics and Computer-Integrated Manufacturing* (28):359–365, 2012.

7-8. Greengard, S. "Volvo's Global RFID Initiative," 2016. RFID Journal. Available from: https://www.rfidjournal.com/articles/view?14764. Accessed July 2016.

7-9. Bleichert Förderanlagen GmbH. "Accumulating Pallet Conveyor." Available from: http://www.ceeindustrial.com. Accessed October 2012.

7-10. "Accumulating Conveyor." Accessed February, 2015.

7-11. Gibbs, N. "Perfectly Premium," 2016. Automotive Manufacturing Solutions, Available from: http://www.automotivemanufacturingsolutions.com. Accessed February 9, 2016.

7-12. Jörg Christoffel, "Dürr Designs and Delivers The Portable Factory," March 31, 2008. Available from: http://articles.sae.org/1388. Accessed March 2008.

7-13. Central Conveyor Company (Wixom, MI). "Electrified Monorail System (EMS)." Available from: http://www.centralconveyor.com/ems.html. Accessed March 2015.

7-14. Central Conveyor Company (Wixom, MI). "Inverted Power & Free Conveyor." Available from: http://centralconveyor.com/automotive/inverted-power-free-conveyor/. Accessed January 2017.

7-15. Central Conveyor Company (Wixom, MI). "Friction Drive Conveyor." Available from: http://www.centralconveyor.com/fdc.html. Accessed January 2016.

7-16. Central Conveyor Company (Wixom, MI). "Flat-Top Conveyor." Available from: http://centralconveyor.com/automotive/flat-top-conveyor. Accessed January 2017.

7-17. Tang, W., et al. "Development of a Generic Measurement Point System to Improve the Dimensional Control Processes in Automotive Body-In-White Manufacturing." 2006. SAE Paper No.2006-01-1632, SAE International, Warrendale, PA, USA.

第 8 章

工装开发管理

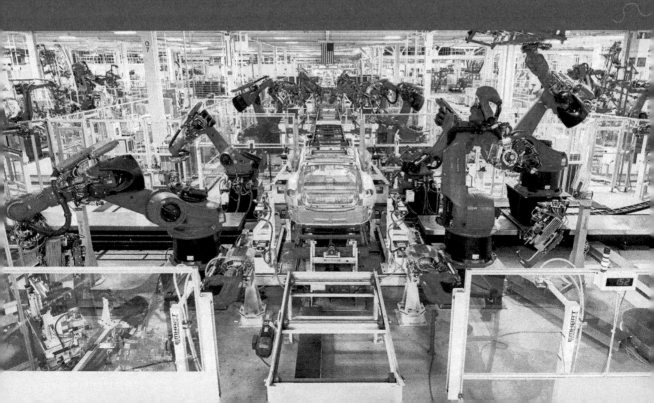

8.1 装配工装开发

8.1.1 装配工装功能

8.1.1.1 工装与设备

在汽车制造业中，根据与特定车型的关系，机械装置可分为两大类：设备和工装。如果一台机械装置对所有车型都是通用的，则称其为设备或设施。例如，输送机和机器人都被视为设备。相比之下，工装或夹具则是针对不同的产品型号。如精密装配夹具、检测夹具、冲压模具、注塑模具等。值得注意的是，特定型号的工装单元通常会被集成到通用设备中。例如，将机械手末端工装、工装单元等安装在一个机器人上，就构成了一台设备。表 8-1 列出了汽车装配作业中的常用工装和设备。

传统上，当引入一个新车型时，大多数工装单元（如装配夹具）必须被替换或做出明显的改变，有时这被称为改装。而相比之下，设备单元可以重复使用。由于工装的高柔性，越来越多的工装单元可以重新用于新的产品型号。如今，改装的含义可能与 20 年前有所不同。

表 8-1 汽车装配中的工装和设备

	工装	设备
车身框架	焊接夹具 检测夹具 装卸夹具 夹具交换器 机械手末端工装 输送夹具 人体工程学负载辅助器 工艺表 穿孔装置 零件运输架	输送机 机器人 托架（滑块） 旋转台 密封装置 自动化装置 电力装置 通风装置 防护栏和门
涂装作业	弹出式工装 机械手末端工装 输送夹具 工艺表 零件运输架	输送机 机器人 密封装置 自动化装置 电力装置 防护栏和门
总装	装卸夹具 安装夹具 夹具交换器 机械手末端工装 输送夹具 人体工程学负载辅助器 工艺表 零件运输架	输送机 机器人 托架（滑块） 旋转台 密封装置 自动化装置 电力装置 防护栏和门

8.1.1.2 工装特点

由于汽车装配的零件和工艺种类繁多，因此工装单元在形状、尺寸和细节上有很大的差异。例如，装配夹具可以是固定式夹具，或者机械手末端工装。工装单元的驱动机构是气动或伺服电机，以实现作业自动化。

通常对装配工装和设备装置有一定要求。它们在工作环境中应该是可靠的（或具有较长的平均故障间隔时间），对生产工人和维修技术人员还必须是安全的，同时符合人体工程学要求。此外，工装和设备单元应具有适当的装配作业间隙。对于车身组装而言，考虑到钣金件的柔顺性，工装单元应专门设计，以使零件的变形和扭曲最小化。换言之，在工装和设备的开发过程中，上述需求都应得到满足。

通用的生产设备和设施通常可以从供应商处获得，而某些特定型号的工装单元需要专门开发。因此，本章讨论汽车装配制造中工装开发的原则和步骤。

装配夹具是工装的核心部分。术语"工装"与"夹具"在工业实践中经常可以互换使用，但它们略有不同。装配夹具是一种机械装置，在装配作业中能够始终定位、固定和支撑整车零件和子装配体。工装单元则包括定位、夹持、驱动、感应、控制和其他功能部件。

夹具的定位功能通过定位销和定位块来实现。定位销插入零件上的定位孔或定位槽中，而定位块则是控制零部件的表面。在定位销和定位块的约束下，零件可以精确地定位在其装配位置上，夹持功能是在装配作业中将零部件固定在其位置上，夹持压板通常用于夹持。定位、夹持、支撑的原理及应用将在后面讨论。

8.1.2 专用工装开发

对于汽车装配，工装开发是汽车制造商和原始设备制造商之间共同努力的结果。汽车制造商需要为各种汽车子装配体提供专用工装，原始设备制造商可以设计、制造和集成这些工装和设备，以满足汽车制造商的要求和规范。2013年的一项调查显示，北美汽车制造业的工装产业每年的总产能为112.5亿美元[8-1]。一些汽车制造商拥有内部设备制造能力，但它们仍然需要外部供应商提供诸如机器人之类的某些类型的设备。

一种常见的做法是，工装制造商通过竞争性投标获得汽车制造商的业务。为了确保问责制，汽车制造商和工装原始设备制造商通常会形成一个长期、双赢的合作伙伴关系。

8.1.2.1 总体开发过程

如果将生命周期的概念应用于装配工装，那么它在其生命周期中有四个主要阶段：①开发；②作业；③转换（改装）；④退役。第一个阶段是本书讨论的重点，包括概念、设计、制造、安装、调试和生产准备。

工装开发的总体流程如图8-1所示。开发过程中，审查和批准可以确保新开发工装的设计功能和性能，包括安全性、可维护性和人工作业的人机交互友好性。

作为第一个任务，工装概念开发可以由工装制造商的设计部门和汽车制造商工艺团队共同进行。概念设计的重点应放在主要定位点（PLP）方案开发、功能需求和夹具方案协调上。作为开发工作的第二步，在整个审查和批准过程中，汽车制造商的生产和质量团队应该参与进来。特别是对于人工作业，必须要进行安全审核和初步批准。

在夹具概念方案被汽车制造商批准后，开发进入第三步——细节设计。细节设计包括夹

第8章 工装开发管理

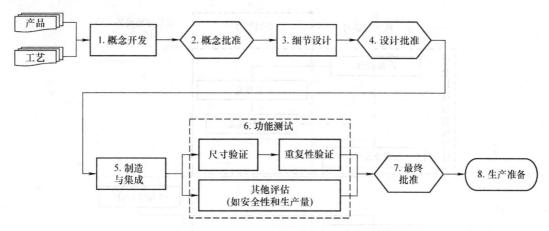

图 8-1 装配工装的开发工艺流程图

具布局、功能和工艺步骤、PLP 的机械部件、夹持压板和支撑结构、动力装置和自动化控制协调。细节设计批准（第四步）可以在原始设备制造商设计部门内部进行。然后，整个夹具设计完成，可以提交给汽车制造商审查批准。

工装开发的第五步是制造、安装、集成和与零件试用。然后，开发进入第六步——进行多种测试，如空运转和尺寸认证等，以验证工装系统的功能和性能是否能满足设计意图。工装的安装、集成和测试可以在原始设备制造商工厂进行，也可以在装配厂（如果有可用的空间）进行。如果工装系统是在原始设备制造商工厂制造和试用的，那么这些测试称为初步测试。在汽车制造商工厂重新安装工装后，仍需要进行最终的综合测试。开发的第七步是最终批准，根据生产调试和测试运行，以通过多个标准。最后一项工作是为系统做好批量生产的准备。

在工装开发过程中，工装原始设备制造商与汽车制造商之间需要紧密合作与协调。图 8-2 所示为工装开发中开发工艺与协作的流程图。

此外，技术文档是工装开发的一个组成部分，包括预测的可靠性、机械失效模式与影响分析（FMEA）和操作说明。它通常也可以由维修规范、程序、手册、备件库存供应和培训计划等组成。

8.1.2.2 工装标准化

工装标准化是制造标准化的一部分。通用的、标准化的工装单元因其具有可用性、低成本、短调试时间和良好的可靠性（因为使用了成熟的技术）等诸多优点而成为首选。

当需要专用工装或设备时，应按照行业和汽车制造商的标准进行开发。尤其是工装单元应采用模块化方法设计，以便通过使用标准化的工装部件来提高设计和制造效率。

1992 年，美国汽车制造商和供应商在汽车与钢铁联合研究所（Auto/Steel Partnership）的赞助下组建了一个团队。20 世纪 90 年代中期，针对汽车零件冲压和装配夹具中使用的通用公制规范和标准件，他们创建并发布了 NAAMS（最初称为北美汽车公制标准）。图 8-3[8-2]所示为其中一个规范。

8.1.2.3 成本因素

新工装的初始成本包括开发管理、采购、设计、制造、安装、调试和用户培训成本。工

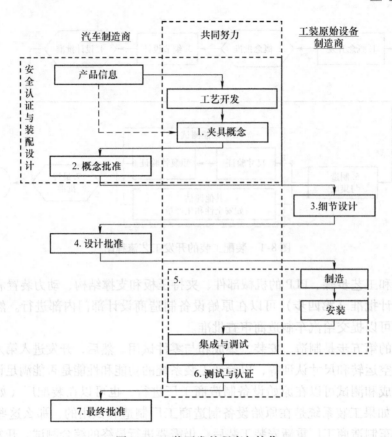

图 8-2 工装开发的程序与协作

装的运营成本与工人、设施、耗材和生产停机时间有关。维护成本是运营成本的一部分,包括维修、维修人员、定期维修、不定期维修和备件的成本。当资本投资成为工装开发的一个关注点时,应该强调的是总寿命成本而不是初始成本。换言之,工装开发应以生命周期成本最小化为目标。

由于开发成本高,近年来,将工装开发外包给低成本国家,对美国和欧洲的汽车制造商降低生产成本发挥了巨大的作用。研究表明,对于注塑模具和冲压模具,外包一般可以节约成本30%[8-1]。对于其他主要的装配工装进行外包,也能获得类似的节省。但是,外包是一个复杂的项目,存在额外的风险。表 8-2 列出了根据最近一项研究总结的外包的利弊[8-3]。

外包的障碍往往是沟通困难和时区差异,还存在质量问题、问题解决和变更管理等隐性因素。计划不周的外包可能会导致严重的质量问题或项目延迟。因此,对一整套效益、风险、资源和管理工作进行全面的评估对一个外包项目的成功至关重要。

8.1.3 工装柔性

装配工装必须能支持制造系统和工艺的发展,特别是第 3 章和第 5 章中讨论的系统和工艺柔性方面。针对多种车型,产品研发应尽可能在装配 PLP 上进行通用设计。然而一些场合,如在位置、方向、尺寸和一些细节的设计方面,则必须根据特定车型进行设计。因此,工装设计应具有柔性,适用于多种车型。

第8章 工装开发管理

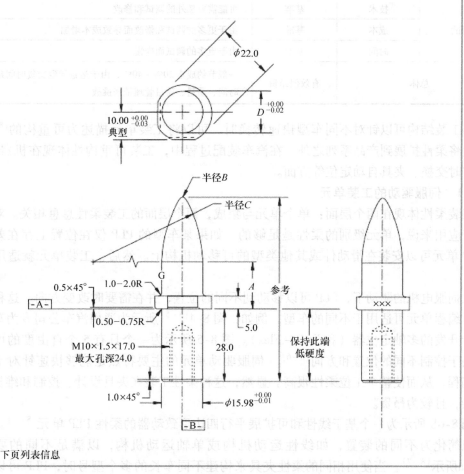

图 8-3 标准化夹具的案例（USCAR 公司提供）[8-2]

表 8-2 工装开发内包与外包的比较

阶段	因素	内包	来自低成本国家的外包
设计	技术	基准	通过互联网和电话会议进行审查和批准，存在以下问题：沟通和变更管理存在困难、项目管理需要更努力、时区差异造成的困难
	成本	基准	节省人力成本 > 60%，专业人员经验不足
	时间	基准	大致相同或稍长

(续)

阶段	因素	内包	来自低成本国家的外包
制造与集成	技术	基准	质量管理面临挑战，详细跟进的成本高昂，可能由于零件可用性和变更响应速度慢而无法进行试用
	成本	基准	节省人力成本 > 60%、材料成本 > 20%、设施成本 > 10%
	时间	基准	大致相同
运输	技术	基准	可能损坏或丢失
	成本	基准	存在额外运费，如国际关税
	时间	基准（1~2天）	4~5周，空运成本更高
调试	技术	基准	可能需要额外的调试和修改
	成本	基准	由于更多的调试和修改而导致成本增加
	时间	基准	由于更多的调试而变慢
总体		有效但昂贵	一般节约成本20%~40%，由于运输导致交货时间延长，给生产时间、质量、项目管理带来挑战

当工装结构可以针对不同车型快速转换时，可以将工装单元描述为可重构的[8-4]。可重构性将柔性扩展到产品系列之外。在汽车装配过程中，工装可重构性体现在机器人移动、夹具实时交换、夹具自动定位等方面。

8.1.3.1 伺服驱动的工装单元

工装柔性体现在两个层面：单个单元与集成，两个层面的工装柔性息息相关。对于大多数生产应用来说，单元级别的柔性是足够的。如果某车型的 PLP 仅在位置上存在差异，则该 PLP 单元可以安装在滑动件或其他类型的可移动机构上。然后，工装单元就适用于多种车型。

在伺服电机的驱动下，PLP 可以移动到不同的位置，并在需要时改变方向。这种伺服驱动的可编程单元可适用于不同的车型。例如，图 8-4[8-5]所示为通用汽车公司专为车身装配而设计开发的多轴定位器（称为 C-Flex）。图 8-5 所示为一个具有 5 个自由度的可编程单元，用于控制不同的位置和方向[8-6]。伺服驱动单元的主要特点是能够快速针对不同型号进行编程，从而使整个工位柔性很高。显然，这种柔性工装在夹具设计、控制和维护方面比较复杂，且较为昂贵。

图 8-6b 所示为一个基于线性和可扩展平行四边形致动器的柔性 PLP 单元[8-7]。这类单元可以简化为不同的装置，如线性运动机构或单轴运动机构，以满足不同的要求，如图 8-6a 所示[8-7]。当使用相同的柔性夹具来构建不同车长的多个型号时，PLP 可以移动以适用特定型号。若 PLP 是为不同型号设计的通用装置，则夹具可以简化。

8.1.3.2 车身框架柔性

对于不同型号的主要子装配体，工装系统可以设计为柔性夹具单元或可替换的非柔性单元。生产中制造可实时替换的夹具单元已经有多年的实践经验。例如，机械手末端工装单元可以设计为可替换的[8-8]。从作业角度来看，当不同型号的子装配体进入工位时，所有特殊夹具都应提前更换。一旦子装配体到达工位，特定型号的所有夹具都应就位且准备就绪。

作为讨论的起点，两种型号的全车身焊装成型工位的设计可以是图 8-7a~c 所示的三种

第8章 工装开发管理

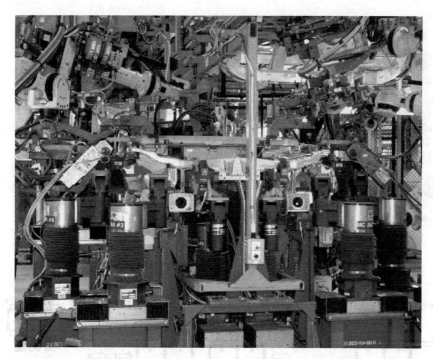

图 8-4 带有可编程定位器的夹具单元（美国汽车工业杂志提供）[8-5]

方案之一，它们都已经用于汽车装配厂。

图 8-7a 所示的第一种方案，有两对可移动专用成型工装 A 或 B。带有特定型号的工装单元悬挂在导轨上。可移动专用成型工装 A 或 B 进入车身焊装成型工位，以便相应的车型进入工位。就时间而言，可移动专用成型工装与车体同时被送进车身焊装成型工位。

图 8-7b、c 所示的两种方案，实际上是两个专用（非柔性）车身焊装成型工位，采用串联或并联的结构，将成型车身送入相应的车身焊装成型工位。这两种方案都非常有效，但投资成本很高。

对于具有三个或更多型号的情况，使用可替换可移动专用成型工装可能是更好的解决方案。图 8-8 所示为两个根据不同车型更换可移动专用成型工装的方案，这两个方案的不同之处在于交换机制。

与每种车型的车身焊装成型工位相比，由于一些装配设备（如机器人）可共享，可替换可移动专用成型工装的方案更经济。还有其他备选方案，如将可移动专用成型工装放在旋转

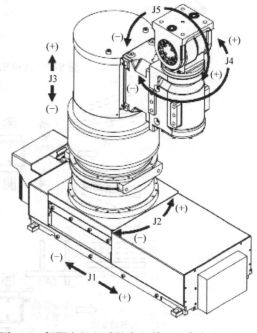

图 8-5 伺服电机驱动的夹具单元（版权归 FANUC 公司所有并由 FANUC 公司提供）[8-6]

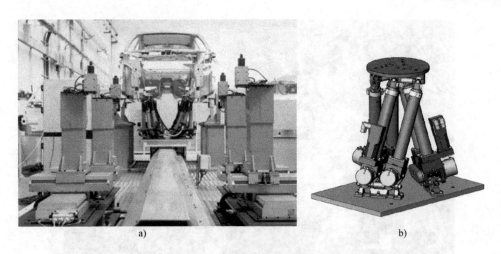

图 8-6 具有线性和平行四边形机构的夹具单元[8-7]

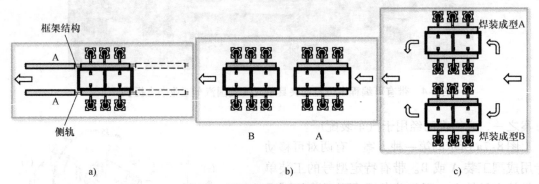

图 8-7 两种车型的车身框架方案

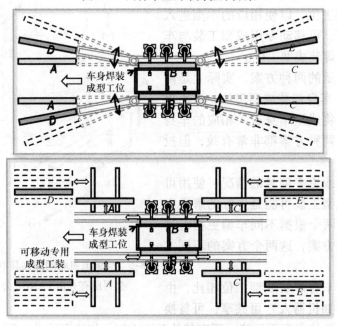

图 8-8 多种车型的车身框架方案

第8章 工装开发管理

台上或使用机械手末端工装进行车身焊装成型工位定位。后者节省了占地面积,因为车身焊装成型的机械手末端工装可以存放在货架上供机器人选择。

比较工艺和工位开发中可替换可移动专用成型工装不同方案的成本具有意义的。这种可交换的工装是开放式的,以便在改变机制、操作简单和降低成本等方面具有可优化性。

8.2 PLP 原理及应用

8.2.1 汽车装配的几何尺寸与公差(GD&T)

8.2.1.1 汽车尺寸坐标

汽车的坐标系定义为 X 轴(前/后)、Y 轴(左/右)和 Z 轴(上/下),如图 8-9 所示。X 轴的坐标原点因汽车制造商而异,它从汽车最前端或前轴位置开始,X 轴正方向指向车尾。左右(Y)轴以汽车的对称平面为中心。在工程实践中,车内(朝向汽车中心线)和车外通常用于指示方向。Z 轴正向朝上,它的原点位于地面或汽车上适当的位置。

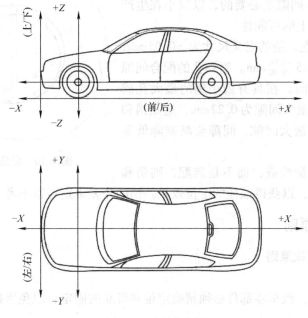

图 8-9 汽车坐标系

8.2.1.2 汽车 GD&T

总体来说,部件的尺寸及其公差对汽车装配质量至关重要。零件之间的关系也是汽车性能的重要尺寸特征。

汽车部件和装配体的设计与制造遵循尺寸规则,通常称为几何尺寸与公差。它包括零部件和装配体的基准、尺寸、公差设计的原则、方法与标准。广泛使用的几何尺寸与公差标准是由美国机械工程师协会(ASME)颁发的 Y14.5M-2009。

基准是理论上精确的点、轴或平面,由指定基准特征(由 ASME 定义)的真实几何对应物衍生而来。因此,基准是一种假想的、完美的几何形式。相应地,基准特性是一种物理特性，作为基准可接受的替代物，它可以是孔、槽、表面、边缘，甚至是零部件的标签。

汽车覆盖件（如车门）的装配，可以从间隙和平齐度的角度来考虑。间隙是两个零件之间的距离。例如，门缝典型的安装要求是 (4.0±1.0) mm。有时也使用平行度，如平行度在 1.0mm 以内。平齐度是两个零件之间的高度差。理想状态下，所有不同的配合零件都是完全平齐的。例如，在覆盖件的装配中，发动机舱盖和挡泥板的平齐度要求为 0.0mm + 1.2/ −1.0//1.5mm。

间隙和平齐度不仅在视觉上对客户的选购影响非常明显，而且还与风噪声水平和漏水的可能性有关。因此，汽车的间隙和平齐度应在设计公差范围内，并尽可能减小。

8.2.1.3 PLP 的特点

PLP，或称为基准模拟器，是夹具中与零件上的基准特征相接触并将其定位在基准坐标系中的点。因此，在工艺和工装要求中规定 PLP。为执行定位功能，PLP 可以是各种形状和尺寸的销和块。一般来说，在装配尺寸质量方面，销比块更有效。

使用销进行零件定位时，销与零件上孔之间的配合为间隙配合，销和孔之间具有固有间隙（图 8-10）。事实上，间隙是必要的，以减小在生产过程中零部件锁在销上的可能性。

根据 NAAMS 标准，销的名义尺寸为 ±0.05mm，孔的名义尺寸为 $-0.15^{+0.00}_{-0.02}$ mm。销和孔的配合间隙在 0.10~0.22mm 之间。在具有最小销的最大孔或在最小材料条件下，最大间隙为 0.22mm，这是销和孔都在公差范围内的最大间隙。间隙会略微降低零件定位的精度。

如果夹具用于质量检查，而不是装配，则销和孔之间几乎没有空隙，以获得最佳的定位效果。销的公差确定可以不考虑特征尺寸条件。

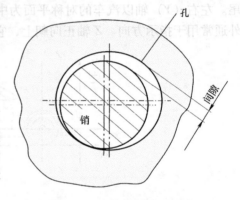

图 8-10 定位销与孔的间隙

8.2.2 零件定位原则

8.2.2.1 3-2-1 定位原则

在装配作业期间，汽车零部件必须精确定位并可靠的固定，以免因操作活动产生的外力和重力而导致其移动。

零件和子装配体是根据被称为"3-2-1"的定位原则来进行固定的。理论上讲，它表示在基准坐标系内建立 X、Y 和 Z 平面时，保持零部件几何位置所需的点数。为了完全限制一个零部件，第一个平面由三个点定位，第二个平面由两个点定位，第三个平面由一个点定位，这就是它被称为"3-2-1"原则的原因。

如图 8-11 所示，主基准面 A（通常最大）有三个点，或有基准特征 A_1、A_2 和 A_3，它们共同创建了一个假想平面。为了在制造过程中获得良好的位置稳定性，主基准面上的三个点应尽可能分开布置。也就是说，三个点所包围起来的区域面积要尽可能大。第二基准面 B 通常垂直于主基准面 A，具有两个基准特征 B_1 和 B_2。第三基准面有一个基准特征 C_1。因此，刚性零件需要六个 PLP。

8.2.2.2 "3-2-1"中"2-1"的配置

"3-2-1"定位原则中的"2-1"方案控制三个运动方向:一个旋转和两个平移方向。对于"2-1"方案,有几种可能的配置,图8-12所示为四种实用的"2-1"配置。其中,图8-12a所示的配置被认为是最有效的定位方式,而图8-12b所示的配置在应用中也很常见。

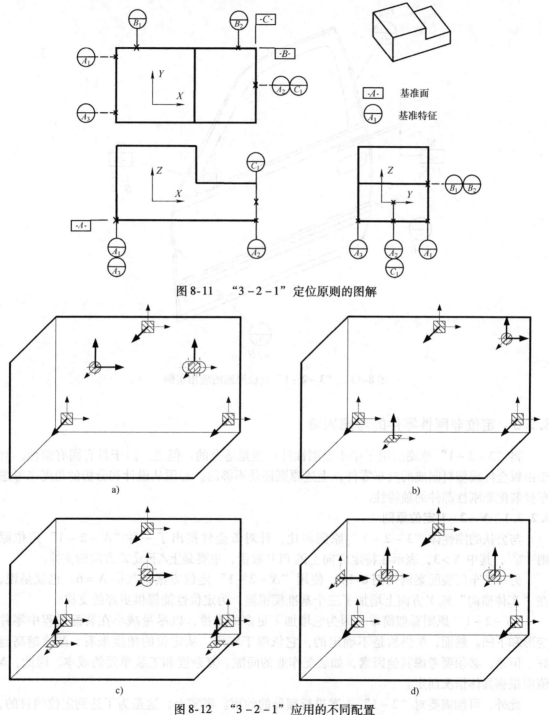

图8-11 "3-2-1"定位原则的图解

图8-12 "3-2-1"应用的不同配置
a) 销孔、销槽　b) 销孔、块表面　c) 销槽、块表面　d) 销槽、销槽、块表面

例如，车门装配的定位方案包括一个4向定位销孔（C）、一个2向定位销槽（B）和三个"车体横向"定位器（A_1、A_2和A_3），如图8-13所示。这是"3-2-1"定位原则的直接应用。在这种情况下，车门装配件被假定为刚体，这有利于车门组装后在"自由"状态下进行尺寸检查。

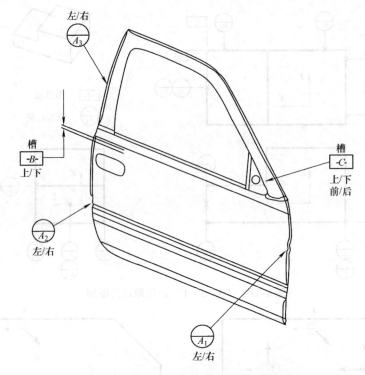

图8-13 "3-2-1"定位原则的应用实例

8.2.3 定位非刚性零件的考虑因素

将"3-2-1"原则应用于中小型刚性件可能是适合的。但是，由于具有固有柔性，对于由钣金件或塑料制成的汽车零件，上述原则还是不够的。必须从设计和分析的角度来考虑车身装配非刚性部件的独特性。

8.2.3.1 $N-2-1$定位原则

与公认的刚性体"3-2-1"原则相比，针对钣金件提出了一种"$N-2-1$"定位原则[8-9]，其中$N>3$，表示在特定方向上的PLP数量，主要是上/下或Z方向的支撑。

另一个车门装配案例（图8-14）使用"$N-2-1$"定位方案，其中$N=6$。也就是说，在"车体横向"或Y方向上增加了三个基准模拟器，为定位性能提供更好的支撑。

"$N-2-1$"原则看似简单，因为它增加了更多的支撑，以尽量减小在装配过程中零件变形和下凹。然而，N仍然是不确定的，它依赖于应用。从定位的角度来看，N值越高越好。但是，必须要考虑其他因素，如装配作业的间隙、复杂度和工装单元的成本。因此，N值应根据具体情况而定。

此外，可能需要对"2-1"方案进行额外的约束。事实上，这是为了达到定位的目的，但会导致过约束。有时，这种过约束定位器被称为"辅助"定位器[8-10]。

第 8 章 工装开发管理

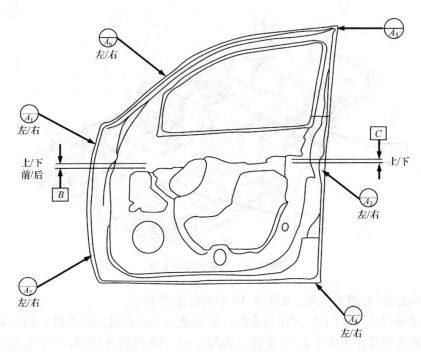

图 8-14 "$N-2-1$" 定位原则的应用实例

过约束定位方案（如 "$3-2-2$"）是一种工业实践。图 8-15 所示为 "$3-2-1$" 和 "$3-2-2$" 之间的区别。实际上，"$3-2-2$" 在第三基准面（基准面 C）上增加了一个额外的定位器。对于钣金件，"$3-2-2$" 有助于在装配作业中保持零件的形状和稳定性。然而，过约束的一个潜在问题是难以将零件装载到夹具上，并在装配作业完成后卸载。销头上有较长的导程或锥度有助于降低难度。

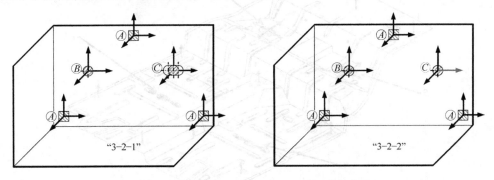

图 8-15 "$3-2-1$" 与 "$3-2-2$" 定位方案

8.2.3.2 "$N-2-1$" 原则的讨论

如图 8-16 所示，以底板为例，讨论如何确定钣金件的 N。在装配过程中，几个较小的零件，如座椅横梁和加强件，将装配在底板上。

通常情况下，为了消除重力对尺寸质量的影响，最好将所有零件置于装配后整车的相同方位。因此，在组装和转移操作中应放平底板。在零件定位方案的设计中，通常先确定 X（前/后）和 Y（左/右）方向。本例的定位方案可以通过 X 和 Y 方向上的一个 4 向定位销/

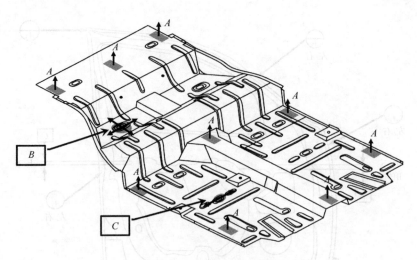

图 8-16 底板的定位方案

孔和一个 2 向定位销/槽来实现,如图 8-16 中的标注 B 和 C。

下一步是确定 Z(上/下)方向的支撑。底板是一个大而薄的钣金件,因此需要三个以上的支撑。通常建议使用 9 个上/下支撑,如图 8-16 中标记的 A 所示。9 个支撑架的确切位置应根据装配作业所需的空间(如焊枪入口)和零件表面轮廓确定。

对于同一案例,可以添加额外的 4 向定位销/孔(图 8-17 中的标注 B')和 2 向定位销/槽(图 8-17 中的标注 C')。显然,B' 和 C' 在这个应用中是过约束。过约束的必要性、有效性和配置是有争议的。例如,如果 B' 是 2 向定位器时是否合适?

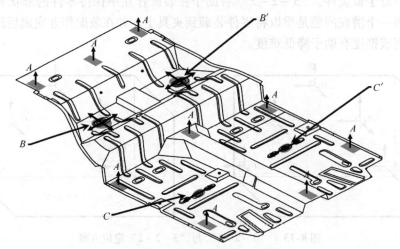

图 8-17 底板的另一种定位方案

如果采用"3-2-1"形式,图 8-17 所示案例的定位方案则是"9-4-2"。本例中的 $N=9$ 不一定是最优值。研究表明,对于类似乘用车的车身侧围,用于检查夹具的压板装置数量 $N=5\sim17$[8-11]。另一项研究针对零件稳定性开发了相关定位方案优化算法[8-12]。此外,根据定义的关键尺寸,可以对定位方案进行优化[8-13]。

对于某些应用,基于设计几何和材料,可以用有限元分析(FEA)来确定 N 的值。图

8-18 所示为一个发动机舱盖的案例。原始 PLP 方案的 $N=8$，进行简单的有限元分析研究，分析结果表明，由于重力作用，发动机舱盖在中心区域内具有约 0.5mm 的凹陷。如果在凹陷区域增加两个上/下支撑，则面板可以在装配作业中保持更好的形状。因此，更好的方案是 $N=10$。对于这样的简单案例，有工作经验的设计师可能会给出相同的建议。

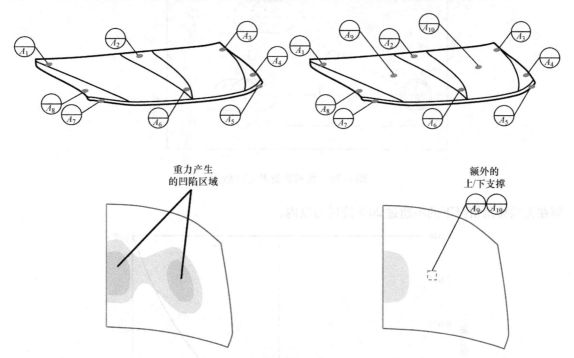

图 8-18 基于有限元分析的额外上/下支撑

对于非刚性零部件装配定位与夹紧的研究依然活跃。最近公布的最新成果包括一个可重构的模块化系统，该系统用于在离散的点力作用下，对薄壁、柔性物体进行定位[8-14]，以及在装配中考虑零部件变形、工装变形和装配回弹的影响，研究夹具位置对装配后钣金件尺寸质量的影响[8-15]。针对非刚性特点，特殊夹具的设计和优化也是一项研究课题，如夹具布局[8-12]、定位器位置[8-13]、单边夹具[8-16]和夹紧顺序[8-17]等。这些研究有助于更好地理解和提高在汽车装配制造中新夹具设计和应用的质量。

8.2.3.3 精确定位的考虑因素

在装配作业中，存在许多定位变量，如间隙、定位器位置和零件形状。考虑到这些变量，可以对结构的定位精度进行分析。图 8-12a 所示的配置可以作为一个例子。如图 8-19 所示，销孔（A）将零件定位在两个方向上，销槽（B）用于防止 A 的自旋转。

可以看出，定位精度受到 A 和 B 处的间隙，以及偏移角 α 和距离 l 的影响。为了便于分析，可以假设 A 处没有间隙，B 处的间隙 δ 很小。在初始情况下（$\alpha=0°$），该零件可以绕 A 旋转 $\arctan\frac{\delta}{l}$ 度。但是，如果销槽定位器以相同的距离 l 移动到 B'，则零件旋转角是 $\arctan\frac{\delta}{l\cos\alpha}$ 度。就旋转而言，定位精度随偏移角的增大而减小。图 8-20 所示为当 $l=500$mm、$\delta=0.2$mm 时，不同的偏移角 α 与旋转角的关系。据此，建议取 $\alpha<30°$，此时零件的旋转被限

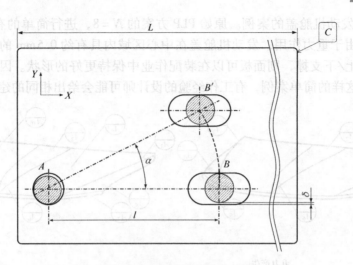

图 8-19 销的位置及定位效果

制在无偏移角情况下的不超过 20% 旋转角以内。

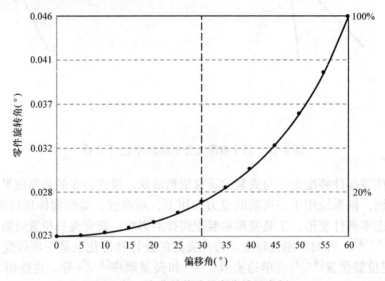

图 8-20 定位销偏移的定位效果实例

值得关注的是，槽的方向也会影响定位精度。在上述讨论中，假设槽的方向不变。如果在零件设计中，可以改变槽的方向以消除 α 角，即槽 B' 与 A 保持一致，则由偏移角引起的定位问题可以通过设计予以解决。

如果零件尺寸特征在两个定位器之外，则定位精度可能会更差。如对图 8-19 中零件 C 角的定位精度进行分析。如果 $l = 500mm$，$\delta = 0.2mm$，$\alpha = 30°$，并且 A 和 C 之间的距离是 800mm，则点 C 可在 0.37mm 的范围内浮动。换言之，对于这种情况，B 处的 0.2mm 间隙会导致 C 处的 0.37mm 变化。因此，建议两个定位器之间的距离足够长，如 $l > 0.6L$，其中 L 是零件长度。同样，可以分析 A 处的间隙对零部件位置的影响。其他定位结构的定位精度，如图 8-21 所示的两种情况，可以根据偏移量 e 的要求进行分析。

此外，在制造系统和工艺的开发过程中，如果条件允许，PLP 应该在整个系统的所有工

第8章 工装开发管理

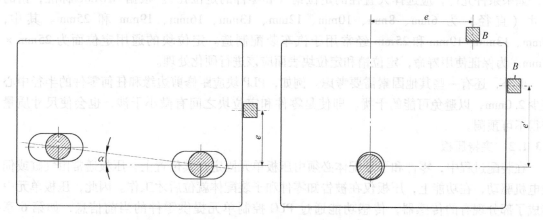

图 8-21 定位器结构与定位效果

艺中保持通用。使用通用的 PLP 方案,是保证装配体尺寸质量的关键,可以消除由于不同 PLP 方案引起的子装配体尺寸变化。例如,对于上述底板,PLP 方案中的 X(前/后)和 Y(左/右)方向,应该在所有相关的装配过程中保持一致。

8.3 夹具功能设计

8.3.1 夹具部件和单元

装配夹具的设计和制造是为了在制造过程中定位和固定零件及子装配体。定位销、定位块以及压板是夹具单元的核心元件。此外,还有一些其他附件,如托架、立管和支架,如图 8-22 所示,可为各种应用定制夹具单元。

8.3.1.1 定位销和定位块

定位销和定位块单元通常由一个销或块、安装座、垫片组、立管和 L 形定位块组成。大多数定位销固定在夹具上,可设计为可伸缩、气动驱动或伺服电机驱动。

定位销和定位块的定位面在尺寸和形状上应有较高的精度。销和

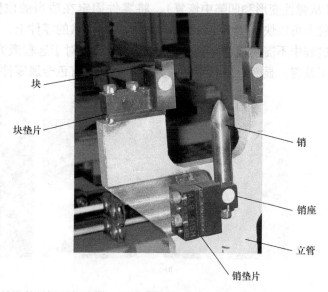

图 8-22 装配夹具部件的案例

块的位置应设计为可通过垫片组在几毫米内调节。为了便于调整,定位销和定位块上的垫片组是不同类型垫片的优化组合,以便于调整定位位置,确保定位准确。例如,对于 5mm 的垫片组,其可以是 4 个 0.25mm、2 个 0.5mm、1 个 1mm 和 1 个 2mm 的垫片组合。

237

如果条件允许，应选择大直径的定位销（和零件的定位孔）。根据 NAAMS 标准，销的尺寸（直径）为 6mm、8mm、10mm、12mm、13mm、16mm、19mm 和 25mm。其中，10mm、13mm、19mm 和 25mm 经常用于汽车装配制造。定位块的通用定位面为 25mm × 25mm。为保证使用寿命，定位销和定位块表面应该进行硬化处理。

此外，还有一些其他因素需要考虑。例如，PLP 块应距修剪边缘和任何零件的半径中心至少 2.0mm，以避免可能的干扰。即使是零件和定位块之间有微小干涉，也会使尺寸质量变得不可预测。

8.3.1.2 夹持压板

在装配过程中，零件和子装配体必须由压板单元固定在其位置上。压板通常由气缸或伺服电机驱动，在功能上，压板仅在被告知零件和子装配体就位后才工作。因此，压板单元中集成了部分现有的传感器，传感功能通过 PLC 控制单元提供零件的当前信息，如第 6 章所述。

对压板的基本要求是提供合适的锁定，以确保在装配作业过程中零件能够保持稳定。压板设计需要考虑的一般因素包括：
- 压紧的强度和刚度足以牢固地固定零件和子装配体。
- 通常需要直接的背部支撑，以确保钣金件表面没有损伤或零件和子装配体没有变形。
- 压紧和松开动作对装配作业没有干扰。
- 压紧和松开动作应该可控且可检测。
- 压紧棘爪需要设计为可调的，以获得适当的压紧力。

压紧装置可设计为使用机械夹和磁力的混合。磁力可以将零件拖动到所需的几何形状（从弹性变形和凹陷中恢复）、将零件固定在适当的位置、保持零件在装配过程中的稳定。磁力可以快速重新定位到具有不同几何形状的零件上，如图 8-23[8-18] 所示。因此，在装配过程中不需要物理夹具（图 8-23a），因而对于远程激光焊等连接工艺，零件的可达性得到了改善。显然，磁力夹持的方案不适用于有色金属零件。

a)   b)

图 8-23 带有磁性压板单元的夹具原型
（International Federation of Robotics 提供）[8-18]

此外，装配夹具可用于减小非刚性零件中固有的零件变形。例如，通过优化装配作业中的压紧位置和顺序，可以使钣金件的回弹最小化。与此同时，还可以根据特定的操作间隙设

第 8 章 工装开发管理

计夹紧顺序。尽管夹紧顺序与具体的工程应用相关,但一些研究已经解决了这些问题[8-17]。如前所述,重力对薄钣金件的影响很大。因此在压板设计中需要考虑重力的影响。例如,第一个夹紧装置和重力应该共同作用,以确保零件处于适当位置。

8.3.1.3 压板销

在大多数工程应用中,定位和夹持功能分别由单独的工装单元执行。在某些情况下,这两个功能可以合并为一个单元,这尤其适于在狭窄区域应用。例如,将一个定位销和一个夹紧装置组合在一起的单元称为压板销,如图 8-24 所示。使用压板销的优点是节省空间,然而压板销单元的夹紧力很小,有时没有直接的背部支撑。

图 8-24 压板销单元

8.3.2 夹具结构

8.3.2.1 工位夹具的安装

夹具单元可以用不同的方式安装。一种常见的方法是将夹具单元安装在平台上,称为固定夹具。有时,由于需要装配空间,固定夹具不适合,如将主子装配体移动到工位上。在这种情况下,可以将夹具单元安装在可移动机构上,如滑块和枢轴单元。当子装配体就位后,夹具再移入并执行其功能。对于这类夹具单元,必须为滑块或枢轴单元本身设置额外的定位和夹紧机构。图 8-25 所示为三种夹具结构,即固定夹具、滑动/枢轴单元夹具和机械手末端工装夹具。

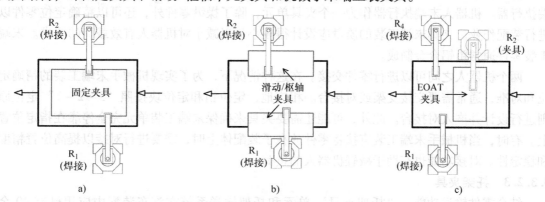

图 8-25 精密工位的夹具结构

此外,夹具可以设计用于质量检测。这种检测夹具可用于检测子装配体和最终装配体的间隙、平齐度和孔、螺柱等的尺寸。与装配夹具类似,检测夹具由销、块和夹紧装置组成。对于质量检测,零件装载、定位和夹紧在检测夹具中都是人工作业。图 8-26 所示为汽车子装配体中使用检测夹具的案例[8-19]。需要注意的是,零件的检测位置应与在车辆上装配时的位置相同。

图 8-26　汽车子装配体的检测夹具案例（来源于美国 Quality Magazine）[8-19]

8.3.2.2　机械手末端工装

夹具单元，如末端工装单元，可以安装在机器人上。末端工装的类型很多，车身装配中最常见的末端工装单元是焊枪。此外，机器人可以通过安装一个小型机床单元来执行许多其他任务，如钻孔、磨削、打磨、穿孔和切割等。另一类末端工装单元是测量传感器，因而机器人可以用于检测零件的存在、识别零件并检测零件质量。

对于常见的物料搬运机器人，机械手末端工装被设计用于零件操作，这种物料搬运的末端工装被称为夹持器。夹持器如同一只手，有拇指和其他相应的手指，可以抓住并操纵零件。有时，末端工装会结合物料搬运和零件定位的功能，如图 8-27 所示，它通常被称为末端执行器。机器人末端执行器作为一个夹具单元，除了操纵零件外，还可以精确定位零件以进行装配作业。夹具末端工装的质量应设计得较小，以减小对机器人有效载荷的要求。末端工装零件通常由铝合金制成。

两个机器人之间可以进行零件交接。在这种情况下，为了实现机械手末端工装的精确定位和对准，通常需要交接支架或对接台。相应地，定位销和定位块按照"3-2-1"定位原则进行设计并嵌入对接台。此外，可能还需要夹具来确保末端工装单元完全停靠在指定位置上。有时，当机械手末端工装直接将零件放在子装配体上时，需要进行对接以提高位置精度和稳定性。对接功能也有助于减轻机器人的负荷。

8.3.2.3　托架夹具

结合零件输送功能，"托架夹具"单元和托架输送系统在汽车装配中应用已有 40 余年[8-20]。托架单元由底板框架、定位销和支撑块组成。在装配过程中，一个子装配体（如汽车车身底板）放置在托架上，通过若干装配线从一个工位移动到另一个工位，具体案例如图 8-28 所示。因此，这种托架实际上是一个具有内置定位单元的移动夹具。因而，托架夹具为确保各种装配作业的产品尺寸质量提供了良好的定位一致性。

托架夹具的典型结构包括：

- 一个 4 向定位销，一个 2 向定位销和 6 个上/下方向上的定位块。

第 8 章 工装开发管理

图 8-27 机械手末端工装末端执行器案例
(来源于 istock-463270361,iStock.com/zhuzhu)

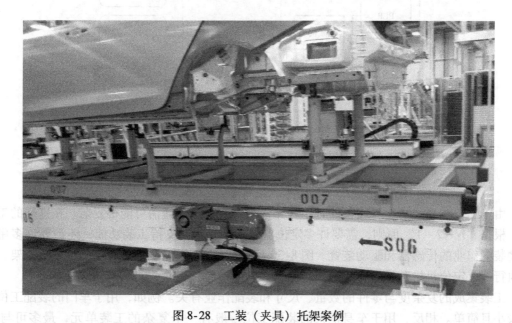

图 8-28 工装(夹具)托架案例

- 4 个夹紧装置,通常采用压板销设置。
- 坚固的托架结构体,质量约为 900kg(2000lb)。
- 托架中无零件感测传感器。

托架输送系统上的夹具通过装配线移动，其结构包括：
- 有辊轮底座（即床身）的工位。
- 对于精密定位装配工位，带有升降功能的辊床以实现精确定位。
- 托架带有可旋转90°的旋转台和平行交叉移动的传送带。
- 装配线之间的高架输送所需的升降机。
- 整个托架输送系统所需的维护和尺寸检测工位。

托架输送系统通常从车身底板装配线开始，到车身车间结束，广泛应用于车身装配作业。因此，托架输送系统有一个巨大的循环或贯穿车身车间的输送带。对于量产车型，在生产过程中约有200个托架在托架输送系统中移动。大多数托架夹具置于装配工位上，而其余托架或是载着在制品单元一起传送，或是按路线空载返回。

使用托架夹具具有2个优势：一个是将许多工位和装配线中的夹持与传送功能相组合，有利于提高装配尺寸质量，因为装配作业可以在单个托架夹具上完成，有效避免了操作中因夹具更换而造成的尺寸变动；另一个是有利于标准化设计、制造和维护。

8.3.2.4 装配工装集成

本节将讨论工装和操作的工位集成，包括物料搬运、夹具更换、定位、夹紧、装配等。在工位级别，所有工装部件与功能集成为一个整体，并通过PLC与其他设备进行通信，以执行装配任务。图8-29所示为工装单元的集成和通信。

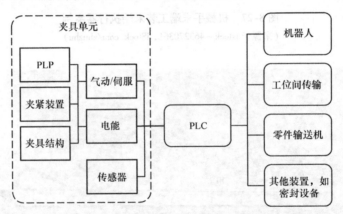

图8-29 工位中的工装部件集成

由于工位类型、功能和相关的时序各异，其工装集成和通信可能很复杂。在这样的工位中，根据"$N-2-1$"原则，需要许多定位器和夹具。为了支持工装功能，还需要许多用于自动装配作业的传感器和驱动装置。图8-30所示为工装设备的工位集成，如移动托架、末端执行器、定位机构和机器人等[8-21]。

工装集成的复杂度与零件的数量、尺寸和装配作业有关。例如，用于车门的装配工位相对较小且简单。相反，用于车身框架的装配工位一般有一个复杂的工装单元，最多可与18个机器人协同作业。因此，工装的集成和后续调试任务可能需要花费数周时间，最终才能使工位按设计正常工作。

图 8-30　车身装配作业的案例（MotoringFile 网站提供）[8-21]

8.4　夹具尺寸保证

8.4.1　原则和步骤

夹具应用的目标是通过在装配过程中对零件定位和夹持，以保证产品的尺寸质量。因此，夹具的尺寸质量对汽车的尺寸质量至关重要。

夹具单元的尺寸质量可以用尺寸准确度和精确度来表示。如图 8-31 所示，尺寸准确度是指夹具位置与设计目标的接近程度。测量夹具本身的位置或验证 PLP 的位置和尺寸，如夹具单元的定位销和定位块，称为夹具尺寸认证。

另一方面，尺寸精确度与零件被夹具紧固时的位置变化量有关。通常，除了夹具本身之外，还有其他影响变量。因此，测试测量是对制造环境中零件状况的直接表示。该检查方案被称为夹具重复性（FR）研究或认证。

相应地，夹具质量认证是为了验证夹具的制造是否符合规范，是否能够准确和重复地定位零件。如图 8-32 所示，完成夹具认证需要五个步骤，进行两次测试。

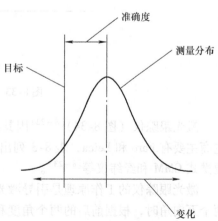

图 8-31　夹具的准确度和可重复性

图 8-32 夹具尺寸认证流程

第一步是准备认证测试。准备工作包括检查制造完工情况、工装基座的水平度和平齐度、测量基准的建立、测量仪器的认证等。一个推荐的准备检查清单将在后面进行介绍和讨论。第二步是通过测量夹具 PLP 的位置和尺寸来测试夹具准确度。在准确度测试通过后，第三步是在夹具中放置零件，并验证零件与夹具部件之间的匹配度。在这个阶段，需要检查零件间的相互关系、零件位置稳定性和夹紧情况，然后执行重复性测试。最后一步是审查所有测试数据，并完成认证文档。第二步和第四步的细节将在后面详细讨论。

8.4.2 尺寸准确度认证

8.4.2.1 尺寸认证

夹具尺寸准确度认证的目的是确保夹具 PLP 的准确定位。尺寸认证是汽车装配尺寸质量的基础。因此，对于车身和最终装配夹具的所有精密定位装配工位都需要认证。夹具尺寸准确度认证的工作流程如图 8-33 所示。

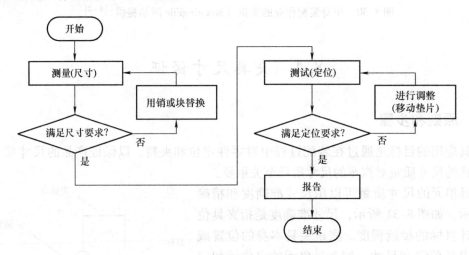

图 8-33 夹具尺寸准确度认证流程

激光跟踪仪（图 8-34）[8-22]因其准确度高和功能优良而被广泛使用。激光跟踪仪的制造商主要有 Faro 和 Leica，表 8-3 列出了它们的一些激光跟踪仪的规格。其他认证工具包括便携式 CMM 和经纬仪等[8-23]。

激光跟踪仪的工作原理是引导激光束在仪器原点和目标物之间移动，当调整和测量前后两个万向角时，根据前后的两个角度和距离来计算目标物的位置。实际上，激光跟踪仪的反射标靶是一个球形嵌入式空心角锥反射镜（SMR）(8-34)，而 SMR 是由一组棱镜顶点与精密靶球曲率中心相重合的反射镜构成的。

第8章 工装开发管理

图 8-34 用于夹具尺寸认证的激光跟踪仪和反射标靶
(Faro Technologies 公司提供)[8-22]

表 8-3 激光跟踪仪的规格

项目	Leica LTD 640[8-24]	Faro Xi[8-25]
坐标准确度	±10μm/m	(18.1 +3) μm/m
准确度 (DMI)	(±10 ±0.5) μm/m	(1.8 +0.4) μm
可重复性 (DMI)	±2μm/m	±1μm
分辨率 (DMI)	1.26μm	0.158μm
工作距离	40m	35m
工作角度	±45°	-50° ~ +75°

激光跟踪仪测量径向距离有两种方法,包括绝对距离测量法(ADM)和距离测量干涉法(DMI)。DMI 通常用于夹具认证,因为它比 ADM 具有更高的准确度。当激光跟踪仪在 DMI 模式下工作时,其 SMR 必须首先被激光跟踪仪锁定,以确定其初始位置。一旦建立了 SMR 位置,激光跟踪仪就可以计算出精确的位置变化。尺寸准确度测试中,可以将 SMR 从一个点移动到另一个点以获得尺寸信息。

8.4.2.2 要求和步骤

夹具尺寸准确度认证有几个前提条件。在认证之前,应进行准备检查(表 8-4),以获得成功的尺寸认证。

为了确定其位置,应该在两个方向上测量定位销,如 X 和 Y 方向。对于定位块,通常在接触面上测量五个点,其中四个点在四个顶角上,一个点位于中心。

夹具准确度认证的通过标准因汽车制造商而异。例如,销位置与标称值相差在 ±0.25mm 之间,且尺寸在预定公差范围内。定位块表面位置与标称值相差在 ±0.25mm 之间。定位准确度的标准可能更加严格，例如，在±0.15mm之间。

表8-4 夹具尺寸准确度测试的准备情况检查表

工艺与工装	是	否	否/是
完成夹具单元的安装			
整个工装已校准和调整正确			
所有PLP的垫片组安装正确			
夹具随零件的最新变化而更新			
滑块或枢轴单元与支撑块之间没有间隙			
测试准备	是	否	否/是
收到最新产品设计数据			
测试仪器已进行有效校准			
建立并验证测量设置（基准等）			
如果是第二次测试，修正措施已完成			

如果认证数据显示销或块偏离预设的标准位置，则需要通过添加或移除垫片来调整。需要指出的是，根据NAAMS标准，垫片通常以0.20mm的厚度进行增减。在垫片调整之后，需要再次测量销或块，以确保定位准确度。

对比零件尺寸质量的检测与装配作业检测，检测夹具应该比装配夹具具有更高的尺寸准确度。表8-5列出了检测夹具的一些典型要求。

表8-5 检测夹具的典型要求

特征	定位	尺寸	表面
定位销	±0.05mm	0.0/−0.02mm	—
定位块表面	±0.05mm		—
平齐度	—	—	±0.15mm
销	±0.10mm	0.0/−0.02mm	
测孔的插入检具		0.0/−0.02mm	
测孔非插入检具		+0.02/0.0mm	

8.4.3 功能重复性认证

8.4.3.1 重复性认证的要求

功能重复性认证是为了验证夹具在制造环境中能否以一致的方式工作。与所讨论的准确度认证不同，重复性测试是基于汽车零件而进行的测试，模拟其装配过程。一些研究已经解决了刚性零件定位夹紧的重复性问题，如机械零件的夹具[8-26]。然而由于车身钣金件的非刚性特性，对于车身装配夹具的重复性测试是专门制定的。对非刚性零件的重复性研究非常有限，一个项目研究分析了实验室环境中单个尺寸为305mm×406mm（12in×16in）的非刚性板类零件的重复性[8-27]。这项研究是一个很好的起点，但因为在汽车装配制造中需要使用夹具来装配多个、大型和复杂形状的零件，这需要开展更多相关的研究。

与夹具尺寸准确度认证的准备过程类似，在进行功能重复性研究之前，应检查各项项目

(表8-6)。

表8-6 功能重复性测试的准备情况检查表

工艺与工装	是	否	N/A
所有定位块和定位销的尺寸准确度已认证			
整个工位工装的功能正常			
所有夹具都符合设计要求且功能正常			
夹具按设计顺序工作			
零件和任何夹具部件之间没有干扰			
产品与尺寸	是	否	N/A
零件基于最新设计更改			
零件上的孔满足设计公差			
零件和子装配体的几何尺寸与公差(GD&T)基准方案已通过验证			
零件没有明显损坏			
测试准备	是	否	N/A
所有测试团队成员都同意测量目标的放置			
所有测试团队成员都同意测试通过标准			
建立并验证测量设置(基准等)			
测量仪器已通过静态测试			
如果是第二次测试,修正措施已经完成			

在进行功能重复性测试研究之前,需要进行一次预测试,以验证测量仪器本身的可重复性。这种预测试有时被称为静态测试,当零件停留在其工作位置上没有任何动作或运动时,执行约 25 次。静态测试的良好结果应该是按 6 个标准差(或 6σ)计算,变化应不大于 0.05mm。

功能重复性认证是一种动态测试,这意味着每次装载、定位和夹紧汽车零件时,都要测量所有目标,以模拟生产操作。通常,一个重复性测试需要 25 次才能进行统计验证。图 8-35所示为重复性认证测试的流程图。

8.4.3.2 测点选择

测点选择是功能重复性研究的重要准备工作,这些测点主要分布在汽车零件上。通常,选择 PLP 的位置和其他关键区域作为测量点。图 8-36 所示为一个案例,其中包括车身侧板的定位销和定位块的 PLP、夹具和功能重复性测试点。

在夹具中,为了完全获取零件位置及其潜在的移动,应在零件上至少放置 3 个测量点,零件非常小时才可放置 2 个测量点。此外,为了参考及排除故障,在合适的情况下,一些测量点应该放置在夹具底座、夹具结构体和可移动部件上。图 8-37 所示为功能重复性研究实例,圆圈中为测量点,一个测量点位于钣金件上,另一个测量点在夹具结构体上。

应当注意的是,为了了解装配作业中零件的重复性特征,需要通过设计将测量点定位在零件的重要特征上。实践表明,不必要的额外测量点不仅不会为重复性研究增加价值,反而会产生令人困惑的数据。

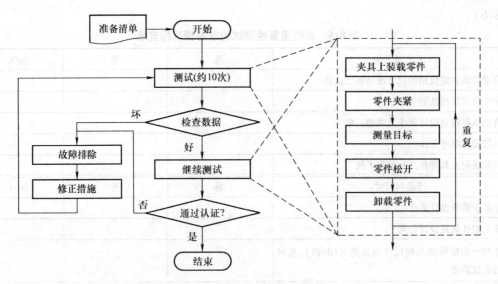

图 8-35 重复性认证测试流程

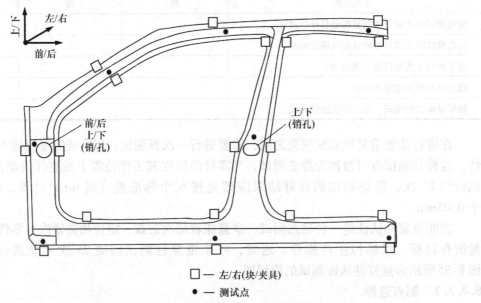

图 8-36 PLP、夹具和重复性测试点的案例

8.4.3.3 重复性测试的合格标准

功能重复性测试的典型合格标准为：测试值按 6σ 计算，变化范围小于 0.25mm。当采用销孔4向定位方案时，如前所述，销与孔之间的间隙有可能达到 0.22mm。在这种情况下，同时考虑还有其他变化源，用约 25 个测量样品，很难实现在 6σ 内的测试值变化范围小于 0.25mm。因此，可以使用 0.25mm 的数据范围代替 6σ 作为通过标准。

如果功能重复性测试失败或不符合通过标准，则需要进行故障排除以找出根本原因。故障排除工作的第一步是检查数据的可能趋势。如图 8-38 所示，数据集的逐渐移动，表明随着时间的推移，某些夹持零件会出现松动或恶化的情况。因此，认证流程图（图 8-35）建议每测量 10 次后进行数据审核。

第8章 工装开发管理

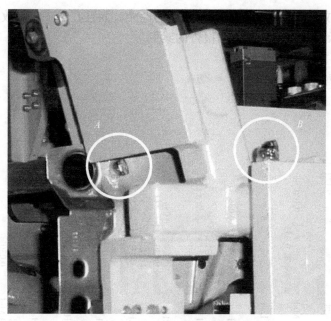

图 8-37 重复性测试中测量点案例

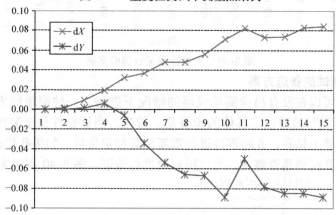

图 8-38 功能重复性测试中数据曲线的趋势案例

在功能重复性测试中，定位孔在多次装载和卸载过程中可能会磨损，因为这些孔并非设计为可多次使用，特别是用于车身薄钣金件的定位孔。在多次测量中，磨损的孔会引起测试值变化范围不断增大。如果发现一个孔磨损，可能需要重新测试新零件。如果在同一个孔上再次发生磨损，应在 10 次测量后停止重复性验证。测量的数据范围可用于评估重复性，且数据范围应小于 0.25mm。

如果数据图表中出现零散的尖峰或异常值，则零件之间或零件与夹具单元的部件之间可能存在一些干扰。仔细检查零件及其与夹具部件的关系，如接近传感器，可能找出根本原因。

需要注意的是，用于重复性测试的零件通常是样件，因为只有通过重复性测试后，才能使其成为新车型的生产件。样件是使用"软工装"制造的，这是为了试验和快速修改，而不是为了生产。例如，样件上的孔可以通过激光切割制成，而不是冲孔制成。因此，样件可能并不能完全代表生产件，这可能会影响重复性测试的结果。

重复性测试的文档和数据不仅显示了夹具的性能，而且在必要时对故障排除也具有参考价值。图 8-39 所示为部分重复性数据报告的案例。

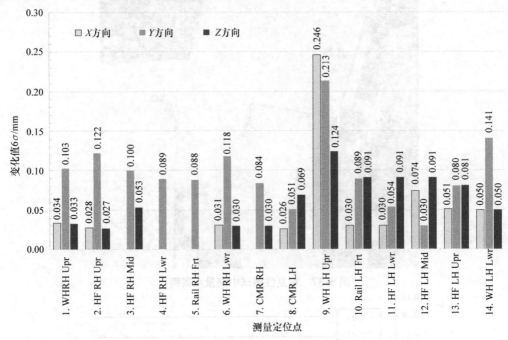

图 8-39　重复性测试数据的案例

8.4.3.4　重复性测试的备选方案

重复性测试也可以在没有昂贵测量仪器的情况下进行。一种简单的方法可以称为"见证孔"或"钻孔模板"检验法。具体的步骤是，首先，当钣金件位于装配夹具中设计的装配位置时，在钣金件上钻孔，在将零件进行重新装载和定位后，如果孔排列整齐，则表明零件回到相同位置。孔排列是否整齐，可以用刺销进行验证，图 8-40 所示为一个具体案例。

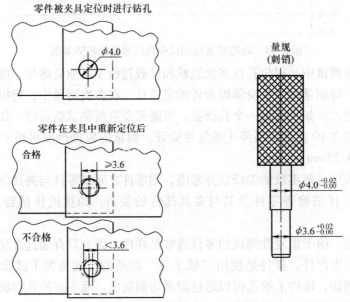

图 8-40　替代重复性测试的一项简单研究

第8章 工装开发管理

合格标准应预先确定，如定位位置变化应小于 0.20mm。在图 8-40 所示的情况中，对于直径为 4.0mm 的钻孔，销的合格直径为 3.6mm。如果零件重新加载，3.6mm 的销头不能插入孔中，则表明零件定位位置变化超过 0.20mm。和使用激光跟踪仪的直接测量方法相同，测试要求一个零件上有多个"见证孔"。为了证明可重复性，需要对零件多次重新定位和检查。

这种简单而廉价的重复性测试方法在生产环境中被证明是有效的[8-28]。显然，简单测试得出的结论只是合格或不合格，这既不能定量，也不能对不可重复性程度进行评估。

8.5 练习

8.5.1 复习问题

1. 阐述车身装配工装夹具的主要功能。
2. 阐述工装开发（工装生命周期内）的主要步骤。
3. 列出夹具设计中的主要考虑因素。
4. 阐述工装夹具和设施设备之间的差异。
5. 讨论夹具的柔性设计。
6. 阐述汽车坐标系的三个方向。
7. 讨论"3-2-1"定位原则。
8. 阐述"3-2-1"定位原则中"2-1"的可能结构。
9. 讨论中型钣金件所需的 PLP 数量。
10. 阐述非刚性零部件的"$N-2-1$"定位原则。
11. 讨论压板销单元的功能和特性。
12. 比较夹具单元的固定、夹紧和滑动/导引装置的类型。
13. 阐述工装尺寸认证的标准。
14. 阐述夹具可重复性认证的主要步骤。
15. 讨论影响夹具可重复性测试结果的变量。

8.5.2 研究课题

1. "3-2-1"定位原则的应用。
2. 估算钣金件定位器的数量（"$N-2-1$"中的 N）。
3. "3-2-2"定位方案的应用。
4. 夹紧顺序对产品质量的影响。
5. 工装柔性的因素和可行性研究。
6. 夹具 PLP 结构的定位准确度。
7. 工装尺寸准确度与产品尺寸质量之间的关系。
8. 工装可重复性与产品尺寸质量之间的关系。
9. 使用激光跟踪仪和刺销进行重复性研究的比较。
10. 汽车装配工装的未来发展。

8.6 参考文献

8-1. Harbour, L. "Is an Automotive Tooling Capacity Gap Looming?" *Manufacturing Engineering* 153(4):98–104, 2014.

8-2. Auto/Steel Partnership. Available from: http://www.naamsstandards.org/publications/nascontents.htm. 1997. Accessed May 11, 2006.

8-3. Bailey, C., et al. "Sourcing Tooling from Low-Cost Countries," 2011. McKinsey & Company Automotive & Assembly. Available from: http://autoassembly.mckinsey.com. Accessed March 2012.

8-4. Koren, Y., and Shpitalni, M. "Design of reconfigurable manufacturing systems," *Journal of Manufacturing Systems* 29:130–141, 2010.

8-5. Peter, J. "Flexible Flyers: GM's C-Flex Process Allows On-The-Fly Model Changes and Changeovers Without New Tooling and Without Skipping A Beat," Automotive Industries. Available from: www.ai-online.com/Adv/Previous/show_issue.php?id=52. 2003. Accessed January, 2006.

8-6. Fanuc Robotics. "Flexible Fixturing Unit—Fanuc Robot F-100iA." Available from: www.fanucrobotics.com. Accessed July 25, 2010.

8-7. ©2011 Soetebier, S., Mauser, N., Legeleux, F., Kock, S., Published in "FlexLean-Flexible Automation for Automotive Body Assembly," in New Trends and Developments in Automotive Industry. InTech: Rijeka. p. 212–214 under CC BY-NC-SA 3.0 license. Available from http://dx.doi.org/10.5772/13431.

8-8. Baulier, D. 2003. "Automotive Vehicle Framing System," U.S. Patent 7100271 B2.

8-9. Cai, W. "Deformable Sheet Metal Fixturing: Principles, Algorithms and Simulations," *ASME Journal of Manufacturing and Science Engineering* 118(3):318–324, 1996.

8-10. Cai, W. "Robust Pin Layout Design for Sheet-panel Locating," *International Journal of Advance Manufacturing Technology*. 28(5):486–494, 2006.

8-11. Auto/Steel Partnership Program. "Automotive Body Measurement System Capability," 2000. Available from: www.a-sp.org. Accessed May 1, 2005.

8-12. Wang, M., and Pelinescu, D. M. "Optimizing Fixture Layout in a Point Set Domain," *IEEE Trans. on Robotics and Automation* 17(3):312–323, 2001.

8-13. Lööf, J. Söderberg, R. and Lindkvist, L. "Optimizing Locator Position to Maximise Robustness in Critical Product Dimension," Proceedings of the ASME 2009 International Design Engineering Technical Conferences and Computers and Information in Engineering Conference, IDETC/CIE, San Diego, California, 2009.

8-14. Sela, M. N., et al. "A Reconfigurable Modular Fixturing System for Thin-Walled Flexible Objects," *International Journal of Advanced Manufacturing Technology* 13:611–617, 1997.

8-15. Camelio, J. A., et al. "Impact of Fixture Design on Sheet Metal Assembly Variation," *Journal of Manufacturing Systems* 23(3):182–193, 2004.

第 8 章 工装开发管理

8-16. Gopalakrishnan, K., et al. "Unilateral Fixtures for Sheet Metal Parts with Holes," *Automation Science and Engineering, IEEE Transactions* 1(2):110–120, 2004.

8-17. Raghu A. and Melkote, S. N. "Analysis of the Effects of Fixture Clamping Sequence on Part Location Errors," International Journal of Machine Tools and Manufacture. 44:373–382, 2004.

8-18. Molfino, R., et al. "New Fixtures for Car Body Assembly Operations in the Vehicle Industry," 2010. Available from: http://www.ifr.org/news/members-press-release/new-fixtures-for-car-body-assembly-operations-in-the-vehicle-industry-196. Accessed October 2013.

8-19. Witte, "Dimensional Checking of Body-in-White in the Field of Vehicle Startup," 2014. Available from: http://www.qualitymag.com/articles/91961-dimensional-checking-of-body-in-white-in-the-field-of-vehicle-startup. Accessed November 2016.

8-20. "Skid Conveyor Systems | Pallet Conveyor Systems," 2013. Available from: http://www.fatainc.com/product_skid_pallet_conveyor_systems.htm. Accessed May 2013.

8-21. Brendan, "Motoringfile Tours BMW Plant Oxford," 2010. Available from: http://www.motoringfile.com/2010/09/07/mf-tours-bmw-plant-oxford. Accessed November 2010.

8-22. Mauch, T. FARO Technologies, Inc., provided directly in January 2017.

8-23. Chen, H.K., et al. "Visibility Analysis and Synthesis for Assembly Fixture Certification Using Theodolite Systems," *Journal of Manufacturing Science and Engineering* (123):83–89, 2001.

8-24. Available from: http://www.faro.com. Accessed November 2012.

8-25. Available from: http://www.leica-geosystems.com. Accessed November 2012.

8-26. Payne J. and Cariapa V. "A Fixture Repeatability and Reproducibility Measure to Predict the Quality of Machined Parts," *International Journal of Production Research* 38(18):4763–4781, 2000.

8-27. Abenhaim, G.N, et al. "An Investigation of the Repeatability of Nonrigid Parts Measurements: A Case Study of an Aluminum Panel," 12th CIRP Conference on Computer Aided Tolerancing, Procedia CIRP. 10(2013):105–111, 2013.

8-28. Sanches, L.M., et al. "Automotive Body-In-White Dimensional Stability through Pre-Control Application in the Subassembly Process." *Journal of Achievements in Materials and Manufacturing Engineering* 31(2):705–711, 2008.